변화와 혁신의 아이콘

# 플로렌스
# 나이팅게일 평전

변화와 혁신의 아이콘

# 플로렌스 나이팅게일 평전

글 · 김창희

맑은샘

# 추천사

**김인자** | 경기도 간호사회 회장

국민건강보험 일산병원 간호부장, 공공의료사업단 부단
장, 고양시 간호사 회장을 역임하였고, 현재 경기도 간호
사회 회장으로 간호 전문직으로서 간호사가 사회적 소명
을 완수할 수 있도록 적극 지원하고 있다.

플로렌스 나이팅게일은 항상 환자들 곁에서 그들의 건강을 돌보는 간호
사였다. 부상병을 돌보았던 크림 전쟁의 영웅이었고 영국의 보건의료 체
계를 구축한 경영자이자 통계학자, 간호의 역사를 만들어낸 진정한 리더
였다.

후배 간호사로서 우리는 한 지점에 머물지 말고 그녀가 일구었던 많
은 업적을 연구하고 더 나은 간호 조직과 병원, 더 나은 보건의료 시스
템을 만들어 발전시켜 나감으로써 이 세상 모든 사람에게 편안한 안심
과 위안이 될 수 있기를 바란다.

그리고 이 책을 읽는 독자들이 진정한 간호의 의미가 무엇인지 몸소
실천한 플로렌스 나이팅게일의 간호 철학과 뜻을 이해하고 공감하는
기쁨을 누리게 되기를 기원한다.

**조영호** | 아주대학교 명예교수

아주대학교 경영대학원 원장 역임

한국인사조직학회 조직분과위원장 역임

나이팅게일을 모르는 사람은 없을 것이다. 백의의 천사, 간호학의 창시자, 그리고 간호사들의 롤모델. 그러나 그는 어떤 삶을 살았고 그가 구체적으로 어떤 것을 남겼는지 자세히 아는 사람은 많지 않을 것이다.

그녀는 우리가 상상하는 것처럼 여성의 감성으로 병마와 싸우며 환자를 병실에서 돌보는 가냘픈 그런 간호사가 아니었다. 금수저로 태어난 귀족 여성으로서 우아하고 편안하게 살 수 있었지만 그 모든 것을 내려놓고 러시아 제국과 서방 동맹국들이 싸운 크림 전쟁에 참전하여 많은 부상병을 구한 투사였다.

나아가 그녀는 눈앞에 보이는 병만 치료한 것이 아니라, 병의 원인이 무엇이며 어떤 사람이 병으로 죽게 되는가를 통계적으로 밝힌 보건학자였고, 통계 분석가였다. "전쟁터에서 작전을 수행하다 총에 맞거나 상처를 입고 죽는 사람보다 비위생적인 환경으로 인해 감염으로 죽는 사람이 대부분이다."라는 사실을 나이팅게일이 처음으로 밝혔다.

이 책으로 나이팅게일이 살았던 19세기 시대 상황과 함께 그녀의 삶과 철학, 실천적 행동을 좀 더 자세히 사람들에게 알릴 수 있어 참 다행이라고 생각한다. 그녀의 삶의 궤적軌的이 현대를 살아가고 미래를 만들어가는 우리에게 큰 힘이 되고 격려가 되리라 확신한다. 그리고 "비울수록 채워진다."는 의미를 그녀를 통해서 알게 되기를 바란다.

**정기선** | 경영학박사, 공인회계사
전 가천의과대학, 아주대학교 경영대학원의 병원 경영 MBA 과정 교수

김창희 선생은 아주대 경영대학원 병원 경영 MBA 과정에서 만난 제자였는데, 나이팅게일 평전을 발간하고 싶다는 말을 몇 년 전에 들었습니다. 그동안 나이팅게일에 대한 저술이 이미 많지 않으냐고 물으니까, 국내에 어린이들을 위한 만화나 위인전은 있으나 자세한 평전은 없어서 저술하고 싶다는 것이었습니다. 그러면 내가 적극적으로 돕겠다고 약속했습니다.

시간이 한참 지난 후 김 선생은 일부 원고를 보내주면서 교정 및 지도를 요청했습니다. 처음 보내온 원고는 수정할 부분이 많았습니다. 그러나 두 번째는 꽤 발전된 원고를 보냈고, 이번에 마지막 원고를 받았는데 아주 내용이 알차고 풍부했습니다. 이 정도면 많은 간호사나 앞으로 간호사가 되려는 사람들에게 크게 도움이 될 것으로 보입니다.

이 책은 간호사들이 한 명의 직업인으로서 투철한 직업관과 사명감을 가지고 일하는 데 있어서 많은 도움을 줄 수 있을 것입니다. 같은 급여를 받고 일해도 직업관과 사명감으로 일하는가는 자신의 매일매일의 행복 여부에도 크게 영향을 미칠 것으로 판단됩니다. 이 책이 많은 이들에게 도움이 되기를 바랍니다.

*Florence Nightingale*

# 서문

어린 시절 세계 위인전기에 나오는 플로렌스 나이팅게일의 모습은 가냘프고 귀족 같은 외모에 병원 놀이할 때와 같이 인형이나 개를 고쳐주고 돌봐주는 모습이었습니다. 모두 과장된 내용에 별 감흥도 재미도 없었습니다. 그러다가 우연히 최초의 여성 통계학자로서 인정받고 있는 나이팅게일을 발견했습니다. 이제까지 그녀를 모르고 있었던 것이 너무 미안하여 그때부터 그녀와 관련된 자료를 하나둘 찾게 되었습니다.

플로렌스 나이팅게일에 관련된 자료들을 찾다 보니 공식 출판물로는 어린이 대상 위인전밖에 없었습니다. 또 그 내용이 아주 단순했고 그녀에 대한 객관적이고 구체적인 사실을 다루거나 삶의 방향을 소개한 책이 국내에는 거의 없다는 것을 알게 되었습니다. 영국, 미국 등 해외에서는 활발히 연구되어 다양한 자료들이 있었지만 국내에는 제대로 소개되지 못했습니다. 내 여력은 미미하나 그녀의 삶을 재조명해보고 싶었고, 내 삶에도 그녀의 기운氣運을 받고 싶었습니다. 마침 2020년, 플로렌스 나이팅게일 탄생 200주년이 되어 그녀의 삶과 행적, 생각을 되돌아보고자 합니다.

15세기, 잔 다르크는 '프랑스를 구하라'는 신의 계시를 받고 백년 전쟁 후기에 영국으로부터 프랑스를 위기에서 구했습니다. 1337년 프랑스 왕위 계승권 분쟁으로 시작된 백년 전쟁이 1453년까지 116년 동안 계속되면서, 프랑스 땅은 전쟁터가 되고, 민초들의 삶은 피폐해졌습니다. 이 지긋지긋한 전쟁을 끝내기 위해서 프랑스에서는 근대적인 국가 의식과 함께 애국심이 피어올랐고, 마침내 백년 전쟁을 종식할 변화의 조짐이 싹트면서 프랑스를 구원한 소녀 잔 다르크가 탄생했습니다.

400년이 지난 후 플로렌스 나이팅게일은 "가난하고 병든 불쌍한 사람들을 위해 일하라."라는 신의 계시를 받고, 오랜 고뇌 끝에 간호사가 되기로 결심했습니다. 빅토리아 시대의 영광과 산업혁명의 번영으로 해가 지지 않는 나라 영국에서 태어난 귀족, 플로렌스 나이팅게일에게 신은 그 영광의 그늘을 들여다보게 하였고, 그 암울함 속에서 고통받는 민중들을 구하라는 임무를 그녀에게 부여한 것입니다. 영국 런던의 도시 빈민 지역과 구빈원, 농촌의 참담한 현실을 보게 하였고, 크림 전쟁 중에 정부 권력자들의 무모한 결정으로 수많은 청년이 죽어가는 것을 곁에서 지켜보게 하였습니다. 그리고 자신이 해야 할 일이 무엇인지 스스로 선택하게 했습니다.

플로렌스 나이팅게일은 신의 뜻을 실천하기 위해 간호사로서 질병으로 고통받는 사람들을 돌봐주었고, 병원장으로서 근대 병원이 갖추어야 할 병원 조직의 시스템을 구축했습니다. 사회적 기업가로서 그녀는 크림 전쟁을 계기로 조성된 '나이팅게일 기금'을 이용하여 '나이팅게일 간호 학교'를 설립하고, 사회적 자원을 끌어모아 필요한 곳에 배분하였으며, 영향력 있는 사람들이 그 역할을 다하게 했습니다. 사회 개혁가로서는 질병과 빈곤의 근원인 사회 구조적인 문제를 찾아 해결하고자 애썼습니다. 남성 중심의 자본주의 사회에서 여성의 권리와 참정권을 주장했고, 여성의 사회적 지위 향상에 기여했습니다. 또한 기득권을 가지고 반대하는 사람들과 대립하면서도 그들을 설득하며 사업을 추진해나갔습니다.

그녀는 작가로서 신학서『사상을 위한 제안』, 수필『카산드라』,『여성 간호훈련을 위한 카이져스베르트 교육원』, 간호학 서적『간호노트』, 병원 경영 서적『병원에 관한 노트』, 정부 보고서「영국 육군의 건강, 효율 및 병원 관리에 영향을 끼치는 여러 요인에 관한 노트」, 각계각층에 보낸 1만 2천여 통의 서신과 평생에 걸쳐 200여 편이 넘는 글을 남겼습니다.

통계학자로서 그녀는 크림 전쟁에 참전할 당시부터 꾸준히 조사해온 자료를 기반으로 스쿠타리 영국군 병원의 사망 원인을 분석하여 자신만의 독특한 방식의 그래프인 '로즈 다이어그램'을 고안하여 발표함으로써, 정책 결정자들이 문제의 근본 원인을 쉽게 알아볼 수 있게 하였고, 군 병원이 실질적으로 개선될 수 있도록 했습니다. 그리하여 1859년, 여성 최초로 왕립 통계학회 회원이 됨으로써, 여성의 힘과 권리를 자신의 사상과 철학, 행동으로 보여주었습니다.

희생의 사전적 의미는 다른 사람이나 어떤 목적을 위하여 자신의 목숨, 재산, 명예, 이익 따위를 바치거나 버리는 것을 말하고, 직업의식이란 직업에 종사하는 사람들의 특유한 태도나 도덕관, 가치관 따위를 통틀어 이르는 말입니다. 이전에는 플로렌스 나이팅게일을 단지 자신을 희생하여 가난하고 불쌍한 사람들을 도와주고, 전쟁에 나가서도 헌신적으로 활동한 간호사쯤으로 여겼었습니다. 그러나 그녀는 깊은 고뇌를 통해 스스로 자신의 삶을 선택하고, 놀라울 정도로 과학적이고 체계적으로 업무를 추진해나가는 간호사이자 병원 경영자였으며, 간호 철학의 토대를 정립하고 투철한 직업의식으로 무장한 진정한 리더였습니다. 한 분야의 진정한 지도자, 경영자는 그 분야의 실무 능력뿐만 아니라 행정 능력, 리더십, 올바른 정치력을 갖춘 인재여야 하는데, 200년 전 나이팅게일의 삶이 그것을 증명하고 있습니다.

최근 간호대학에 지원자가 점점 늘어나고 대학 입시에서 높은 경쟁률을 자랑하고 있습니다. 그 이유가 취업이 잘되고 좋은 보수를 받는 의료 전문직이라는 매력이 가장 큰 이유일 것입니다. 그러나 막상 임상 현장에 들어가면 기대했던 것과는 달리 3D 업종 힘들고difficult, 더럽고dirty, 위험한dangerous에 속하고, 의료 서비스업이라는 특성으로 환자와 보호자의 수많은 요구에 적응하지 못하는 간호사들이 생각보다 많은 것이 현실입니다.

> "우리가 아는 지식뿐 아니라 직접 시행하는 일이
> 모두 우리만의 지적 영역이 될 것이다."

한참 꿈을 키워가는 초중고 학생들이 플로렌스 나이팅게일의 삶과 철학, 간호에 대한 그녀의 생각을 조금이나마 이해하고 간호사란 직업을 선택한다면 현실의 벽을 뛰어넘어 더 훌륭한 인재로 커 나가지 않을까 생각합니다.

끝으로 경기도 간호사회 김인자 회장님께서 나이팅게일 평전 출판의 기획을 적극 공감하여 주시고, 따뜻하고 애정 어린 격려와 지지를 보내주심에 감사드립니다. 또한 아주대학교 경영대학원장을 역임하시고 조직 문화와 인간 경영, 리더십 학자이신 조영호 교수님께서 병원 경영자로서 사회 개혁가로서 나이팅게일의 삶과 철학, 리더십에 깊은 공감과 조언을 해주신 데 대해 감사드립니다. 그리고 변화와 혁신의 아이콘 플로렌스 나이팅게일의 삶을 조명하고 감수해주신 경영학 박사 정기선 교수님께 깊은 감사와 존경의 마음을 드립니다.

2019년 12월
저자 김창희

# 목차

---

*Chapter 4*

# 크림 전쟁에 참전

---

*Chapter 5*

# 크림 전쟁에서의 나이팅게일

---

*Chapter 6*

# 과학적 방법(통계)으로 사람들을 설득한 나이팅게일

---

*Chapter 7*

## 나이팅게일의 간호 철학이 반영된 간호론

---

*Chapter 8*

## 인도 국민과 영국군의 건강 개선을 위한 노력

---

*Chapter 9*

## 리버풀의 노동자를 위한 병원-산업 보건의 기초

Chapter 1

—

# 신의 축복을
# 받은 소녀

# 유럽 중심의 세상

플로렌스 나이팅게일이 온전히 살아왔던 19세기, 세계는 유럽을 중심으로 움직이고 있었다. 18세기 중엽부터 영국에서 시작된 산업혁명은 기술 혁신과 함께 이와 수반하여 발생한 사회 경제 구조적 변혁으로 봉건 사회가 무너지기 시작하고 교회 중심의 중세 문화도 쇠퇴하면서 새로운 근대 문화가 피어오르고 있었다. 르네상스와 유럽 중심 세계의 확대, 종교 개혁이 그것이었다. 플로렌스는 가장 화려하고 역동적인 시대의 한복판에 있었다. 우리도 그녀의 발자취를 따라 19세기 유럽여행을 떠나보자.

르네상스 Renaissance 는 재생 再生 을 의미하며, 중세에서 근대로 넘어가는 근세 시기에 일어난 과도기적 현상이었다. 이는 고대 그리스와 로마의 문화를 중심 주제로 한 새로운 문화 창출 운동으로 미술, 음악, 문학, 철학, 과학 분야뿐만 아니라 경제생활과 사회 구조, 정치 체계에 걸쳐 광범위하게 일어난 문화적 혁명과도 같은 것이었다. 이 운동은 일찍부터 도시 국가가 발달하여 르네상스 탄생의 토대를 마련한 이탈리아에서 시작되었지만 곧이어 프랑스, 독일, 영국 등 북유럽 지역으로 전파되어 각각 독특한 문화를 형성하면서 근대 유럽 문화 형성의 기반이 되었다. 이 시기에 유럽의 도시 신흥 세력들은 그리스도교의 종교적 속박에서 벗어나고자 했다. 그리스 로마의 고전에서 인간 본연의 모습을 찾아내어 현재의 생활을 받아들이고 합리주의를 중시하게 되면서 서구와 그리스 로마의 문화를 연결했다. 휴머니즘이 그 바탕인 르네상스의 정신으로 그리스 로마 시대의 사상이 되살아난 것이다.[1]

세계와 우주에 대한 개념은 르네상스 기간에 빠르게 변화했지만, 유럽의 모습을 완전히 바꾸어 놓은 것은 종교 개혁이었다. 중세 말기에 교회의 부패와 타락이 사회 전반에 널리 퍼지면서 교회의 개혁이 필요하다는 분위기가 형성되고 있었다.

종교 개혁의 신호탄은 가톨릭 교회의 면죄부 판매였다. 로마 교황 레오 10세가 산피에트로 대성당을 보수한다는 명목으로 돈을 받고 면죄부를 팔았다. 면죄부는 "누구든지 회개하고 면죄부를 사면 죄를 용서받을 수 있다."는 것이었다. 이에 대해 마르틴 루터는 비텐베르크성城 교회 정문에 「95개조 의견서」를 내걸어 문제를 제기했다. 그가 주장한 것은 "돈이 아니라 성경에 쓰여 있는 하나님의 말씀을 믿어야만 구원받을 수 있다는 것"이었다. 이를 계기로 가톨릭 교회에서 벗어나 프로테스탄트 교회를 만들어내는 종교 개혁이 대성공을 거두게 되었다.[2]

영국에서는 헨리 8세의 이혼 문제로 인해 종교 개혁이 일어났다. 헨리 8세는 왕비 캐서린과의 사이에 아들이 없어서 왕비와 이혼하고 궁녀인 앤 불린과 재혼했다. 하지만 교황이 이를 승인하지 않자 국왕을 영국 교회의 '유일 최고의 수장首長'으로 하는 법률을 제정하고 스스로

---

1  『간호역사와 철학』, 신미자 외, 현문사, 2015. 2. 25, 48쪽
2  『청소년을 위한 서양철학사』, 강성률, 평단문화사, 2008. 7. 15, 43쪽

수장이 되어 영국 국교회를 설립했다.[3]

이렇게 종교 개혁은 유럽 사회를 지배하고 군림해오던 가톨릭 교회의 권력을 갈라놓았을 뿐 아니라 사회적 경제적 정치적 지적 혁명의 불꽃을 당겼다. 이를 계기로 철학 분야에서도 큰 변화가 일어났으며, 중세 교회가 장악했던 많은 교육 기관이 독립해 나왔다. 교육의 주체가 교회에서 국가로 옮겨가면서 서유럽 모든 지역에 학교가 설립되었고, 모든 신학적 제재에서 벗어나 자유로운 정신에 입각하여 학문을 연구하면서 프로테스탄티즘 Protestantism, 복음주의 이라는 기독교 철학이 형성되었다. 이후 중세적 그리스도교 세력이 점차 쇠퇴하면서 약 천 년간의 중세 시대를 마무리하고, 영국, 프랑스 등 유럽 각국은 근대 국민 국가로의 길로 접어들면서 자본주의가 성장하고 민족의식이 싹트기 시작했다. 근검절약과 자기 절제, 전력투구를 강조해온 프로테스탄티즘의 노동 윤리가, 자본주의 체제가 요구하는 이상적 인간형을 만들어 내면서, 그리고 여기에 민족의식이 결합하여 그 시대 가장 강력한 힘을 발휘하게 되었다.

또한 이 시기는 아랍, 이슬람 세계로부터 새로운 학문과 기술이 들어와 유럽 사회가 큰 변화를 겪는 시기였다. 르네상스의 3대 발명품인 나침반, 화약, 인쇄술은 문화의 보급에 박차를 가하였고, 근대 과학의 기초가 된 코페르니쿠스의 지동설, 갈릴레오의 천문학, 뉴턴의 만유인력 등

---

3 『제국의 품격』, 박지향, 21세기북스, 2018. 10. 15, 76쪽

과학의 눈부신 발전이 있었다. 의학 분야에서는 해부 생리, 순환기의 연구와 전염병의 개념, 산과, 안과, 약리 등의 비약적인 발전이 있었다.[4]

  나이팅게일 가문은 근대 사회의 혁명적 격동의 시기에 새로운 시대 사상적 자양분을 듬뿍 담고, 영국 사회를 이끌어가는 지도 세력으로서의 기반을 갖추고 있었다.

## 해가 지지 않는 나라 '대영 제국'

  19세기 1801~1900년 는 프랑스 제국, 대영 제국, 러시아 제국, 독일 제국 등 서구 열강의 제국주의가 팽배하여 전 세계로 확대되는 시기였다. 1803년 프랑스가 일으킨 나폴레옹의 유럽 정복 전쟁과 1806년 영국을 굴복시키고 유럽 대륙의 경제를 지배하기 위해 내놓은 대륙 봉쇄령에 대항하여 여러 국가가 영국을 중심으로 대프랑스 동맹을 맺었다. 이후 10여 년 동안 지루한 싸움을 이어나가던 중에 1815년 워털루 전투에서 영국군이 나폴레옹 군대를 격파함으로써 프랑스와의 전쟁에서 승리하고 유럽의 해양 강국으로 발돋움하게 되었고, 식민지를 확보할 기회를 얻었다.

---

4  『의학개론』, 이부영, 서울대학교출판부, 2006. 4. 10, 38쪽

프랑스 항구를 해군으로 봉쇄한 후 트라팔가 해전[5]에서 대승을 거두고 나서, 영국은 1810년 이후 자바, 모리셔스, 트리니다드, 세인트루시아 등을 점령했고, 실론에 대한 통치권을 확보했다. 몰타섬이 영국에게 반환되었고, 이오니아섬도 영국에 이양되었다. '해가 지지 않는 나라'라고 표현할 정도의 막대한 식민지와 그곳에서 나오는 자원을 바탕으로 영국 경제는 크게 성장할 수 있었다.

또한 1837년 빅토리아 시대가 열리면서 영국은 산업혁명의 성숙기에 접어들어 봉건제 사회에서 자본주의 사회로 전환되어가고 있었다. 당시 영국은 유일한 산업 국가로서 세계의 공장이었고, 세계의 은행이었다. 생산력이 비약적으로 증가하고 경제적 부흥기를 맞이하게 되어 세계 최대의 제국을 건설한 가장 번영하는 국가가 되었다.

정치적인 면에서는 1688년 명예혁명을 치른 이후 2대 정당제 의회 정치가 전개되었고, 1689년 권리장전의 공포[6]로 '국왕은 군림하되 통치하지 않는다.'는 입헌 군주제의 원칙이 확립된 시기였다. 권리장전은 정기적인 의회 소집과 국가 재정을 통제할 의회의 권리를 명시하였다. 그중 가장 중요한 것이 의회의 동의 없이 세금을 거두거나 상비군을 둘 수 없다는 원칙이었다. 이로써 국정 전반에서 '의회가 왕에 앞선다'는 원칙이 확립된 것이다.

---

5 『제국의 품격』, 박지향, 21세기북스, 2018. 10. 15, 58쪽
6　『제국의 품격』, 박지향, 21세기북스, 2018. 10. 15, 82쪽, 7 78쪽

영국은 입헌 군주제와 의회 민주주의를 동시에 채택하고 있었다. 이 때문에 왕은 행정부와 사법부의 수반이며 전군의 최고 사령관이지만 정치적 결정은 정부 각료들이 내린다. 총선에서 가장 많은 의석을 얻는 정당, 또는 하원에서 과반수의 지지를 얻는 정당의 지도자가 왕으로부터 내각을 구성하라는 명을 받는다. 그 사람이 총리가 되어 정부의 각료를 선택한다. 총리는 영국 정부의 수반으로, 내각을 이끌고 각료들을 임명하며, 왕에게 정부의 업무를 보고한다. 입법상 최고 기관인 의회는 하원과 상원으로 구성되어 있는데, 선거로 선출된 하원이 가장 강력한 권한을 행사하며 하원을 중심으로 상원이 인준하는 형식이다. 상원은 선거를 통해 뽑힌 의원이 아니라 나라에 대한 공로를 인정받은 종신 귀족, 세습된 작위를 가진 귀족 등으로 구성되어 있다.

왕권의 약화와 의회 제도의 발달은 귀족과 대토지 소유자인 젠트리 Gentry [7]로 구성된 사회 정치적 엘리트의 주도하에 이루어졌다. 이들은 다른 나라와는 다르게 왕국 내 유일한 신민들의 대표가 되었고 권력을 행사하게 되었다. 젠트리는 젠틀맨 계층이라는 뜻으로, 본래는 '가문이 좋은 사람들', 가문의 문장紋章 사용이 허용된 사람들을 지칭한다. 중세 말기에서 근세에 걸쳐 이 계층은 지역의 유지로서 순탄하게 성장하면서 절대주의 시대에 이르러서는 치안 판사 및 그 밖의 사회적 지위를 맡아서 활약하고 사회의 실권을 장악했다.

---

7  『19세기 영국 빈민구호정책의 제도변화와 아이디어의 역할』 김종일, 건국대학교, 2016. 4. 8. 15쪽

근세 산업 사회로 접어들면서 전통 귀족인 봉건 지주들이 점차 사라져 가고 있었지만 젠트리 계층은 변화되는 사회에 발 빠르게 적응하고 생존을 위해 열심히 일했다. 중세 말부터 양모 가격이 급등함에 따라 곡물 생산에서 양모 생산으로 전환하는 인클로저<sup>Enclosure</sup> 운동[8]으로 큰 부를 소유하게 된 것도 이들이었다. 영국의 상업은 처음부터 해외 무역과 밀접하게 연결되어 있었는데 자연스럽게 젠트리 계층도 무역과 투자에 참여했다. 이러한 엘리트 계층이 상업과 금융에 적극적으로 투자한다는 것은 당시 사회와 시장의 흐름을 파악하고 주도하고 있다는 것을 의미한다.

이렇게 영국 사회의 젠트리 계층은 일찍부터 상업과 무역 등 자본주의적 생산 양식과 삶의 방식을 받아들였다. 이들은 상업과 무역업으로 부를 축적한 사람들까지 포용하며 함께 엘리트 계층을 구성하였으며, 이들 '토지에 근거를 둔 자본가'들이 의회에 진출해 영향력을 행사하게 된 것이다.

⌒

## 산업혁명

전통적으로 모직물 산업이 발달했던 영국에서 17세기 후반부터 수입된 인도산 면직물이 큰 인기를 얻기 시작했다. 가난한 서민들이 입

---

8  『살아있는 세계사 교과서 2』, 전국역사교사모임, 2005. 11. 14, 30쪽

던 면직물이 귀부인의 드레스 속옷에 쓰이기 시작하면서, 자본가들은 앞으로 면직물이 엄청난 이익을 줄 것이라 직감했다. 그러나 면직물을 만들어내기 위해서는 짧은 섬유들을 길게 연결하여 실을 만드는 과정 중에 노동력이 많이 필요해 증가하는 면직물 수요를 채워가기 어려웠는데, 1764년 여러 개의 물레추를 한 사람이 엮을 수 있는 제니 방적기가 발명되면서 산업혁명의 단초端初가 되었다.[9] 이후 수력水力으로 작동하는 방적기가 발명되었고, 또 10년 만에 뮬 방적기가 발명되어 실이 잘 끊어지는 단점을 개량하고 방적 효율을 높였다. 1785년 와트의 증기 기관이 실용화되고, 카트라이트 방적기가 발명되어 면실의 대량 생산과 옷감을 짜는 일도 기계화가 이루어지게 되었다. 수공업자 몇 명이 비좁은 작업장에서 주먹구구식으로 만들어내던 수공업 제품을 공장에서 기계로 분업을 통해 만들어냄으로써 면사 생산량이 최고 4백 배가 늘어나게 되었다.

코크스의 새로운 제철 기술로 값싸고 질 좋은 철 생산도 이루어져서 기계도 대량으로 만들어낼 수 있게 되었다. 방직 공업이 발전하면서 대규모 공장들이 큰 도시들에 들어서게 되었고, 노동자들이 기계 앞에 길게 늘어서서 계속해서 실을 뽑아냈다. 스티븐슨이 증기 기관차를 발명해 석탄, 철 같은 크고 무거운 화물, 원료, 상품들을 대량으로 빠르게 실어 옮길 수 있게 되었으며, 곧이어 증기선도 발명되었다. 이제 공장에서 대량 생산된 면직물들은 리버풀 항구로 운반되어 전 세계에 팔

9    전국역사교사모임, 『살아있는 세계사 교과서 2』, 휴머니스트, 2005. 11. 14, 32쪽

려나갔다.

산업혁명이 진행되면서 부르주아와 노동자라는 계급이 등장하게 된다. 부르주아는 원래 도시에 사는 시민을 상징하는 말이었으나 이후에는 자본을 투자해 산업을 운영하는 자본가를 가리키는 말로 바뀌게 되었다. 공장을 짓고 운영하는 자본가들은 신항로 개척과 함께 장사와 무역에 나서서 큰돈을 모으며 부자가 되었다. 플로렌스의 아버지 윌리엄 나이팅게일도 이 시기에 기회를 놓치지 않고 사업에 크게 성공할 수 있었다.

공장이 계속 커져 나가면서 갈수록 일손이 더 많이 필요해졌다. 영국의 노동자들은 양모 산업의 발달과 함께 전통의 농사짓던 땅에서 양을 기르기 위한 울타리 치기로 전환한 인클로저 운동으로, 살던 농촌에서 쫓겨나 먹고살 길을 찾아 헤매다가 도시로 이주해서 빈민이 되었는데, 이들은 부르주아들이 세운 공장에서 최소한의 임금만을 받으며 반복노동에 시달리는 노동자가 되었다.

## 해가 지지 않는 나라의 그늘

빅토리아 시대는 영국 사회의 명암이 엇갈리는 시기로 산업화에 따른 인구의 도시 집중 현상으로 인해 발생한 여러 가지 사회적 문제가 커다란 골칫거리였다. 산업혁명의 결과 영국은 대도시를 중심으로 빈민

층이 형성되었고, 열악한 근로 조건, 비위생적 환경과 산업공해, 전염병이 만연해지고 인구의 도시 집중과 관련된 다양한 문제들을 발생시켰다. 특히 부랑인으로 대표되는 빈민의 급증 현상은 영국 사회의 기존 질서에 큰 위협이 되었는데, 빈민법[10]이 이들에 대한 대책으로 만들어졌지만 그 증가세를 막지는 못했다.

엘리자베스 빈민법은 이들을 지역 차원에서 관리하기 위한 목적으로 제정되었다. 빈민에게 최소의 구호를 제공하되 이들이 부랑인이 되어 떠도는 것을 지역에서 통제하기 위한 법이 빈민법이었다.

구빈민법은 1601년에 제정되어 1834년까지 유지되었다. 이의 핵심 내용은 지역 구빈의 원칙으로 각 마을이 주민들에게 빈민세를 거두어 지역 내의 빈민을 구호하는 것이었다. 구호 방법으로는 자기 집에서 일상생활을 유지하며 받을 수 있는 재가 구호와 구빈 시설에 들어가 구호를 받는 시설 구호로 나뉜다. 시설 구호는 노인, 병자, 고아 등 노동 능력이 없는 사람들에게 제공되었고 나머지는 재가 구호를 받으며 일하도록 규정되었다. 이렇게 빈민에 대한 여러 조치에도 불구하고 19세기 초반 구호 빈민의 수는 전체 인구의 10% 이상을 넘었고, 이 중에 2/3는 근로 능력이 있는 사람들이었다.

---

10 『사회복지개론』, 윤철수, 학지사, 2018. 3. 20, 제2장 2절, 『19세기 영국 빈민구호정책의 제도변화와 아이디어의 역할』, 김종일, 건국대학교, 2016. 4. 8, 7쪽

1834년 새롭게 제정된 신빈민법은 재가 구호를 폐지하고 구빈원의 작업장 workhouse 에서 일하도록 하는 시설 구호만 유지되었다. 그리고 국가의 지원을 받는 빈민에 대한 처우는 최저 계급의 독립 노동자와 비교해 낮아야 한다는 '열등 처우의 원칙'을 유지했다. 이는 일할 의지가 있는 노동이 가능한 빈민을 국가에서 고용함으로써 국가적 부의 증대를 도모하기 위한 것으로 부랑 빈민의 노역 의지를 평가하여 노동을 거부하는 자에 대해서는 정부 구제를 중지한다는 것이다.

빈민법과 관련된 지역 구성원들로는 지역 행정의 최고 위치를 차지하는 치안 판사, 빈민 감독관을 비롯한 마을의 대표자들, 구호 대상자인 빈민, 납세자인 일반 주민들이다. 이중 치안 판사는 왕이 임명한 무급 관리로 지역에서 왕권을 대표하고 그것을 실현하는 역할을 수행했다. 치안 판사는 왕명과 의회의 입법 사항을 지역에서 집행하는 지방관으로 플로렌스의 아버지인 윌리엄 나이팅게일이 1828년 햄프셔에서 그 임무를 수행했다. 지역의 법적 분쟁에서부터 빈민법 시행, 도로 관리에 이르기까지 다양한 업무를 맡았으며 19세기 초까지 그들의 업무와 권한은 지속적으로 커져 치안 판사는 법의 지배를 상징하는 존재이자 지역 권력의 핵심이었다. 그들의 가장 큰 관심사는 지역의 평화를 유지하는 것으로, 빈곤으로 인한 구걸, 이민, 부랑자 발생 등 마을의 사회 경제적 질서가 흔들리지 않도록 늘 경계하는 것이다.

빅토리아 시대는 정부에 대한 자유로운 비판이 허용되고 혁명이 아니라 선거에 의해서 정부가 바뀌는 관행이 확립되어 있었지만, 그 이면에는 여전히 전통적, 봉건주의적 잔재들이 사회 전반을 지배하고 있었다. 정치에 참여할 기회는 재산과 계급에 의해 제한되었고, 의회와 내각과 지방 정부는 여전히 귀족과 대지주의 편에 있었으며 여성을 포함한 국민 대다수는 투표할 권리조차 가지지 못했다.

## 빅토리아 시대의 여성

산업혁명이 진전됨에 따라 19세기 영국 사회는 봉건주의 사회를 청산하고 자본주의 사회로 이행하게 되면서 재산을 가진 부르주아 층이 급부상하게 되었다. 이와 더불어 빅토리아 시대를 지배한 공유된 가치관과 풍조 중 하나는 '가정과 그 수호자로서 아내의 역할'[11]이었다. 재산과 능력이 있는 남편과 아름답고 순종하는 아내, 말 잘 듣는 아이들, 시중드는 하인의 존재가 부와 지위를 나타내는 척도가 되었고, 가정은 자본주의 사회에서 돈을 벌기 위해 고군분투하던 남성들이 돌아와서 자신을 회복할 수 있고, 쉴 수 있는 피난처가 되었다. 그러나 남성들의 쉼터였던 가정이 여성들에게는 온실과 같은 곳이기도 했지만 자신의 자아는 존재하지 않는 감옥과도 같은 곳이었다.

빅토리아 시대의 여성은 남편의 사회적 지위를 나타내는 그 집안의

---

11 『살아있는 세계사 교과서 2』, 전국역사교사모임, 휴머니스트, 2005. 11. 14, 63쪽

장식적인 존재였다. 남성들은 자신의 아내를 값비싼 드레스와 귀금속으로 꾸미게 함으로써 남편의 가장 아름다운 소유물로 만들었으며, 여성의 장식과 의상이 남편의 지위와 재산을 과시하는 수단이 되었다. 또한 여성의 신체는 순결하고 정숙하며, 연약하고 우아한 몸으로 표현하면서 여성들의 고유한 영역인 '가정'에 묶어놓는 장치가 되었다. 남성은 국가와 사회, 경제 발전을 위해 일하고, 여성은 남편을 위해 내조하고 아이들을 키우고 가정을 꾸리는 헌신하는 '가정의 천사'로 추켜세웠다. 가정의 천사는 이 시대에 가장 바람직한 여성상을 나타내는 표현이 되어 여성이 경제적으로 독립하고 사회적으로 인정받는 일을 하는 것은 거의 불가능했으며 투표권도 없었다.

여성의 이상적인 삶이자 유일한 직업은 바로 결혼이었다. 1882년 기혼 여성 재산법 제정 이전까지 결혼한 여성들은 남편의 소유물이었고, 여성 자신은 그 어떤 재산도 가질 수 없었다. 그래서 여성들은 부유하고 좋은 가문의 남성을 만나 결혼해서 살림을 잘 꾸리고, 남편을 잘 섬기는 것이 최고의 성공이라고 여기며 살았다.

헨리크 입센이 1879년 발표한 3막 희곡인 『인형의 집』은 당시 유럽 사회 문제의 본질을 정확히 짚어내고 있다. 이 책의 줄거리를 보면, 주인공 '노라'는 아내나 어머니이기 이전에 한 인간으로서의 자신을 찾아 허위와 위선뿐인 '인형의 집'을 뛰쳐나간다는 내용이다. 헨리크 입센은 19세기 당시 유럽에서 이상적인 것으로 여겨지던 결혼과 남녀의 역할에 대한 의문을 던지면서 성<sup>性</sup>, 이상주의의 허구와 현대적 사랑의 본질을 표현하여 당시 유럽 사회에 큰 반향을 일으켰는데, 이 작품을 통해 유럽 남성 중심 가부장적 사회의 문제점을 여실히 들여다볼 수 있다.

## 여성에 대한 참정권

빅토리아 시대 의회 선거에서 투표를 행사할 수 있는 권리인 참정권을 부여하는 기준은 남성이다. 그리고 여성들은 교육을 받을 권리, 다양한 직업을 가질 권리, 정치적인 주체로 나설 수 있는 권리 등 많은 권리에서 배제되어 있었다. 이러한 기본 권리를 찾기 위해서 여성이 참정권을 가지는 것이 중요한 사안이었다.

1832년 제1차 선거법 개정으로 일정한 액수 이상의 지대를 내거나 집을 가진 남성에게 투표권이 부여되었다. 그러나 노동자 계급, 여성은 배제되었는데, 이때부터 여성들의 참정권 요구[12]가 싹트기 시작했다. 1860년대부터 여성들의 참정권 운동이 조직적으로 나타났으나 1867년 2차 선거법 개정에서는 도시에 1년 이상 거주하고 지방세를 내는 모든 가구의 가장과 연간 10파운드의 집세를 내는 남성에게 참정권을 부여했다. 1884년 3차 선거법 개정에서는 모든 시나 군 단위에서 지방세를

---

12 『살아있는 세계사 교과서 2』 전국역사교사모임, 휴머니스트, 2005. 11. 14, 173쪽

내는 가구의 가장은 12개월 거주 조건이 충족되면 선거권을 가질 수 있게 되었다.

세 차례의 선거법이 개정되는 동안 여성의 참정권 주장은 뚜렷한 성과를 거두지 못했다. 이때까지도 재산을 가지고 있으면서 납세 능력이 있고, 아내와 자녀를 부양할 수 있는 강한 육체적 힘을 보유하여 나라를 지킬 수 있는 '남성적 독립성'을 가진 남성들이 선거권을 가지게 되었다. 이처럼 참정권은 남성성을 가진 남성 가장에게만 주어진 특권이었으며 그들만이 '정치적 국민'이었다. 이 시기에 참정권 운동을 하는 여성들은 여성으로서의 매력을 잃은 부적격자로서 부정적인 평가를 받았으며, 상층, 중간 계급을 중심으로 여성 참정권을 반대하는 여성들도 많았다. 이후 20세기에 들어선 1918년 선거법 개정으로 30세 이상의 여성이 선거권을 가질 수 있게 되었고, 1928년 선거법을 통해 21~29세 여성들도 선거권을 획득함으로써 길고 길었던 여성들의 참정권 요구가 결실을 맺게 되었다.

이렇게 19세기는 영국의 자유주의자, 보수주의자, 공리주의자 그리고 복음주의자, 여성 참정권 운동가들이 각자 자신의 원칙하에 이 모든 모순점을 혁파하려는 노력을 꾸준히 추진하던 시대이기도 하다. 따라서 빅토리아 시대는 개혁의 시대이기도 했다.

2015년 개봉된 '사라 가브론 감독'의 영국 영화 『서프러제트 Suffragette』를 보면 20세기 영국 사회의 여성에게 처한 현실을 엿볼 수 있다.

서프러제트는 suffrage 투표권에서 파생된, '여성 참정권 운동가'를 가리키는 단어다. 영국과 영연방 국가인 캐나다, 호주, 뉴질랜드, 미국 등에서 1800년대 후반부터 1900년대까지 격렬하게 벌어졌던 여성 투표권 쟁취 운동에 대한 실화와 실재 인물들을 소재로 하고 있는데, 평범한 노동자이자 엄마, 아내였던 여성이 어떻게 '서프러제트'가 되었는지의 과정을 보여주고 있다.

세탁 공장에서 일하면서 현실에 순응하며 하루하루 겨우 살아가던 주인공 모드 와츠는 자신이 처한 부당한 처지를 하나둘 깨달아 나가면서 스스로의 인식 변화에 의해 진정한 '서프러제트'가 되어 갔다.

모드 와츠는 산업화가 막 시작된 1900년대 초반 런던의 노동 계급 여성인데, 당시 런던의 많은 서민 여성들이 그랬듯이 어릴 때부터 학교도 가지 못한 채 노동에 시달리며 심지어 세탁소 간부에게 성추행을 당해왔으면서도 그 부당함을 표현할 수 없었다. 남편과 같은 직장에서 더 많은 시간, 더 힘든 노동을 하면서도 남편 임금의 절반밖에 받지 못하면서도 부당함을 말하지 못하고 있었다. 그러던 중 우연히 세탁소에 들어온 '서프러제트' 연맹 단원인 바이올렛으로부터 여성 참정권 운동이 있다는 것을 알게 되었고, 자신의 내면에서 부당하다고 느껴왔던 수많은 억압적인 상황들에 저항해야 한다는 사실을 알게 되었다. 그리고 작지만 자신의 주장을 하게 되고 드디어 행동으로 나서게 된다.

처음에 모드는 방관자적인 태도로 서프러제트 모임을 구경만 하다가 갑자기 행동 대원으로 내몰려 경찰에 억울하게 잡혀갔을 때 담당 경관이 비웃으며 말했다.

"당신은 이런 일을 할 사람이 아니야. 그리고 당신이 무엇을 해도 세상은 바뀌지 않아."

이전까지 모드 자신조차도 그렇게 생각했다. 그러나 자신에게 처한 부당하고 억울한 현실을 하나둘 깨달아가게 되었다. 그녀가 남편에게 진심 어린 간절한 눈빛으로 "우리가 딸을 낳게 되면 우리 딸은 어떻게 살게 될까?"라고 묻자, 남편은 "당신처럼 살겠지." 하고 대답한다. 그제야 비로소 그녀는 나와 내 자식 세대도 똑같이 억압과 부당한 사회 구조 속에서 살아갈 수밖에 없다는 사실을…, 그리고 행동하지 않으면 아무것도 바뀌지 않는다는 것을… 깨닫게 되었다.

이제 모드는 이전의 소극적이고 방관적인 태도에서 벗어나 진정한 서프러제트의 모습으로 변하게 된다. 여성 참정권 활동가로 행동하면서 그녀는 남편에게 버림받고 집에서 쫓겨났으며, 아이와 헤어지고, 공장에서는 해고당하고, 동네 사람들로부터는 비난을 받았다. 자식에 대한 친권조차 없어서 남편이 아이를 강제로 데려갈 때에는 울부짖는 그녀에게 "법적으로 아이는 내가 가져가게 되어있어. 법이 그렇다고!"라며 남편이 소리 지르자 "그럼 내가 법을 바꾸겠다."고 맞서는 모습에 비로소 사회를 바꾸겠다는 강한 의지를 드러낸다. 이후 바뀌지 않는다고 생각했던 세상이 '행동하는' 여성에 의해 변하기 시작했다.

## 나이팅게일 가문

플로렌스 나이팅게일은 그 화려했던 대영 제국의 절정기인 1820년 5월 12일 영국 명문 귀족 가문의 둘째 딸로 태어났다.[13] 플로렌스 아버지의 이름은 윌리엄 에드워드 쇼어였으나 빅토리아 시대에 막강한 세력을 지닌 피터 나이팅게일의 외조카 손자로서 나이팅게일 가문을 이어받아 지켜나가겠다는 조건으로 재산을 상속받고 나이팅게일의 성을 물려받았다. 그는 더비셔의 리허스트 저택과 광산, 납 제련소를 물려받아 운영하면서 8천 파운드의 수익을 올리는 등 큰 경영 성과를 냈으며 나이팅게일 가문의 명성을 한층 높이는 데 기여했다. 그는 사냥과 사격 등 역동적인 활동을 좋아했고 에든버러 대학과 케임브리지 대학에서 공부했으며 언어학과 철학에 관심이 많았던 전도유망한 청년이었다.

1828년에는 영국 왕의 대리인으로서 지역의 사법·행정을 맡아보던

---

13  Florence Nightingale, BBC History, Mark Bostridge, Last updated 2011

플로렌스의 아버지          플로렌스의 어머니

지방관인 햄프셔의 치안 판사로 임명되었다. 치안 판사의 역할을 맡음으로써 왕에게 바칠 돈을 거두고 왕령을 관리 감독하여 왕의 재정적 이익을 지키고 지역의 평화 유지 및 사회 경제적 질서를 유지하는 데 기여하는 등 나이팅게일 가문이 자본주의 사회로 변화하는 시대에 성공적으로 젠트리 부르주아 계층이 되는 토대를 마련했다.

 플로렌스의 어머니인 프랜시스 나이팅게일은 자유주의 정치가이자 유니테리언[14], 노예 폐지론자인 윌리엄 스미스의 딸로 형제가 9명인 유복한 상류 귀족 가문에서 태어났다. 그녀는 육군 대위 제임스 싱클레어와 사랑에 빠져 그와 결혼하려 했으나 연 4백 파운드밖에 안 되는

---

14  삼위일체론을 부정하고 그리스도의 신성(神性)을 부정하며 신격(神格)의 단일성을 주장하는 기독교의 한 분파. 일반적으로 자유주의적 경향을 띠며, 교회와 교리보다는 윤리를 중요시한다.

육군 대위의 월급이 전부인 가난한 장교라는 이유로 부모님이 반대하여 결국 결혼은 좌절되었다. 이후 여섯 살 연하인 윌리엄 에드워드 나이팅게일을 만나 결혼했다.

그녀의 가문은 남편보다 더 높은 지위의 집안이었다. 당시 영국 상류사회의 구시대적인 사회 분위기의 영향으로 그녀는 남성들이 받는 교육은 여성에게 필요하지 않으며 대저택의 안주인으로서 부귀영화를 누리며 우아하게 사는 것이 최선이라 생각했다. 그러면서도 진보적인 선친의 가르침 덕분으로 "인간은 신이 평등하게 만든 것이다. 인간을 직업이나 학력으로 차별하는 것은 옳지 못하다."라고 생각하여 가정에서 일하는 하인들을 존중하며 대우해주었다.

결혼을 통한 이 두 명문 가문의 만남으로 플로렌스는 태어나면서부터 정치적 영향력과 경제력뿐만 아니라 친가와 외가 양쪽 가문에서 사람을 중시하는 가풍까지 이어받은 신의 축복을 받은 신분을 가지고 태어났다.

## 어린 시절

아버지 윌리엄 에드워드 나이팅게일과 어머니 프랜시스 스미스 나이팅게일은 1818년에 결혼하고 이탈리아로 신혼여행을 떠났다. 부유한 영국 귀족들은 르네상스의 문화적 영향으로 이탈리아의 여러 도시를 여행하며 유명한 예술작품과 건축물을 직접 감상하고, 유명 인사들을 만나 교류하는 그랜드 투어가 당시 유행이었다. 그랜드 투어는 유럽 귀족들의 필수적인 교육과정으로 성행했던 이탈리아 여행을 일컫는 말로 정치, 경제적 지위를 확보한 귀족층에서 고전적인 문학과 예술을 향유하는 것이 사회적 지위를 나타내는 표식이 되고, 고귀한 취향과 신분의 절대적인 상징이 된 시대였기 때문이다. 승객 운송을 목적으로 한 증기 기관차가 세계 최초로 운행되기 시작한 것이 1830년경이었고 이 부부가 여행할 당시는 주로 교통수단이 말과 마차였다. 그래서 여행은 짧게는 몇 달에서부터 길게는 몇 년씩 그 지역에 거주하면서 여유롭게 여행을 즐기곤 했는데, 하인들을 대동한 그랜드 투어는 당연히 어마어마한 비용을 감당할 수 있는 재력과 지위를 갖춘 상위층 일부 귀족들만 누릴 수 있는 사치였다.

나이팅게일 부부가 중세 르네상스의 발상지인 이탈리아 피렌체를 여행하던 중에 포르타 로마나 근처 빌라 콜롬비아에서 플로렌스 나이팅게일이 태어났다. 피렌체 Firenze 를 영어로는 플로렌스 Florence 라고 하는데, 그녀의 이름은 바로 이 지명을 따서 붙여진 것이다. 이하 플로렌스 나이팅게일을 플로렌스라 부르겠다. 언니 파세노프 Parthenope 역시 나폴리에서 태어났기 때문에 나폴리의 그리스식 이름인 파세노프라는 이름을 붙였다.

나이팅게일 가족은 3년간의 긴 여행을 마치고 1821년 이탈리아에서 영국 더비셔로 이주하여 리허스트 저택에서 생활했다. 겨울에는 남쪽 햄프셔의 앰블리 저택에서 지냈고, 봄과 가을에는 런던에서 지냈다. 앰

플로렌스의 리허스트 저택

블리 저택은 후기 왕조 시대의 규모가 큰 정방형 저택으로 겨울을 보내기에 최적의 휴양지였으며, 정원이 매우 크고 아름다웠다. 게다가 이곳은 런던과 가까워서 많은 사촌 친지들과 왕래하며 전형적인 귀족으로서 호화로운 삶을 살며 지냈다. 여름에는 아이들이 수영하고 뱃놀이를 할 수 있는 곳인 와이트 시뷰섬에서 지냈으며, 크리스마스 시즌에는 웨버리 수녀원에서 공놀이와 연극을 하며 지내기도 했다.[15]

그러나 플로렌스는 이러한 삶에 즐거움을 느끼지는 못했다. 어린 시절 플로렌스는 낮가림이 심해 잘 알지 못하는 사람들, 특히 아이들과 어울리는 것을 좋아하지 않았고, 혼자서 인형을 가지고 병원놀이를 하

---

15 『Florence Nightingale』, Laura E. Richards, D. Appleton and Company, 1909. 9, 11쪽

거나 자연 속에서 다람쥐나 토끼 등을 관찰하고, 농장의 개나 조랑말 등 동물들을 돌보며 자기만의 시간을 갖는 것을 더 좋아했다. 그래서 집을 방문하는 손님들은 플로렌스가 또래 다른 아이들에 비해 특이한 점이 많았다고 말하곤 했다.

앰블리 저택에서는 플로렌스가 그 지역 교구의 목사님과 함께 인근 마을을 방문하며 다니곤 했다. 이 두 사람은 질병이나 어려움에 처한 사람들을 돕고 편안하게 해주는 것에 뜻을 같이하고 있었다. 목사님이 성직자가 되기 전에 의학 공부를 한 덕분에 플로렌스와 함께 마을을 방문하면서 병자와 부상자를 어떻게 보살피는지 등 여러 가지를 알려주시곤 했다. 목사님은 "플로렌스가 배우고자 하는 마음이 있다면, 내가 아는 모든 좋은 것을 가르쳐 줄 수 있다"고 하였다.

나이팅게일 가문의 영지 내에서 일하는 목동 노인이 양치기 개와 함께 양 떼를 돌보고 있었다.[16] 그 양치기 개는 넓은 들판에서 양들이 흩어지지 않도록 지켜주고 절벽 가장자리까지 풀을 찾아 뜯어먹으러 갔던 양들을 다시 몰아서 목장으로 돌아오게 하는 아주 영리한 개였다. 그러나 목사님과 플로렌스가 평소같이 마을을 방문하던 그 날은 이상하게도 양치기 개는 보이지 않고 양들이 이리저리 흩어져 있었고, 목동 노인 홀로 양 떼를 모으느라 쩔쩔매고 있었다. 두 사람이 노인에게 다가가서 무슨 일이 있었는지 영문을 물어보니 짓궂은 동네 아이들

---

16 『Florence Nightingale』, Laura E. Richards, D. Appleton and Company, 1909. 9, 6~8쪽

이 양치기 개와 양 떼에 돌을 던지며 장난을 쳐, 그 양치기 개는 양 떼를 지키려다 다리를 다쳤다는 것이다. 목동 노인은 목사님과 플로렌스에게 개의 다리가 부러진 것 같아 고통스러워한다며 더 아프지 않도록 조용히 안락사시켜야겠다고 말했다. 그러나 목사님과 플로렌스는 포기하지 않고 양치기 개를 치료해보기로 했다.

그들이 노인의 오두막으로 가서 고통스러워하는 개의 다리를 유심히 들여다보았다. 그 개가 무척 아파하기는 했으나 다행히도 뼈는 부러진 것 같지는 않았고 삐어서 부어있었다. 다리를 찜질하고 움직이지 않도록 잘 고정하면 나을 수 있다고 목사님은 플로렌스에게 알려주셨다. 그녀는 자기 옷을 크기에 맞게 잘라서 임시로 고정해주고 찜질해주었다. 그리고 다음날에도 붕대를 가지고 다시 찾아와서 개의 다리를 치료해주고 새 붕대로 갈아주었다. 이렇게 플로렌스의 정성 어린 간호로 그 개는 빨리 회복할 수 있었고 이후 양치기 개로서 목동 노인의 양들을 돌볼 수 있었다.

플로렌스는 이렇게 치료하고 정성껏 간호해주면 누구나 건강하게 회복할 수 있다는 좋은 경험을 하게 되었고, 이러한 어릴 적 경험이 훗날 질병으로 고통받는 이들을 위한 간호사로서 그녀의 인생 여정을 결심하는 하나의 작은 계기가 되었다.

## 납과 수은에 오염된 리허스트

리허스트 Lea Hurst 지역은 플로렌스의 건강에 치명적인 해를 끼쳤던 곳으로 추측된다. 당시 영국이 산업혁명을 주도하면서 리허스트 지역에는 플로렌스의 아버지가 운영하는 원시 광석을 제련하고 처리하는 제련소와 수은의 오염 지역으로 추측되는 모자 공장이 있었다. 플로렌스는 6~7세쯤에 햄프셔로 이사했지만 여름에는 가족과 친지들을 위한 리허스트 저택으로 가서 매년 그곳에서 지냈다. 리허스트에 갈 때마다 납과 수은에 반복해서 노출된 것이 그녀의 정서나 질병과 연관성이 있는 것 아닌가 하고 조심스럽게 예측할 수 있다.[17]

납 중독에는 몇 가지 증상이 있는데, 그중 하나는 "손목을 늘어뜨린다거나 손목이 약하다."는 것이다. 또한 납 중독은 생식기관 등에 교란을 일으키기도 한다. 납 중독을 겪은 아이들은 괴팍하고 비협조적이며, 힘들어서 함께 하기가 어렵다고도 한다. 플로렌스는 훗날 카이져스베르트에 제출한 자신의 이력서에 "어려서부터 손목이 약해서 글씨 쓰는 것을 늦게 배웠다."고 밝혔다. 나이팅게일가의 여성들은 납 제련소 근처 리허스트에서 태어난 이후 출산을 한 적이 없다고 한다.

모자 공장의 제조 생산 과정에서는 수은을 사용했다고 한다. 수은은

---

17  Country Joe McDonald's Tribute to FLORENCE NIGHTINGALE, Lea Hurst

신장, 뇌 및 신경계에 영향을 주는 치명적인 중금속으로 체내에 쌓이면 배출이 안 되는 특성이 있다. 신장이 손상되고 더 진행되면 신부전을 일으킬 수 있고, 신경계를 망가뜨릴 수 있으며, 암을 일으키는 발암 물질로도 알려져 있다. 그래서 납이나 수은 같은 중금속 중독 증세로 고통을 받는 사람들은 다른 사람들과 어울리는 것을 싫어하고 두려워하게 된다고 한다. 이것은 어린 시절의 플로렌스 정서와 행동에서 짐작할 수 있다. 당시에는 플로렌스 자신조차도 납 중독, 수은 중독 증상이라는 것을 알지 못했던 것 같다. 그러나 플로렌스의 이러한 건강상의 어려움도 간호사가 되어 병들고 어려운 사람들을 돕고자 하는 그녀의 강한 의지를 꺾지는 못했다.

## 정치력의 초석

플로렌스가 열 살이 되던 1830년에 영국 왕 조지 4세가 67세로 서거하고, 64세인 동생 윌리엄이 그 뒤를 계승하여 왕위에 올랐다. 윌리엄 4세는 단순한 성격으로 인해 '바보 같은 윌리엄'으로 불렸던 인물이었다. 그는 자신이 왕이 될 것을 전혀 예상치 못하고 방탕한 생활을 하다가 왕위 계승 서열에서 그보다 앞에 있던 이들이 먼저 사망하는 바람에 얼떨결에 왕위에 올랐다. 그는 별 치적이 없는 평범한 군주였으나 결정적인 순간에 영국 역사에서 가장 중요한 사건이었던 '제1차 선거법 개정'에 적극 협력함으로써 '바보 같다'는 선입견을 한순간에 떨쳐버리고 의회 정치의 발전에 기여하는 업적을 이루었다. 당시 귀족들은 갑자기 어떤 결정을 할지 그 속내를 알 수 없는 윌리엄 4세의 성향 때문에 그의 동정을 예의주시하면서 갑론을박 정치적 논쟁을 벌이곤 했다.

 플로렌스의 아버지는 정치에도 관심이 많아 1828년에는 햄프셔의 치안 판사로 임명되어 지역의 대지주로서 지방 정부에서 적극 활동했고 1834년 영국 잉글랜드 햄프셔 주의 테스트밸리 행정구에 있는 시장 도시인 앤도버 지역 시의회 의원 선거에 후보로 뽑히기도 했다.[18]

 산업혁명으로 농촌의 인구는 도시에 몰려들고 자연히 농촌 인구는 크게 줄어 신흥 공업 도시의 인구는 급증했어도 선거구는 예전과 마찬가지였다. 어떤 의원은 자기 선거구에서 선거권을 가진 사람이 혼자인데도 있고, 인구 4만, 7만 명인 도시에 의원이 한 명도 없는 곳도 많았다. 선거구의 문제가 모순투성이일지라도 대지주들이 농촌을 기반으로 둔 토리당이 집권하고 있는 한 고쳐지지 않았다. 수십 년 동안 사람들은 선거구의 모순을 개혁해주길 바랐지만 여전히 보수적인 물결이 지배하면서 자유주의 개혁은 후퇴해가고 있었다. 1830년 프랑스에서 일어난 7월 혁명의 소식은 영국에도 영향을 주어 자유주의적인 휘그당이 집권하게 되었다.

---

18 『나이팅게일 평전』, 이바라기 타모츠, 군자출판사, 2016. 6. 10, 9쪽, 『윌리엄 나이팅게일』 위키백과, 『영국의 역사. 하』, 나종일 송규범, 한울아카데미, 2005. 7. 20, 534쪽

휘그당은 집권하자 선거법을 개정하여 선거구의 모순을 개혁하고 선거권을 좀 더 확대하고자 했다. 즉 1년에 10파운드의 주택세를 내는 모든 세대주에게 선거권을 주는 내용이었다. 그레이 총리의 선거법 개혁안은 하원에 제출되었고 표결 결과 가까스로 1표 차로 통과되었다. 그레이 총리는 1표 차 통과에 대해 의회를 불신하고 의회를 해산시켰다. 영국의 내각 책임제에서는 총리가 내각을 해산시킬 수 있었기 때문이다. 그리고 새로이 하원 의원 선거를 한 결과 휘그당은 전보다 더 많은 의석수를 가지게 되었고, 그레이 총리가 선거법 개정안을 하원에 제출하자 압도적인 찬성으로 통과되었다. 그러나 상원은 이 법을 부결시켰다. 하원에서는 선거법 개정안을 다시 상원에 보냈으나 또다시 부결되었다. 이번에도 부결되자 노동자, 농민 계급이 대다수인 여론이 크게 악화되었고, 그레이 총리는 항의의 뜻으로 총리직을 사퇴하여 사회 분위기가 심상치 않게 돌아가고 있었다. 국왕 윌리엄 4세는 여론이 점점 악화되자 혁명의 조짐을 의식해 그레이 총리를 유임시키고, 상원에 지시하여 선거 법안을 통과시켰다. 선거법 개정안이 통과되었어도 좀 더 많은 자본가가 혜택을 얻게 되었을 뿐 선거권은 여전히 소수의 국민에게만 주어진 것이었다.

1832년 제1차 선거법 개혁 이후 토리당은 봉건 지주를 대표하는 보수당이 되었고, 휘그당은 산업 자본가와 소시민이 대표가 되는 자유당으로 발전하게 되었다. 플로렌스의 아버지는 휘그당의 일원으로서 당시 산업혁명의 영향으로 급변하는 정세에 부응하여 대지주에서 젠트리 계층으로, 또 부르주아 계층으로 변신하는 데 성공했다. 그는 신흥 상공업자들의 권리가 확대되고 이에 대한 기대가 커져 있는 데다 이전에는 봉건 사회의 잔재인 대지주나 부호가 독점하고 있던 선거권이 중산 계급에도 주어지고 선거구도 통폐합하여 정리되면 표를 매수하는 일도 없어질 것이라는 순수하고 정의로운 마음으로 선거법 개혁 법안을 지지했으며, 선거인 격려를 위한 어떠한 형태의 금전 거래도 안 된다고 주장했다. 그러나 이러한 그의 주장은 경제적 자금이 충분한 자신에게는 당연한 말이었지만 돈이 부족한 동료 정치인들에게는 커다란 타격을 주는 주장이었다. 결국 그들의 미움을 사서 정치적 공격을 받게 되고 자신을 궁지에 몰아넣는 꼴이 되어버렸다. 그는 이러한 현실 정치의 벽에 부딪혀 낙선할 수밖에 없었고, 이후로 다시는 정치에 발을 들여놓지 않겠다고 결심했다.

플로렌스는 어려서부터 아버지 곁에서 의회의 양대 세력인 토리당과 휘그당의 대립과 정치적 동향, 당시 정치 사회적 문제에 대한 어른들의 이야기들을 들으며 아버지와 많은 이야기를 나누어왔다.

"국왕 폐하가 휘그당에 기울고 있어."
"휘그당에서 총리가 나오게 되면 아마도 의회가 개혁되겠죠?"
"그럴만한 의석수가 지금 의회에 없는 것이 문제지."
아버지와 어머니의 대화를 듣고 있던 이때 플로렌스가 자신의 생각을 말했다.
"그럼 국왕 폐하가 직접 휘그당을 지명하시지 않을까요?"
"맞아~ 그렇겠구나."

아버지는 플로렌스의 말에 일리가 있다고 생각했고, 그녀는 이어서 말했다.

"의회 분위기가 지금처럼 개혁적인 시기를 이용한다면 식민지 노예 제도를 폐지하자는 주장도 받아들여질 수 있을 것 같아요."

플로렌스는 어려서부터 정치 사회적인 문제들에 대해 관심이 많았다. 열 살밖에 안 된 어린아이가 이러한 사회 문제에 대한 정치적인 대화를 할 수 있었던 것은 아버지가 어려서부터 매일 신문을 읽도록 독려하고 또 그녀가 어른들의 대화를 곁에서 진지하게 듣고, 아버지와 이런 이야기들을 자주 나누면서 자신의 생각을 키워나갈 수 있었기 때문이었다. 나이팅게일 집안의 진보적인 분위기와 경험들은 그녀가 건전한 정치력을 키울 수 있었던 기반이 되었다. 그러나 아버지는 자신의 교육 철학대로 잘 따라주었던 플로렌스가 상류 사회에서 여성으로서 교양을 쌓기 위한 정도로 생각했지 그녀가 성장하여 자신의 직업을 가지고 독립적인 사회생활을 한다는 것까지는 미처 생각하지 못했을 것이다.

## 아버지의 가르침으로 기초 학문의 토대를 갖춤

플로렌스는 언니 파세노프와 한 살 차이에 한 어머니의 뱃속에서 태어난 자매였지만 성격이나 기질은 완전히 달랐다. 플로렌스는 아버지를 더 많이 닮아 차분하면서도 추진력이 있었고, 세심하고 주의 깊은 성격으로 자기 혼자만의 시간을 가지면서 책을 읽고 글을 쓰고 사색하는 것을 좋아했다. 또한 자신이 깊이 생각하고 결정한 사항에 대해서는 뜻을 굽히지 않는 의지가 강한 성격이었다. 이러한 그녀의 성향이 자신이 이루고자 하는 사업을 달성하는 원동력이 되었다. 반면 언니 파세노프는 활발하고 예술적인 전형적인 귀족 여성상으로 어머니의 생각과 정서를 많이 물려받았다. 그녀는 플로렌스의 강한 의지를 부러워했고 훗날에는 자신의 동생을 자랑스러워했다.

19세기는 옥스퍼드나 케임브리지와 같은 대학에 여성들이 입학하는 것이 구조적으로 허용되지 않던 시절이었다. 그리고 상류층 귀족 여성들은 관습의 틀에 갇혀 온실 속의 화초처럼 항상 가정 내에 있어야 하는 처지였다. 1832년 선거법 개정이 이루어졌으나 그 당시 여성들의 법적 지위는 상류층 귀족 여성일지라도 미성년자 수준 정도로 재산을 가질 수도 없었고 투표권도 없었다.[19] 파세노프와 플로렌스도 예외일 수는 없었다.

그러나 플로렌스의 아버지는 여성도 체계적으로 교육을 받고 교양을 쌓아야 한다는 생각으로 폭넓고 깊이 있게 교육했다. 집안에 가정 교사를 두어 음악과 미술 등을 가르쳤고, 수학, 그리스어, 라틴어, 독일어, 프랑스어, 이탈리아어, 역사와 종교, 철학 등은 자신이 직접 지도하면서 명문 귀족들의 엘리트 교육 방식으로 그랜드 투어를 기획했다.

---

19 『19세기 영국 여성들의 참정권운동』, 연민경, 한성대학교, 2014. 11. 30, 7쪽

플로렌스가 사용하던 책과 문구

　그는 두 자녀를 위해 사회 저명인사들을 가능한 많이 만날 수 있게 하여 사회 여러 분야의 동향이나 발전 추세 등을 접할 수 있도록 기회를 만들어 주었다. 가끔 이러한 유명인사들을 햄프셔에 있는 가족 저택에 초대하기도 했다. 전기 전신기를 발명한 휘트스톤 Wheatstone 교수로부터는 전신기를 발명한 과정에 대해서 직접 듣기도 했고, 러시아 탐험가인 미덴도르프 Middendorff 교수는 그들이 아직 가보지 못한 세계를 탐험한 경험을 들려주기도 했다. 국가의 위생과 보건 문제를 연구했던 엔지니어 에드윈 채드윅 Chadwick 은 영국의 위생 문제와 보건 의료 현실에 대해 알려주기도 했다.[20] 이 만남으로 에드윈 채드윅은 훗날 플로렌스가 영국의 보건 의료 정책을 제안하고 만들고 관철하는 데 큰 힘이 되어주었다.

---

20 『펜의 힘』, 팀 코티즈 저, 전호환 정숙진 옮김, 부산대학교출판부, 2018. 6. 25, 9쪽

그러나 아버지의 이러한 교육 방식을 플로렌스의 어머니는 썩 달가워하지는 않았다. 그녀는 자신의 딸들이 귀족 여성으로서 우아하게 지내다가 능력 있는 남자를 만나 결혼하기를 바랐기 때문이다. 어머니의 성향을 많이 물려받은 언니 파세노프는 귀족 여성으로서의 삶에 만족하며 살기로 결심하고 대부분의 귀족 여성들이 그랬듯이 배움을 중도에 포기했다.

❧

## 수학과 글쓰기를 좋아한 플로렌스

이 시대 유럽 교육의 근간은 고전학, 즉 고대 그리스 로마로부터 르네상스로 이어지는 역사, 문학과 예술, 정치와 수사학이었다. 플로렌스의 아버지는 자녀들이 평소에 그랜드 투어를 위한 배경지식을 착실히 쌓도록 가정 교육을 하고 여행하며 고전적인 음악과 미술을 생생하게 보고 들을 수 있는 기회를 제공했으며, 활발한 사교 활동을 통해 품위 있는 귀족으로서의 학식과 성품을 연마하도록 했다. 사실 이러한 엘리트 교육 방식은 남성 귀족에게만 이루어지는 것이 사회 통념이었지만 에드워드 나이팅게일은 자신의 딸들을 이에 못지않게 적극적으로 교육했다.

플로렌스는 아버지의 교육 방침에 부응하여 많은 책을 읽고 글로 정리하면서 인문학적 소양을 쌓았다. 세상에 대한 호기심이 많아서 가족들과 유럽 여러 나라를 여행할 때에는 항상 수첩을 가지고 다니면서 여행한 지역의 지명과 그곳까지의 거리, 출발한 시간과 도착한 시간을 기록했으며, 그 나라의 법률 체계와 토지 관리 시스템, 당시 사회가 처한 현실을 극복하기 위해 어떠한 사회 제도와 복지 시스템들이 있는지까지도 모두 자세하게 적어놓고 공부했다.

특히 그녀는 수학을 좋아하여 숫자와 정보를 정리하고 처리하는 것을 습관처럼 하였고, 정치와 역사, 철학, 문학, 여성 문제 등 다방면의 책을 폭넓게 접하고 다양한 사람들과 교류하면서 영국 사회에 대한 문제 의식과 자기 철학을 세울 수 있었다.

그녀는 그랜드 투어 엘리트 교육 시스템을 자기만의 방식으로 녹여내어 체화시켰다. 훗날 플로렌스의 이름이 유명해지자 그녀가 어린 시절부터 받았던 교육 방식에 대해 『타임스』에서 다음과 같이 기사를 냈다.

> "나이팅게일의 아버지는 딸에게 매일 신문을 읽도록 했다. 그녀는 여러 나라의 언어를 유창하게 구사할 줄도 안다. 그런데 제일 강점은 수학이었다. 숫자와 통계를 다루는 데는 전문가 수준이고, 데이터를 정리하고 추론하는 데 분석적이고 체계적으로 할 수 있다." [21]

---

21 『펜의 힘』, 팀 코티즈 저, 전호환 정숙진 옮김, 부산대학교출판부, 2018. 6. 25, 9쪽

*Chapter 2*

–

# 간호사의 삶을
# 살기로 결심

# 자신의 삶에 대한 갈등

플로렌스가 17세가 되어 청소년기를 맞이한 시기의 영국은 윌리엄 4세가 서거하고 그의 뒤를 이어 1837년 빅토리아 여왕이 즉위하면서 화려한 빅토리아 시대를 맞이하고 있었다.

1837년은 화려한 빅토리아 시대와 자본주의의 서막이 열리는 시기로 영국의 눈부신 발전만큼이나 빈부의 격차가 날로 커지고 있어 사회 문제로 대두되는 시기였다. 나이팅게일 집안은 리허스트에서 대지주이면서 자본가로서 자신들이 소유한 영토 내의 소작농들이나 가난한 사람들을 돌보고 있었다. 플로렌스의 어머니도 딸들과 함께 가난한 이들을 방문하여 음식과 옷을 나누어 주고, 병든 사람들에게는 약을 주기도 하였다. 당시 소작농이나 가난한 이들은 돈을 벌기 위해 일을 하려고 해도 병이 나서 움직일 수 없거나 몇 해씩 병석에 누워있는 노인들이 많았다. 이들에게도 가족들이 있었지만 먹고살기 위해 일하러 멀리 나가 있어서 돌볼 수 있는 사람들이 없었다.

플로렌스는 병든 이들을 방문하고 위로해주면서 큰 충격에 빠졌다.

"우리가 파티에서 좋은 음식을 먹고 화려한 생활을 하고 있는 동안 이 사람들은 이런 비참한 생활을 하고 있었구나."

이때의 충격을 플로렌스는 다음과 같이 기록했다.

"병든 사람들의 고통이 내 마음속에 남아 있어 우울한 감정이 온종일 나를 휘감아 떠나가지 않는구나. 나는 더 이상 다른 어떤 생각도 떠오르지 않는다. 시인들이 낭송하는 이 세상의 어떤 영광도 모두 위선으로 느껴진다. 내 눈에는 가난과 질병이 사람들을 비참하게 만들고 삶을 갉아먹고 있는 것으로만 보인다. 나는 이 사람들을 돕고 싶다."[1]

이후 플로렌스는 자주 마을에 있는 가난한 사람들을 방문했다. 처음에는 한동안 언니 파세노프도 함께 다녔으나 점차 마을의 아픈 이들에게 가는 병문안은 플로렌스만의 일이 되었다. 마을 사람들은 문병을 와서 돌봐주는 플로렌스가 너무나 고마웠다. 그동안 마을 사람들과도 가까워지고 친해져서 그녀가 마을 길을 걸어갈 때에는 여기저기에서 플로렌스에게 인사하는 사람들도 많아졌다. 햄프셔의 앰브리 저택에서 크리스마스 시즌을 지낼 때에는 마을의 젊은 청년들과 함께 가난한 사람들과 노인, 어린이들에게 선물을 나누어 주었고, 마을 주민들과 아이들을 위해 오락 프로그램을 만들고 노래를 부르며 성탄절을 보냈다. 이때부터 그녀는 마을 사람들이 건강을 회복하고 자립할 수 있도록 만드는 것이 중요하다는 것을 깨달았으며 자신이 하는 이 일에 커다란 의미와 즐거움을 느꼈다.

---

1    『Florence Nightingale』, Cecil Woodham-Smith, MacGraw-Hill, 1951. 9쪽

# 기독교적 신비주의자

『세계를 삼킨 숫자 이야기』의 저자인 코언 I. B. Cohen 에 의하면 플로렌
스는 '기독교적 신비주의자'였다.[2] 사람을 구원하고 세상을 이롭게 변
화 발전시키는 주체자로서 기독교적 신비주의 철학은 하나님의 모습
으로 만들어진 사람이 하나님과 같다는 이론이다. 이는 단순하게 사람
의 외모가 하나님과 같다는 뜻이 아닌 사람이 가진 내면의 신성이 신
과 뜻을 같이한다는 의미이다. 신은 존재하는 Beings 모든 것의 본질
인 존재 the Being, Logos 그 자체로서 살아있는 모든 생명의 근원적 원천
이면서 궁극적 바탕이 된다. 말로 표현할 수 없는 존재라서 심연이나
무 Nothingness 라고 불리는 하나님은 너무나 빛나고 찬란하여 눈으로는
차마 볼 수 없는 '신성의 빛'이라는 것이다.[3]

　기독교적 신비주의자로서 플로렌스가 청소년 시절부터 세 차례나 경
험했던 신의 계시를 받는 신비한 체험은 '모든 인간은 누구나 하나님의
자녀이자 그리스도'라는 믿음에서 출발한다. 이 믿음은 개인이 노력한
다고 받게 되는 것이 아니라 신의 은총의 선물로 주어지는 것으로 여
겨진다. 마음속 깊은 내면으로 내려가 자신을 사랑하는 에고 Ego 가 완
전히 없어진 고요한 상태에서 하나님을 만나서 그의 목소리를 듣고 계

---

2　『세계를 삼킨 숫자 이야기』, I.B. 코언 저, 김명남 옮김, 2005. 10. 7, 197쪽

3　『신비주의』, 금인숙, 살림출판사, 2006. 2. 28, 4쪽

시를 받는 것으로, 그 신성이 바로 자신의 진정한 존재인 그리스도라는 것을 체험하는 것이며, 그리스도의 마음으로 태어나는 사랑을 실천하는 과정에서 신의 뜻과 하나를 이루는 것이다.

플로렌스가 살았던 19세기 근세 유럽의 기독교 사상은 조선, 중국 등 동양에서 선비나 학자들의 정신을 지배했던 유교 사상과도 같은 철학적 요소라고 생각하면 이해하기 쉬울 것이다. 신의 뜻과 일치함의 신비주의는 개인적인 명상이나 심취에만 머물지 않고 사랑의 실천 활동을 근본으로 하여 하나님의 계시에 따라 이 세상이 가지고 있는 모든 형태의 불평등한 권력 구조를 근본적으로 해소하는 개혁 운동과도 그 뜻을 같이하고 있다. 이 세상의 인간 모두가 신과 하나가 되어 존중받는 존재로서 당당히 살아가기를 열망하는 신비주의의 구원과 해방의 의미는 모든 인간은 평등하기 때문에 사회적으로 차별받아서는 안 된다는 것이다. 사회적 신분과 가부장제의 이념적인 통제로부터 벗어나야 하고, 더 나아가 성 억압과 성차별로부터의 해방도 추구한다.

특히 가부장제하의 성적 억압은 철저하게 차별적이다. 사회가 남성과 여성에게 가하는 성적 억압의 성격과 강도 또한 다르다. 예로부터 여성은 성적 욕구를 드러내면 정숙한 여성이 아니라고 치부하는 반면에 남성에게는 성적 일탈을 허용해도 된다는 식의 상당한 자유가 있었다. 가부장제 사회에서 결혼이라고 하는 것이 두 인격체의 결합으로 남성과 여성이 온전히 하나가 되는 것이 아닌, 여성에 대한 남성의 우월성을 바탕으로 가부장적인 지배 구조를 만들고 있기 때문이다. 이러한 가부장적인 결혼 제도하에서 여성은 남성의 욕구 충족을 위한 대상에 지나지 않는다.

사회적으로 남성들은 자기들의 기준에 따라 여성을 현모양처와 매춘녀 집단으로 분리해 왔다. 가부장제의 성 억압 구조는 여성에게는 재산권을 부여하지 않으면서 남성이 보호해준다는 이유로 그에게 소속된 소유물로 전락시켜 버리고, 가사 노동을 해주고 성적 쾌락을 만족시켜주는 존재로 만들어버렸다. 하지만 남성의 권위와 가장으로서의 군림도 허세일 뿐, 결국 남성들조차도 돈 버는 기계가 되어버리고, 성적 쾌락에서 벗어나지 못하는 성 노예에 지나지 않게 되는 것이다.

기독교적 신비주의자였던 플로렌스는 하나님의 뜻을 실현하는 사랑의 실천 활동이 신과 하나 됨을 이루기 위한 자신의 사명이라고 생각했다. 자신이 살고 있는 시대에 대한 종교적이고 철학적인 목표는 하나님의 뜻을 이루고 봉사하기 위한 사회 제도 개혁이었다. 그리고 이후 자신이 쓴 에세이 『카산드라』를 통해 그녀는 결혼이라는 제도적 산물이 남녀 간의 차별적이고 가부장적인 성적 억압이라 여기고 이를 당당히 거부했다.

# 간호사로서 평생을 일하겠다고 선언

그녀가 17살이 된 어느 날 '신의 계시'가 있었다. 그녀의 일기에 의하면, 1837년 2월 7일, "하나님께서 나에게 말씀하셨다. 하나님께서 나를 쓰기 위해 부르시겠다고…. 그것은 정말로 또렷한 하나님의 목소리였다. '플로렌스! 때가 되면 너를 부르리라. 훗날 가난하고 병든 불쌍한 사람들을 위해 일할 때가 올 것이다.'"[4]라고 쓰여 있다.

플로렌스는 하나님의 계시를 듣고 나서 자신이 무엇을 해야 할지 당시로써는 정확히 알 수는 없었지만, 자신의 삶을 다른 이들을 위해 헌신해야겠다는 강한 소망을 가지고 신의 계시가 무엇인지 스스로 찾아보기로 마음먹었다. 그녀는 이후에도 세 차례나 더 하나님의 계시를 들었다고 한다. 할리스트리트 여성 병원의 병원장이 되기 직전, 전쟁에 참전하기 위해 크림반도로 떠나기 직전, 동료이자 친구였던 시드니 허버트가 죽은 직후였다고 한다. 그녀가 신의 계시를 마주 접한 때를 짚어보면 모두 자기 인생에 있어 커다란 전환점이 된 시기였다.

플로렌스는 오랜 심사숙고 끝에 아프고 병든 사람을 돌보는 간호사가 되는 것이 신이 자신에게 내린 계시라는 결정을 내리고 제일 먼저 자신의 결심을 어머니에게 진지하게 고백했다. "저는 하나님으로부터

---

4　『Florence Nightingale』, Cecil Woodham-Smith, MacGraw-Hill, 1951. 13쪽, 『Modern Nursing』, 수잔 페처, Mosby/Elsevier, 2006, Unit 2

간호사가 되어 병들고 소외된 사람들을 돌보라는 소명을 받아서, 간호사로 일하며 살겠습니다. 그래서 런던에 있는 솔즈베리 병원에서 간호사 교육을 받겠습니다."라고 말씀드렸다.[5] 그녀의 말에 플로렌스의 어머니는 크게 충격을 받고 격렬히 반대했다. 가족들은 부모 세대가 그랬듯이 그녀가 부유한 명문 귀족 가문의 남성과 결혼하여 불쌍한 사람들에게 자선 사업을 하며 은혜를 베풀며 살 수 있고, 또 그렇게 살기를 원했다. 그들에게는 나이팅게일 귀족 가문의 여성이 간호사가 된다는 것은 신분이 깎이는 수치스럽고 있을 수 없는 일이라 생각했고, 같은 상류층 귀족들의 비웃음거리가 될 것이라는 두려움이 있었다. 이것은 당시 빅토리아 시대 명문 귀족 가문에서는 절대 받아들일 수 없는 일이었다.

당시의 간호사는 다치거나 병든 사람들을 돌보는 더럽고 비천한 일을 하는 직업으로, 가난한 집안 처녀들이 단순히 돈을 벌기 위해서 하는 일이었기 때문에 일반 여성들조차 선뜻 그 일을 하려고 나서는 사람이 없을 정도였다. 여성의 사회 활동에 호의적이었던 아버지였지만 그조차도 자기 딸의 결정을 도저히 받아들일 수 없었다. "마치 내가 식모가 되겠다고 말한 것 같은 반응이 나왔다."고 가족의 반응을 훗날 그렇게 회고했다.[6] 그러나 생각해보면 지금의 현대 사회에도 간호사는 3D 업종 힘들고 [difficult], 더럽고 [dirty], 위험한[dangerous] 으로 분류되어 부유하거나 사

---

5  『빅토리아 시대 명사들』, 리튼 스트레이치, 경희대학교출판문화원, 2003. 6. 25, 131쪽
6  『빅토리아 시대 명사들』, 리튼 스트레이치, 경희대학교출판문화원, 2003. 6. 25, 132쪽

회 고위층의 자녀 중에서는 간호학 전공을 선택하지도 않고, 설사 간호사 면허가 있어도 일을 하지 않는 유휴 인력이 많은 것이 사회적 현실이다.

가족들의 극심한 반대로 런던의 솔즈베리 병원에서 간호 교육을 받겠다는 자신의 결심을 일단 포기할 수밖에 없었다. 또 이 당시 영국에는 전문적으로 간호 훈련을 받을 수 있는 교육 기관이 아예 없었다. 성공회가 국교인 영국에서 병원은 지저분하고 냄새나는 수용소 역할밖에 못하던 시기였기 때문에 일하는 간호사들에게 특별히 전문적인 교육을 하지도 않았고, 플로렌스 입장에서도 특별히 배울 것도 없었다. 그나마 가톨릭이 운영하는 기관에는 훈련 과정이 남아있었다. 간호 훈련을 받고 싶었던 플로렌스는 로마 가톨릭으로 개종하거나 수녀가 될까도 생각했었다고 한다. 그러나 주위 사람들이 그런 이유로 개종하면 안 된다고 극구 말리는 바람에 그 기회마저 놓치고 말았다.[7]

플로렌스는 간호 교육을 받을 기회가 반드시 올 것이라 확신하고 그때까지 내색하지 않고 기다리기로 했다. 이제 간호사가 되고자 하는 결심이 굳어졌기 때문에 아픈 사람을 돌보기 위해 필요한 분야가 무엇인지 찾아보고 스스로 독학하기로 마음먹었다. 그녀는 의학 및 병원과 관련된 책들을 구해서 공부했고, 잘 알고 지내던 보건위생 전문가 에드윈 채드윅을 통해서 영국 정부에서 발행하는 공중보건위생 관련 의

---

7  『세계를 삼킨 숫자 이야기』, I.B. 코언 저, 김명남 옮김, 2005. 10. 7, 198쪽

회 보고서를 받아보면서 영국 사회의 공중보건 위생 문제를 파악했다. 그렇게 3년 열심히 독학하여 공중위생과 병원 분야에서는 누구에게도 뒤처지지 않는 수준이 될 수 있었다. 하지만 환자를 실제로 간호하는 임상 실무를 접해보지 못했기 때문에 그 부분에서만큼은 부족함을 느끼고 있었다.

## 유럽 여행을 통해 새로운 세상과 만남

이렇게 가족들과 의견의 대립을 겪던 중에 플로렌스의 부모는 가족 모두 유럽 여행을 떠나기로 했다. 유럽 대륙으로의 그랜드 투어를 통해서 자녀들에게 드넓은 세상을 보여주고, 플로렌스의 관심을 다른 방향으로 바꿔주고자 했다. 1837년 나이팅게일 가족은 유럽 대륙을 향해 출발하여 플로렌스가 19살이 될 때까지 프랑스의 항구 도시 니스, 이탈리아 로마, 스위스의 제네바 등을 여행하면서 새로운 문화를 접하게 했다.

그때 플로렌스는 메리 엘리자베스 클라크 몰 Mary Elizabeth Clarke Mohl: 1793~1883년 [8]을 만나게 된다. 그녀는 프랑스 파리 살롱의 여주인이었다.

---

8   https://www.sueyounghistories.com/2009-04-21-mary-elizabeth-clarke-mohl-1793-1883/ 메리 엘리자베스 몰, 위키백과, 2019. 6. 29, 2쪽

영국 작가이자 페미니스트였던 그녀는 역사와 여성의 권리에 대한 관심이 많았다. 그녀는 '…돈이나 영향력, 미모 없이도 파리의 정치계, 문학계에서 자신을 주요 인물로 만들어 놓았다….'고 한다. 그녀의 손에 의해 살롱이 되살아났고, 매주 금요일 밤 프랑스의 두크족, 영국인 동료, 주교, 학자, 국제적인 명성을 지닌 작가들이 클레르몬트 톤너레 가문의 옛 호텔에 있는 그녀의 아파트 응접실을 가득 메웠다고 한다.[9]

메리 엘리자베스 클라크 몰(국립 초상화 미술관, 런던)

프랑스에서의 살롱은 도시 문화의 산물이었다. 17세기부터 정치와 경제뿐만 아니라 사회와 문화생활의 중심지인 도심지에서부터 살롱이 점차 생겨나기 시작하여 17세기 후반에 이르면 프랑스에서 살롱의 수가 급증하게 되었다. 이렇게 살롱이 생겨난 이유는 부를 축적한 신생 부르주아지 부유한 젠트리 계급가 유럽 문화에 대한 가치를 공유하며 성장했기 때문이었다. 살롱은 부유한 젠트리 계급과 지식인들이 남녀를 가리지 않고 소통하며 교제하는 지식의 장으로 운영되었다.[10]

9  『Florence Nightingale』, Cecil Woodham Smith, McGraw-Hill, 1951. 18-21쪽
10 『살롱문화』, 서정복, 살림출판사, 2003. 7. 30, 34쪽

또한 18세기까지 가정이라고 하는 울타리 안에만 머물러 있던 여성들이 프랑스 혁명 이후 19세기로 넘어오면서 그녀들의 사회적 지위도 급속도로 향상되었다. 산업의 발전으로 여성 인력에 대한 수요가 증가하게 되면서 여성의 사회 진출이 확대되고 교육의 기회가 점차 늘어나면서 여성만이 가지고 있는 풍부한 감성과 지적 능력을 가지고 살롱과 카페를 통하여 공적 영역에 있는 남성들과 활발하게 대화와 토론을 벌이기도 했다. 18세기 후반에는 파리에서만도 자신이 철학자라고 자처했던 사람들이 무려 2천 명이나 되었고, 살롱의 수도 800개가 넘었다고 한다. 이렇게 살롱은 야심 많은 사람과 재능 있는 사람들이 소통하고 교류하는 우아한 사회적 만남의 장소로 정착하게 되었다.

살롱에서의 모임은 항상 여성의 주최로 이루어졌다. 그 모임의 형태를 보면, 화가의 그림이 전시되어있는 살롱에 우아하고 품격 있는 식사가 제공된다. 그리고 참여한 시인은 자신의 시를 낭송하고, 오페라 가수는 아리아를 부르는 등 아주 다양한 고품격의 엔터테인먼트 프로그램을 제공한다. 참석자들은 식사와 커피, 와인을 마시면서 다양한 사람들과 교류한다. 또한, 살롱은 크고 작은 모임들에 토론의 장을 제공하여 서양 철학이 발전하는 계기를 마련했다. 이때 살롱의 여주인은 매우 중요한 영향력을 행사하여 야심 많고 재능 있는 젊은이들을 유력인사에게 소개해주기도 하고, 살롱은 새로운 예술가나 문인 스타를 탄생시키는 데뷔 장소가 되었다. 살롱에 드나드는 계층으로는 귀족, 젠트리, 부르주아, 그리고 지식인이 대부분이었다. 이 시기에 플로렌스는 프랑스 살롱에서 다양한 지식인들을 만나 교류하면서 당시 유럽의 사상과 문화를 접하고 배울 수 있었다. 플로렌스가 자신의 눈으로 바라본 메리의 모습을 일기에 다음과 같이 기록했다.

"그녀의 외모는 어린아이의 모습과 같이 작은 체구로 매우 특이했다. 눈은 매우 크고 맑았으며 머리를 부드럽게 쓰다듬을 때 곱슬곱슬한 머리카락이 이마에 흘러내렸다." [11]

플로렌스는 성장하면서 자신이 나이팅게일 가문의 귀족 여성들과는 사고방식이 다르다는 것을 느끼고 평소에 고민하고 있었다. 귀족 여성으로서의 삶에 회의를 느끼던 중에 자신의 어머니에게서는 들어보지도 못한 페미니즘의 가치관을 메리로부터 배우게 되었다. 메리는 역사적으로 남성이 정치 참여와 사회 활동을 주도해왔기 때문에 페미니즘을 통해 여성이 자신의 정당한 권리를 주장하고 실현해야 한다는 것을 깨닫게 해주었다. 메리와 플로렌스는 스물일곱의 나이 차이가 있음에도 불구하고 평생 친한 친구가 되었다. 그리고 플로렌스는 우아하고 소극적인 귀족 여성으로서의 관념과 굴레에서 벗어나 당면한 사회 현실을 개선하고자 하는 열망을 서서히 키워나가기 시작했다.

1837년 12월 나이팅게일 가족들은 프랑스 지중해 연안 항구 도시 니스에 도착해 해안 도시를 둘러본 뒤 이탈리아로 갔다. 이 여행 동안에 미켈란젤로의 그림 등 다양한 예술 작품을 보고 감상할 수 있었다. 이

---

11  https://en.wikipedia.org/wiki/Mary_Elizabeth_Mohl, 위키백과 메리 엘리자베스 몰, 3쪽

탈리아 여행 중에는 아버지의 지인인 유명한 경제학자이자 역사학자 장 샤를 레오나르 시몽드 드 시스몽디 J.C.L Simonde de Sismondi 를 만나게 되었는데 이 만남으로 플로렌스는 산업혁명 이후에 당면한 경제 문제와 빈부의 격차 등 사회 문제에 대해 심도 있게 배울 수 있었고, 이를 해결하기 위해 자신이 무엇을 해야 하는지 확신을 갖게 되었다. [12]

젊은 시절 아담 스미스의 헌신적인 추종자였던 시스몽디는 역사와 정치, 경제학에 대한 연구로 유명한 사회주의 경제학자였다. 그러나 그는 자신의 연구와 사상이 확장되어 갈수록 아담 스미스의 자유방임 정책에 대해 의문을 가지게 되었고, 자본주의의 함정과 경제 위기에 대해 경고하면서 노동자와 국가를 보호해야 한다고 주장하기 시작했다.

개신교 목사인 아버지와 자산가인 어머니 사이에서 태어난 시스몽디는 16세부터 리옹 은행에 근무하면서 프랑스 혁명의 진행 과정을 지켜볼 수 있었다. 이후 그와 가족은 혁명을 피해서 1794년 토스카나로 이사하여 농사를 지으며 살았다. 그때 영국의 공장 지대와 농촌에서 농민들과 노동자들의 비참한 삶을 접하면서 자신의 사회주의 경제학 이론을 완성해 나갔고, 급속한 산업화가 초래할 사회적 위험과 함정에 대해 알리고자 많은 노력을 기울였다. 또한 경제 위기의 성격과 무제한적 경쟁이 초래할 위험, 과잉 생산, 과소 소비 등에 관한 선구자적인 연구를 하면서 이에 대한 문제점을 경계했다. 그는 경제 활동의 경

---

12  https://ko.wikipedia.org > wiki > 플로렌스_나이팅게일, 2019. 6. 16, 2쪽

쟁에 대한 정부의 통제가 필요하고, 생산과 소비의 균형이 이루어져야 하며 소득이 일한 만큼 올바르게 분배되어야 한다고 생각했다. 그가 고안한 해결책은 자신의 토지가 있는 자영 농민과 기술이 있고 소규모의 상품을 생산하는 자영업자 중심의 사회였다.

그는 평소 인간과 살아있는 모든 생물에 대한 사랑을 몸소 실천하고 가난한 이들과 나누는 삶을 살며 행복해했다. 이러한 시스몽디의 사상과 철학, 이를 실천하는 그의 삶은 플로렌스에게 새로운 눈을 뜨게 해주었다. 플로렌스는 자신의 일기에 "시스몽디의 철학은 끝없이 넘치는 모든 인간에 대한 사랑으로부터 생겨난다. 인간에 대한 사랑이야말로 그의 인생철학인 것 같다."라고 기록했다.

"나이팅게일, 부디 가난하고 병든 불쌍한 사람들을 잊지 말고 살기 바랍니다."

시스몽디와 헤어질 때 그의 이 당부를 그녀는 평생 잊지 않았고, "나도 꼭 어려운 이들이 필요로 하는 사람이 되어야겠다."고 다짐했다.

플로렌스에게 이번 여행은 매우 뜻깊었다. 프랑스의 파리, 스위스의 제노바, 이탈리아의 피렌체…. 그녀는 눈부시게 화려한 세상에 대해 감탄하기도 하고, 많은 유명인사와 만날 기회를 얻었다. 그러나 1년 반의 긴 여행이 끝날 때쯤에 플로렌스는 본래 자신이 가지고 있던 고민으로 되돌아오게 되었다. 1839년 3월 파리를 출발하기 전 현실에 대한 갈등과 고민을 그녀는 일기에 이렇게 남겼다.

"신의 종에 어울리는 사람이 되기 위해서 극복해야 할 최우선 과제는
귀족 사회의 사교계에서 아름답게 빛나고 싶다는 유혹이다."

## 귀족 여성의 삶을 거부

"우아한 거실에 머물면서 내 일생을 보낼 것이라 생각하지 않는다.
나는 내 일을 하기 위해 전진할 것이다."

1839년 4월, 1년 반 동안의 긴 여행을 마친 나이팅게일 가족은 영국으
로 돌아왔다. 그해 가을 햄프셔 앰블리 별장은 리모델링을 하여 더 웅장
하고 화려한 대저택이 되어 있었다. TV나 라디오가 없던 시기에 영국
상류층 귀족들에게는 파티나 음악회와 같은 모임 등이 세상의 소식을
접할 수 있는 아주 중요한 사교의 장이었는데 나이팅게일 가문에도 지
인이나 친척 등 많은 손님이 방문하고 서로 교류하였다. 특히 결혼 적령
기의 여성들은 이와 같은 사교의 장에서 결혼 상대자를 만나기도 했다.
사교 모임에서 플로렌스를 만나본 사람들은 아름답고 당당한 그녀의 모
습과 우아한 태도에 호감을 보이고 칭찬해 마지않았다. 하지만 다양한
사상이 교류하는 파리의 살롱 문화를 접한 그녀에게 햄프셔 앰블리 저
택에서의 파티는, 내용은 별로 없는 지루한 일상적인 가십거리만 있을

나이팅게일 자매

뿐이어서 흥미도 없었다. 플로렌스의 어머니는 자신의 작은 딸이 파티를 싫어하다가 좋은 배우자를 놓치면 어쩌나 하고 전전긍긍했다. 어머니가 보기에 사교계의 사람들을 만나기보다는 항상 책만 보고 가난한 사람들을 찾아다니는 딸이 답답하기만 했다.

영국 사회에서 훌륭하다고 하는 가문의 여성들은 기품과 교양을 갖추어야 했고, 또 국교인 성공회의 하나님을 열심히 믿어야 했다. 자본주의가 막 시작되는 이 시기에 남성들은 자신의 일을 찾아 사회 활동을 했고, 집안일은 주로 하인들이 도맡아 했다. 상류층 귀족 여성들은 전문 교육도 받지 않고 직업도 가질 수 없었기 때문에 부유한 귀족 여성들의 삶은 종일 단순하고 지루한 날의 연속일 뿐이었다. 여성들의 사회 활동을 부정적으로 보는 사회적 인식 때문에 작가나 화가로 성공하기도 힘들었으며, 성공한다 해도 사회적으로 많은 난관에 부딪히며 어려움을 겪어야 했다. 그래서 여성들은 결혼해서 살림을 잘 꾸리고 남편을 잘 섬기는 것이야말로 귀부인으로서 최고의 성공이라고 생각했다.

이 시대 유럽 사회에 큰 반향을 일으켰던 1879년 헨리크 입센이 발표한 희곡 『인형의 집』은 당시 남성 중심 사회의 문제점을 처음으로 지적한 소설작품이었다. 최초의 페미니즘 희곡으로 평가받았던 이 소설에서 주인 공인 '노라'는 처음에는 남편 헬메르가 벌어다 주는 돈을 낭비하며 인형처럼 살고 있는 여성으로 등장한다. 노라는 죽을병에 걸린 남편을 살리기 위해 아버지의 서명을 위조해 돈을 빌리고 오랜 시간에 걸쳐 몰래 갚아 온 여성이다. 그러나 남편 회사에서 해고 위기에 처한 직원이 아버지의 서명을 위조한 사실을 폭로하겠다고 협박하면서 사건이 발생했다. 마침내 모든 사실이 드러나는 순간에 남편은 자신의 명예를 실추시켰다는 이유로 오히려 노라를 비난하며, 결혼 생활은 이제 사람들에게 보여주기 위한 것일 뿐이고 그녀는 아이들을 교육할 자격조차 없다고 선언한다. 노라는 남편의 명예와 아이들을 위해 목숨까지 바칠 각오를 했었는데… 결국에는 깨닫게 된다. 그들의 결혼이 한 번도 진실한 적이 없었다는 사실을. 자신이 남편에게는 장신구이며 장난감이었을 뿐 인간으로서 가치 있는 존재가 아니었음을. 그래서 노라는 아내이고 어머니이기 이전에 한 인간으로서 자신을 찾아 허위와 위선뿐인 『인형의 집』을 떠난다.

"나는 당신의 인형 아내였어요. 친정에서 아버지의 인형 아기였던 것이나 마찬가지로요."

— 인형의 집 中 '노라'의 대사

플로렌스도 매일 똑같은 귀족 여성으로서의 의미 없는 삶에 서서히 멀어져가고 있었다.

　"나는 필요도 없는 일에 시간을 빼앗기는 것이 너무 싫다. 나는 보람차
　고 값진 삶을 살고 싶다."

이러한 소망으로 가득한 그녀에게 결혼은 무덤과 같은 것이었다. 그녀는 날이 갈수록 의기소침해지고 말도 없어지고, 결국 우울증에 걸리고 말았다. 아름다운 저택에서 풍족하게 살고는 있지만, 자신이 독립적인 인간으로 살지도 못하고 스스로 아무것도 할 수 없는 현실의 벽에 부딪혔기 때문이다. 가족들은 그녀의 우울증을 치료하기 위해서는 환경을 바꿔주어야 한다고 결론을 내리고, 플로렌스를 아버지의 여동생인 메이 고모가 있는 런던으로 보내기로 했다. 너무 조용한 시골보다는 좀 더 활기 넘치는 대도시 런던이 더 나을 것으로 판단했기 때문이다. 메이 고모는 평생 플로렌스의 곁을 지키며 조카의 삶을 격려해준 어머니와 같은 역할을 하게 된 인물로, 그녀의 건강을 아주 세심하게 돌봐주고 지켜주었다.

1840년 2월은 빅토리아 여왕과 알버트 공의 결혼을 축하하기 위한 축제가 런던 곳곳에서 열리고 있었다. 플로렌스는 다양한 파티에 참여도 하고 음악회와 공연을 즐기면서 기분도 전환하며 건강이 회복되어가고 있었지만, 내면의 깊은 마음속에서는 아직도 무언가 채워지지 않는 허전함이 있었다. 플로렌스는 메이 고모와 지내면서 어릴 때부터 좋아했

던 수학 공부를 다시 시작했다. 플로렌스의 어머니는 귀족 아가씨에게 수학이 왜 필요하냐고 반대했지만, 수학은 그녀의 우울하고 허전한 마음을 해소해주는 좋은 치료제가 되었다. 수학 공부를 하고 있는 동안은 모든 잡념이 사라지고 자신에게 온전히 집중할 수 있었다. 이때 그녀는 개인 교사로부터 좀 더 심도 있는 수학과 통계학을 배울 수 있었다.

## 독신의 삶을 결심

*"자신이 가고 싶은 길을 가라. 그러면 세상이 너를 반겨줄 것이다."*

플로렌스는 평생 결혼하지 않고 독신으로 살기로 결심했다. 그녀는 빅토리아 시대 부유한 귀족 가문에서 여성으로서 재산을 소유할 권리도 없었고, 온실 속의 화초와 같이 보호받는 수동적인 삶을 살아야 하는 관습과 사회 분위기에 대한 거부감을 가지고 있었기 때문이다. 부모와 가족들은 플로렌스가 자신들의 지위와 어울리는 귀족 가문의 남자와 결혼하여 편안하고 품격 있게 살아갈 것을 기대하고 있었기 때문에 그 결정을 받아들이기는 쉽지 않은 일이었다. 그러나 자신의 인생이 이렇게 의미 없게 흘러가는 것을 도저히 견딜 수 없었다. 그녀는 이제까지 살아왔던 평범하고 안락한 삶을 포기하고 오랫동안 고심해오던 자신만의 삶을 살기로 결심했다. 그녀는 가족들에게는 알리지 않고 자신이 꿈꾸어왔던 일을 위해 하나하나 준비해 나가기 시작했다.

젊은 시절 나이팅게일

플로렌스를 만났던 남성들은 그녀에게 호감을 보이며 만나고 싶어 했다. 부유한 상류층 귀족 집안의 우아하고 아름다운 젊은 여성인 그녀는 지적이면서 도도한 매력까지 지니고 있었기 때문이다. 플로렌스는 귀족 가문들 간의 모임이나 파티 등 여러 사회적 행사에 참여하면서 인맥도 폭넓어졌고 여러 차례 뭇 남성들로부터 프러포즈를 받아왔다. 그러나 귀족 아가씨 플로렌스에 대한 평가가 모두 긍정적이지만은 않았는데, 어린 시절 우수한 지능과 뛰어난 재능을 가지고 태어나 순수하고 착하기만 한 것은 아닌 상류층 귀족 여성의 사치스럽고 자만한 모습과 이기적인 면도 있었던 것으로 보인다.

그녀의 사촌 오빠인 헨리 니콜슨 Henry Nicholson 은 리허스트에서 수학 가정 교사로 함께 지내면서 플로렌스를 사랑하게 되어 그녀와 결혼하고 싶어 했다. 플로렌스의 어머니 또한 두 사람이 결혼하게 되면 자신의 딸이 그와 잘 어울리는 아름다운 귀부인이 될 수 있을 것으로 생각하고 양가의 결혼을 추진했으나 그녀는 헨리에게 전혀 이성으로서의 감정을 느낄 수 없었다. 오히려 플로렌스가 그의 동생인 마리안 니콜슨 Marianne Nicholson 을 더 좋아하여, 플로렌스가 마리안에게 접근하기 위해 의도적으로 그를 유혹했다는 설도 있었는데, 이 사건으로 인해 영국에서는 플로렌스가 동성애자라고 알려지기도 했다.[13] 그러나 이것은 플로렌스가 어려서부터 가지고 있던 종교적인 철학과 가치관과는 전혀 맞지 않는다. 후에 그녀가 사회적으로 유명해지면서 독신이었던 여성에 대한 부정적인 가십거리를 만들고자 지어낸 것으로 추측된다.

마리안은 자신의 오빠와 플로렌스가 결혼하기를 바랐는데, 헨리를 대하는 그녀의 무심한 태도에 크게 실망하여 마리안과 플로렌스 둘 사이조차 멀어졌다고 한다. 이로 인해 헨리의 마음은 크게 상처를 받았고 서로 오랫동안 왕래도 하지 않았으며 두 가문 사이에 갈등이 생기기까지 했다고 한다. 헨리의 사랑의 감정은 일방적인 짝사랑에 불과했고, 플로렌스의 마음을 전혀 사로잡지 못했기 때문에 두 사람의 결혼이 성립되지 못했던 것이다.

플로렌스의 인생에서 혼담이 오갔던 남성은 세 명 더 있었다. 1842년 5월 플로렌스는 파티에서 한 남성을 만나게 되었다. 그의 이름은 리차드 몽크톤 밀네스 Richard Monckton Milnes 였다.[14] 플로렌스보다 열한 살 위인

---

13 『펜의 힘』, 팀 코티즈 저, 전호환 정숙진 옮김, 부산대학교출판부, 2018. 6. 25, 15쪽

14 https://en.wikipedia.org/wiki/Richard_Monckton_Milnes,_1st_Baron_Houghton, 위키백과 리차드 몽크톤 밀네스, 3쪽

청혼자 밀네스

그는 요크셔 장원의 상속자로 영국의 시인이었으며 유명한 사도 클럽의 회원이었다. 그는 과학과 시스템을 통해 세상을 개혁하고자 했고, 이 점이 플로렌스의 가치철학과도 잘 맞았다. 플로랜스도 리차드와는 사상과 감정이 잘 통하여 서로 존중하는 마음으로 가장 낭만적이고 아름다운 사랑을 했다. 그러나 그들은 9년 동안 서로 사귀면서 결혼하려 했지만 안타깝게도 결국 포기하고 말았다. 이 두 사람이 비록 결혼까지 이어지지는 않았지만 리차드는 평생 절친으로서 플로렌스의 든든한 지지자가 되어주었다.

플로랜스는 자신의 일기에서 리차드의 청혼을 받아들이지 않은 이유를 밝혔다.

> "나는 지금 이대로의 내가 만족스럽고 좋다. 과거 내 삶에서는 결코 찾을 수 없었던 아름답고 뜻깊은 내 삶의 목표를 찾았기 때문이다. 이 위대한 목표를 달성하기 위하여 나는 그와 함께 가정을 꾸리고 남편을 내조하는 아내로 사는 삶을 포기할 수 있다." [15]

---

15 『Florence Nightingale』, Cecil Woodham-Smith, MacGraw-Hill, 1951. 51~52쪽

청혼자 버니

또 다른 청혼자는 해리 버니 Sir Harry Verney 경이었다.[16] 그는 52년 동안 하원의 자유당원이었으며 농촌 주택을 개선한 행정 개척자였다. 그가 56세 때 당시 37세였던 플로렌스에게 청혼했으나 이루어지지 않았다. 그해 겨울 해리 버니는 엠브리 파크에 머물면서 파세노프와 사랑에 빠져 1858년 결혼했다. 그녀의 형부가 된 해리 버니 경은 이후에도 그녀의 변치 않는 수행원이 되어 의회 업무의 대리인이 되어주었다. 언니 파세노프는 버니 부인으로서 해리의 저택인 클레이 돈 하우스에서 살았는데, 그곳은 플로렌스도 자주 머무는 곳이 되었다. 그녀가 클레이돈 하우스에서 지내면서 그 지역에 왕립 병원 설립을 추진하기도 했다.

---

16 Country Joe McDonald's Tribute to FLORENCE NIGHTINGALE, Claydon House

신학자이자 행정 개혁가였던 벤자민 조웨트 <sub>Benjamin Jowett</sub> 또한 플로렌스와 훗날 결혼하고 싶어 했던 인물이다.[17] 결혼까지 이어지지는 않았지만 이후에도 서로에 대한 강한 신뢰 관계로 그 또한 든든한 후원자가 되었다. 특히 그는 종교가 법과 같이 과학과 결합할 수 있다는 플로렌스의 주장을 입증하고자 시도했으며, 가정에서 여성의 지위에 대한 그녀의 혁신적이고 자유주의적인 생각을 지지했다. 특히 주목할 점은 훗날 플로렌스와 함께 영국에 유학 온 인도 공무원을 위해 농업 과학 학부생을 대상으로 옥스퍼드 대학에서 강연한 것이다. 인도인들은 처음으로 임업과 농업 분야의 기술적인 면에서 도움이 되는 아주 유용한 교육을 받게 되었다.

결국 플로렌스는 자신에게 들어오는 모든 청혼을 거부하고 독신을 선언했다. 나이팅게일 가문의 모든 가족은 큰 충격에 빠졌고 그녀의 독신 선언을 받아들이지 못했다. 아버지는 경제적 지원을 중단하기까지 했다. 가족들의 극심한 반대를 겪은 후 플로렌스는 이제 자신을 둘러싸고 있는 귀족 사회를 벗어나기로 마음먹었다.

---

17 https://en.wikipedia.org/wiki/Benjamin_Jowett, 위키백과 벤자민 조웨트, 3쪽

# 든든한 지원자들

1850년 플로렌스는 런던 주재 프로이센<sup></sup>현재의 독일 대사인 크리스찬 찰스 요지 아스 폰 분젠을 소개받았는데, 그는 이집트와 동양을 연구한 학자였다. 배움에 대한 열망이 컸던 플로렌스는 그의 집을 자주 방문하여 책을 빌려보며 고고학과 종교에 대해 배우고 토론하곤 했다.[18] 당시 프로이센은 아직 통일을 이루지 못한 독일 연방의 한 부분이었다. 여기에서 잠시 독일 연방 통일의 역사를 알아보자.

프로이센은 18세기 초 프리드리히 빌헬름 1세 Friedrich Wilhelm I, 재위 1713~1740 가 가부장적 전제 정치와 군국주의에 입각한 통치 이념으로 관료제를 정비하고 상비군을 양성하여 절대 왕정의 기초를 확립했다. 그리고 18세기 중엽 프리드리히 2세 Friedrich II, 재위 1740~1786 는 계몽 전제 군주를 자처하며 신앙의 자유를 허용하고 사법 제도를 개편하는 한편 상비군을 증강하는 뛰어난 군사적 재능을 발휘하고 국가 경영을 합리적으로 하였을 뿐만 아니라 오스트리아 왕위 계승 전쟁과 7년 전쟁을 승리로 이끌어 프로이센을 유럽 5대 강국 오스트리아, 프랑스, 러시아, 영국, 프로이센 중 하나로 발전시켰다.

나폴레옹 혁명 후 1815년 전쟁의 혼란을 수습하고 유럽을 전쟁 전

---

18 『Florence Nightingale』, Cecil Woodham-Smith, MacGraw-Hill Book Company, 1951. 44쪽

의 상태로 되돌리는 것을 목표로 한 비엔나 회의가 개최되었다. 유럽의 정치 질서를 재편하기 위한 비엔나 회의의 결과로 아직 통일을 이루지 못한 독일 연방 Deutscher Bund 이 결성되어 프로이센과 오스트리아가 독일 연방의 핵심 국가로 부상하게 되었다. 1834년에는 여러 주가 관세와 일반 경제 정책을 협의하기 위해 만든 제휴 관계로 오스트리아를 제외한 프로이센을 중심으로 18개 연방 간에 관세 동맹이 체결되었다. 이에 따라 독일 연방 내에서 프로이센과 관세 동맹을 맺은 주들은 오스트리아와는 다른 경제적 노선을 걷기 시작했다. 관세 동맹의 규모는 1866년까지 계속해서 확대되었다. 그러다가 1848년 프랑스의 2월 혁명이 일어나자 독일 내에서도 자유주의 혁명이 발생했다. 같은 해 5월에는 프랑크푸르트의 바울교회 Paulskirche 에서 국민회의가 소집되어 자유주의적 통일 방안이 논의되었다. 1862년에 프로이센의 총리가 된 비스마르크 Bismarck, 재위 1815~1898 는 오스트리아를 제외한 프로이센 중심의 통일 소독일주의 을 주장하면서 '프로이센-오스트리아 전쟁 1866'과 '프로이센-프랑스 전쟁 1870~1871'을 승리로 이끌어 독일의 통일을 이룩했다.

독일이 통일을 이루기 전 연방 국가의 시기에 그 프로이센 대사는 플로렌스가 간호사가 되고자 한다는 말을 듣고, 뒤셀도르프에 있는 카이져스베르트 무터하우스 어머니의 집 병원 시설의 간호사 훈련 시스템에 대해 알려주었다. 이때 그녀가 필요로 했던 간호 실무 교육을 제대로 받을 기회가 있다는 것을 비로소 알게 되었다.

사무엘 G. 하우 Samuel G. Howe

1843년에는 사무엘 G. 하우 Samuel G. Howe 박사를 만나게 되었다. [19]

그는 미국인으로 하버드 의과대학을 졸업하고 의사가 되었다. 젊은 시절 그는 1821년부터 1829년까지 있었던 그리스 독립 전쟁을 지지하여 그리스 군대의 외과 의사로 일하면서 단지 의사 역할에만 그치지 않고 용감하고 열정적인 지휘관으로서의 능력을 발휘했다. 이후 파리에서 의학 공부를 계속하면서 프랑스 라파예뜨가 이끄는 공화당을 지지하고, 왕권을 강화하려는 새 선거법에 반대하는 7월 혁명에도 참여했다. 1831년에 미국으로 돌아와 보스톤에 있는 맹인학교를 설립하여 눈멀고 귀머거리인 사람들에게 손가락으로 읽고 쓰고 말하도록 가르치기도 했다. 또 북군 포로들과 남부 노예들의 해방을 위해 애써 온 박애주의자이자 자선 사업가였다. 이에 그치지 않고 그는 미국 내 폴란드의 독립을 위해 결성된 혁명당을 지지하고 정치적, 경제적 피난처가 되어주었다. 이러한 행적으로 보아 그의 철학적 기반은 사회주의였고 사회 개혁이었다.

하우 박사 부부가 결혼하여 신혼여행을 하던 중에 플로렌스의 어머니 나이팅게일 부인으로부터 앰블리 저택에서 며칠을 지낼 수 있도록 초

---

19 『Florence Nightingale』, Laura E. Richards, D. Appleton and Company, 1909. 9, 12쪽

대를 받았다. 하우 박사 부부가 앰블리 저택에서 머무는 동안 플로렌스는 하우 박사와 뜻이 잘 통하여 가까워졌다. 그때 하우 박사와 함께 지내고, 정원을 산책하면서 사회 개혁가로서 그의 많은 경험을 듣고, 자기 고민에 대한 조언을 들을 수 있었다.

플로렌스는 영국에서 상류층 귀족 여성이 간호사라는 직업을 가지고 병원에서 일하면서 사람들의 건강을 회복시키기 위한 일을 하는 것에 대해 어떻게 생각하는지 물었다. 하우 박사는 다음과 같이 조언해주었다.

> "영국 사회에서 상류층 여성이 간호사로 병원에서 일한다고 하면 귀족의 품위를 떨어뜨린다고 생각할 수 있으나 이 일은 진정 가치 있는 일입니다. 당신이 하나님의 소명대로 삶을 살기로 결심했다면 그대로 전진하세요. 당신의 열정으로 추진하는 이 일이 나이팅게일 가문의 품위를 떨어뜨리는 일은 절대로 일어나지 않는다는 사실을 모두가 곧 알게 될 것입니다."

하우 박사와 만나 그의 격려와 지지를 받고 플로렌스는 자신의 생각에 확신을 갖게 되었고, 간호사로서의 삶을 살기로 한 결심을 확고히 다질 수 있었다. 그리고 자신의 결심을 완성하기 위해 보건의료 관련 분야를 열심히 찾아보고 공부했다.

셀리나 브레이스 브리지 Selina Bracebridge, 1800~1874 는 영국의 의학 개혁가이자 예술가, 여행 작가였다.[20] 그녀는 1846년 플로렌스와 친한 친구가 되었으며, 미술 작품을 감상하고 배우기 위해 1847년부터 1848년까지 로마로, 1849년부터 1850년까지 유럽에서부터 먼 그리스, 이집트까지 여행했다. 그리고 이후 셀리나는 남편과 함께 1854년 11월 크림 전쟁 당시 스쿠타리 군 병원에서 9개월간 플로렌스의 행정 요원으로 활동했으며, 플로렌스가 발라클라바 병원에서 크림열로 위독한 상태에 빠졌을 때에는 그녀를 스쿠타리로 호송하여 간호해주었다.

시드니 허버트 Sidney Herbert 부부는 1847년 나이팅게일 가족이 겨울 휴가를 로마에서 보내던 중에 만나 친해지고 인연을 맺었다. 시드니 허버트는 플로렌스와 평생 친한 친구이자 동지가 되었고, 크림 전쟁 이후 영국 군대의 개혁에 크게 기여했다.[21] 그는 유복하게 태어난 호남형의 귀족으로 만나는 모든 사람이 좋아할 수밖에 없는 매력적이고 온화하며, 생기 넘치는 성품을 지닌 사람이었다. 특히 플로렌스와 공감대가 형성될 수 있었던 부분은 두 사람 모두 복음주의자로서의 종교적 가치관이 맞았던 것 같다. 그는 육군성 장관으로 지내면서 "나는 날이 갈수록, 다른 모든 분야에서와같이 정치에서 복음서의 정신을 따르지 않는 그 어떤 것도 정당화할 수 없다고 확신한다."고 했다.

그는 플로렌스와 함께 자신의 삶 전체를 영국 군대의 개혁에 헌신하

---

20 https://en.wikipedia.org/wiki/Selina_Bracebridge, 위키백과 셀리나 브레이스 브릿지, 1쪽
21 https://en.wikipedia.org/wiki/Sidney_Herbert,_1st_Baron_Herbert_of_Lea, 위키백과 시드니 허버트 부부, 3쪽

시드니 허버트 부부 초상화

였다. 허버트 부인 또한 플로렌스의 가장 열렬한 팬 중의 한사람이었다. 훗날 시드니 허버트는 육군성 장관이 되고 나서 부인을 통해 플로렌스에게 크림 전쟁에 참여해 달라고 요청했다. 플로렌스는 당시 여성이라는 이유로 성공한 정치가들이 지니는 공식적인 권력과 권위를 가질 수 없었다. 그러나 그 권력과 권위는 시드니 허버트가 가지고 있었기 때문에 이 두 사람의 공적인 결합과 신뢰로 영국 군대의 개혁뿐만 아니라 영국 보건 의료 분야의 개혁에도 뜻한 바를 이룰 수 있었다. 여러 자료를 수집하여 개혁 방안을 구상하고 만들어 나가는 것은 플로렌스의 몫이었고, 이를 의회의 법안으로 상정하고 현장에 적용하고 추진하는 것은 시드니의 역할이었다.

사촌 형부인 시인 아서 휴 클러프 Arthur Hugh Clough 는 기꺼이 수행 비서가 되어주었다.[22] 그는 1849년 런던 홀 대학의 교장이 되었고, 1852년 랠프 왈도 에머슨의 초대로 미국에 가서 매사추세츠주에서 강연하며 몇 개월간 지내다 다시 영국으로 돌아와 정부의 교육 공무원으로 일했다. 그러나 그는 1861년 이탈리아 방문길에 말라리아에 걸려서 42세의 젊은 나이에 유명을 달리하고 말았다.

---

22  https://en.wikipedia.org/wiki/Arthur_Hugh_Clough, 아서 휴 클러프, 3쪽

# Chapter 3

# 간호사이자
# 병원 경영자의 길

# 빅토리아 시대의 병원

종교 개혁 이후 중세 영국은 국교회 성공회 에 밀려 가톨릭 세력이 약화함에 따라 교회가 운영하던 병원 의료와 구호 사업이 중단되고, 국민에 대한 복지 사업에 공백이 생기기 시작했다. 간호 사업을 하던 여러 기관은 폐쇄되었고, 질적으로 우수한 수녀와 간호 요원들이 병원을 떠날 수밖에 없었다. 가장 심각했던 사건은 영국의 헨리 8세가 모든 종교단을 억압하고 약 600개 자선 단체의 재산을 몰수한 것이다. [1]

튜더 왕조의 안정적인 기반을 세우기 위해 아들을 간절히 원했던 헨리 8세는 아이를 낳지 못하는 왕비와 이혼하려 했지만 로마 교황청이 허락하지 않았다. 왕비가 최대 강국이자 충실한 가톨릭 국가인 스페인 제국 출신이었기 때문이었다. 하지만 헨리 8세는 왕비의 시녀인 앤 불린이라는 젊은 여성에 푹 빠져 있었다. 교황청을 설득하려는 갖은 노력이 수포로 돌아가자 그는 영국 교회를 로마로부터 독립시켜 국교회를 만들면서 자신이 영국 국교회의 수장이 되고 로마 교황청의 허락없이 이혼해 버렸다. 이 사건으로 헨리 8세는 교회와 수도원의 막대한 재산도 차지하게 되는 일거양득의 기회를 얻게 되었다.

그 이후 교회와 수도원 대신 일반인들이 병원을 세우기 시작했으나

---

[1] 『간호관리학 - 세계 간호의 역사』, 정면숙 외, 현문사, 2018. 3. 2, 195쪽

준비된 간호 요원이 부족했고 간호 수준은 형편없이 떨어졌다. 신교도들은 자체 교권 확립에 노력을 기울일 뿐 병원 운영이나 간호 사업에 대한 계획이나 관심은 별로 없었기 때문이다. 게다가 중세 수녀 단체들의 활동에 대한 신교도들의 부정적 인식으로 인해 여성들의 지위나 사회 활동은 더욱 많은 제약을 받았다. 1545년에는 트렌트 종교 회의에서 평신도의 간호 활동을 까다롭게 제한하는 규정을 만들어 버렸고, 대부분의 의료 기관 운영권이 국가의 행정 부서로 이양됨에 따라 간호사로서의 사명감도 없는 여성들이 의료 시설에 고용되었다. 심한 경우에는 죄수로 복역하는 대신 간호 업무를 하기도 했다.

1650년부터 1850년까지 약 200여 년간은 간호의 암흑기로 환자에 대한 간호가 최악의 상황에 처했던 기간이었다. 이 동안에 병원은 많이 세워지기는 했으나 더럽고 비위생적인 환자 관리로 인해 사망률이 높았다. 의사나 간호사의 도덕적 타락으로 환자를 치료하고 간호하는 것보다는 치료비를 얼마나 낼 수 있는지 흥정하거나 계약을 맺는 것이 우선이었다. 이 때문에 위험한 환자나 전염병 환자는 치료를 회피하고 거절하는 경우도 흔하게 발생했다.

영국은 1843년 산업혁명을 완성해 생산력의 국제적 우위를 차지하게 되었다. 그러나 인간의 삶을 물질적으로 풍요롭게 하려는 산업혁명의 궁극적 가치에도 불구하고 수많은 사회 문제가 발생했다. 국가 간 무역이 확대되면서 불과 몇십 년 동안에 벽돌로 만들어진 공장과 도시가 세워졌다. 산업화와 도시화는 급속한 인구 증가로 이어졌고, 이들이 배출하는 오물과 쓰레기의 양도 엄청나게 늘어났다. 공장제 공업은 발전했지만 노동 조건과 생활환경은 열악하여 노동자의 생활은 더욱 궁핍해지고 처참해졌다.[2] 비위생적인 생활 조건과 가난 때문에 생계를 유지하는 것도 어려운 노동자와 가난한 사람들에게는 인간이 누려야 할 기본적 권리인 건강은 남의 나라의 이야기였다. 도시의 위생 상태가 엉망이 되었고 상수도원이 오염되면서 도시는 질병이 퍼지기 가장 좋은 이상적인 환경이 되었다. 1831년 인구 밀도가 높은 유럽의 도시에서 시작된 콜레라는 무서운 속도로 퍼져나가 영국에서는 이듬해까지 6만 명 이상이 죽어 나갔다. 감염병과 질병은 여러 사회 문제의 결정체였으며 제도적 모순과 함께 시민들의 고통을 더욱 가중시켰다.

빅토리아 시대의 의료 시설은 주로 빈민을 수용하던 곳으로 구빈원, 고아원, 양로원의 뜻으로 쓰였다. 그러나 그곳은 치료를 위한 곳이 아니라 '죽음을 기다리는 곳', 즉 수용 시설이었다. 당시 돈이 많은 부유한 귀족들은 자신의 저택으로 의사들을 왕진 오도록 하여 치료받고 비용을 지불했다. 돈이 없는 가난한 서민들은 자선 단체가 운영하는 병원이나 지방 자치 단체에서 운영하는 노약자 보호 시설에 갈 수밖에 없었는데, 그마저도 영국 전체에 몇 개 되지도 않는 시설만 있었다. 1850년 이전에는 더러운 병원 환경 자체만으로도 질병이 퍼질 가능성이 높았다. 오염된 공기, 환자들로 가득 찬 수용소와 같은 병동, 마취 없이 이루어지는 수술 등으로 치명적인 세균이나 바이러스에 감염될 위험이 매우 컸다.

---

2  『살아있는 세계사 교과서 2』, 전국역사교사모임, 휴머니스트, 2005. 11. 14, 48쪽

1858년에서야 의료법 개정으로 의사 면허 제도가 시작되고 영국 의사협회에서 의사 등록을 받았다. 그 이전까지 의사들은 자격 기준이 명확하지 않았고 통제도 안 되었다. 간호사의 지위는 더 말할 것도 없이 간호에 대한 정규 교육은 존재하지도 않았고 무식하고 게으르며 사회의 가장 낮은 하층민으로 여겨졌는데, 간병인 정도의 역할을 했던 것 같다.

병실에서 일하는 간호사들은 환자를 간호하는 일을 하는 것이 아니라 먼지를 털고, 불을 피우고, 재를 치우거나 석탄을 날라야 했다. 이런 일이 끝난 뒤에야 비로소 환자를 돌보았다. 간호 인력이 부족해 간호사에게 돈을 준 환자는 여러 가지 돌봄 서비스를 받을 수 있었지만 돈을 줄 수 없는 가난한 환자는 간호를 받기 위해 며칠씩 기다리거나 그대로 죽어가야 했다.[3]

## 병원에 대한 관심으로 시작

1844년부터 플로렌스는 간호사가 일하는 병원은 어떤 곳인지 의료 시설에 관심을 갖게 되었다. 처음에는 런던에 있는 병원을 다니며 견학한 후 스코틀랜드와 아일랜드의 병원을 둘러보았다. 그녀는 그곳들

---

3   『간호역사와 철학』 신미자 외, 현문사, 2015. 2. 25, 55쪽

에서 큰 충격을 받았다. 환자들이 지내는 병실은 지저분하고 더러웠으며, 그들은 제대로 치료도 받지 못하고 고통스러워하고 있었다. 간호사들은 제대로 된 간호 교육도 받지 못하고 투입되어 간호 업무에 대해 잘 알지도 못했고, 술에 취해있는 경우가 많았다. 그녀는 처음에는 부드러움, 동정심, 선의善義, 인내仁耐가 간호사에게 필요한 자질이라고 생각했으나 막상 병원 현장에서 고통받는 이들을 목격하면서 간호 교육과 훈련을 통한 의학적인 지식과 간호 실무 기술이 필요함을 깨닫게 되었다. 그리고 1846년 셀리나 브레스브릿지가 보내준 독일 카이져스베르트 루터교 종교 공동체 보고서를 읽어보고, 언젠가는 그곳을 가보리라 생각했다.

1849년 11월부터 다섯 달 동안 플로렌스는 셀리나 브레스브릿지 부부와 함께 이집트에서 이탈리아를 거쳐 그리스로 여행했다. 의학은 중세 초기 그리스 로마에서 시작되었으나 중세 시대 중반에는 아랍 의학이 발전하여 거꾸로 유럽으로 역수입되는 현상이 있었다. 이 시기를 '아랍 의학의 시대'라고 부를 만큼 아랍 의학은 서양 의학에 큰 영향을 끼쳤다. 그러나 이후 아랍 지역이 정치적, 경제적으로 쇠퇴하면서 아랍의 병원들도 침체에 들어갔다.

보건 의료 체계와 병원에 대한 관심이 많았던 그녀는 아랍의 의료 역사에 관심을 가지고 이집트 여행 중에 알렉산드리아 병원을 찾아가서 둘러보았다. 그러나 그 병원 역시 유럽 대부분의 병원과 마찬가지로 말만 병원 시설이지 그 환경은 아주 형편없었고 쥐와 해충이 우글거리는 더러운 수용소에 불과했다. 이렇게 열악한 상황에 놓여있는 환자들과 병원 운영 시스템의 문제점을 확인하고 자신이 어디에 중점을 두고 무엇을 해야 할지 방향을 잡을 수 있게 되었다. 사람이 건강하게 생활할 수 있어야 한다는 것, 국가와 사회의 보건 의료 시스템이 이를 뒷받침해야 하고, 이를 위해 제대로 된 의료 시설이 갖추어져야 하며 사람을 돌보는 간호 교육이 올바르게 이루어져야 함을 절감했다고 한다.

플로렌스가 가족과 친지들에게 보냈던 다음의 편지에는 1849년 당시 유럽과는 완전히 다른 세상이었던 이집트의 풍경과 분위기를 설명하고 있다. 이 편지들은 1854년에 언니 파세노프가 앤서니 새틴 <sup>Anthony Sattin</sup> 에게 출판을 위해 편집을 의뢰한 것이다.

⌒

## 이집트에서 온 편지
(Letters from Egypt: a journey on the Nile, 1849~1850)

플로렌스는 스물아홉에 자신의 인생에서 하나님이 주신 사명을 어떻게 실현할 수 있을지 깊은 고민에 빠져있었다. 12년 전 시작된 하나님의 계시가 정확히 무엇을 말하는 것인지, 자신이 어떻게 살아야 하는지 아직까지도 최종 결정을 내리지 못하고 있었기 때문이다. 그러나 이후 세 번 신의 계시가 있으면서, 그녀는 복음주의적, 신비주의적 철학과 진지한 태도를 가지고 날이 갈수록 자신의 삶의 방향을 잡아나가

고 있었다.[4]

　　나일강을 따라 한 달째 여행하고 있습니다. 처음 나는 이집트를 '무덤의 땅'으로 생각했고 이집트인들이 많이 억압되어 있다고 느꼈습니다. 그곳의 풍경들은 무채색이고, 우리와는 완전히 다른 세계인 그들의 문화는 엄숙하게 보이기까지 합니다. 인간의 고통과 고뇌가 느껴지는 '비애감'으로 이곳에서는 아무도 웃거나 뛰지 않습니다.

　　'에티오피아의 노예선' 소식을 접하면서, 우리 일행들은 사람이 말보다 비용이 적게 든다는 것을 알고 크게 충격을 받았습니다.

　　당시 영국 사회는 노예 제도의 부당함에 대해 뜨거운 사회적 논쟁을 벌이고 있었고, 그 결과 가장 먼저 노예 제도를 폐지한 나라가 되었다.

　　또한 이집트는 일교차가 심해 화씨 90도 섭씨 32도 까지 오를 때도 많고, 시간은 다른 속도를 보이는 것 같이 느껴져 가장 성스러운 곳에서 시간은 구시대의 잣대로 측정되는 것 같습니다. 여행은 눈으로 보는 즐거움도 많이 있습니다. 웅장하고 커다란 폭포 속으로 뛰어드는 다이버들, 라일락, 키 작은 아이리스 lilac dwarf iris , 카이로 무어인 Moorish 들의 건축물과 함께 잊을 수 없는 경험이었습니다. 특히 여행자들이 간신히 살아남았던 캄신 khamsin 열풍 3월 중순부터 사하라 사막에서 이집트로 불어오는 건조한 바람 이나 모래 폭풍 sand storm 과 야자수 숲들이 가장 기억에 남습니다. 잠시 조용

---

4　『Florence Nightingale in Egypt and Greece』, 미카엘 칼라브리아, 뉴욕주립대학교 출판부, 1997

히 여행하며 다른 세상을 보는 것은 매우 즐거운 일입니다. 이 세계를 비난할 생각도 없고, 나를 두려움에 떨게 만드는 것도 없습니다.

그녀는 알렉산드리아에 도착하자마자 언니에게 보낸 편지에서 이슬람과 기독교 사이의 중요한 차이점을 알게 되었다고 밝혔다.

이슬람 종교는 인간을 열정적으로 만드는데, 이 모든 열정은 사람을 기쁘게 합니다. 반면 기독교는 인간을 관대함과 자기 부정의 편에 서게 하는데, 이것에 근본적인 차이가 있는 것 같습니다. 그럼에도 불구하고 이슬람 종교에는 많은 장점이 있습니다. 그들의 자선은 무한하고 후원의 자선이 아니라 친목의 자선입니다. 신의 이름으로 누구든지 '사랑한다'고 말하면, 그는 식탁에 앉아서 자기에게 주어진 것을 마음껏 즐길 수 있습니다. 아무도 거절하지 않습니다. 거지는 이것을 최대한 품위 있게 할 수 있고 탐욕도 없습니다. 가지고 있는 것은 아무것도 빼앗기지 않기 때문에 문을 잠글 필요도 없습니다.

그러나 플로렌스는 이슬람 사회 여성들의 사회적 지위에 충격을 받고 그 부당함을 알리기도 했다.

대가족 중에는 남성 한 명에 200~300명의 아내와 그에 딸린 4~5명의 아이가 있었습니다. 그러나 그 여인은 아내도 어머니도 아닙니다. 그 여인은 아들 앞에 앉아 있을 수도 없고, 남편도 주인이며, 자신이 하는 유일한 일은 자신을 아름답게 만들어 다른 여성들을 능가하는 것입니다. 그래야 남성의 변덕스러운 선택으로 그의 진정한 아내가 될 수 있습니다. 그러나 시간이 지나면 남편이 그녀를 다시 떠나보낼 수도 있다고 합니다. 그러면 그녀는 천국의 문 앞에 머물 것이라고 믿고 만족해야 한다고 합니다. 마음속으로나 정신적으로나 육체적으로나 남성보다 더 큰 고통을 겪어야 하는 사람이 이슬람 여성입니다.

그럼에도 불구하고, 플로렌스는 긍정적인 호기심으로 외국 문화를 접했고, 다름을 지적하기보다는 이해하려고 했다.

저는 이슬람 사원의 안을 들여다보고, 그 창조물들이 누구에 의해 숭배되는지를 알고 싶었습니다. 비록 평생 그렇게 불편함을 느낀 적은 없지만, 나는 그 일을 해내서 매우 기쁩니다. 우리는 이집트 옷을 입어야 했습니다. 먼저 거대한 파란색 실크 시트를 입고, 그다음에 코 뒤로 오는 흰 줄무늬가 코와 코 사이에 있습니다. 머리 위에 붙어있는 검은색 실크 풍선은 양 끝에 두 개의 고리를 가지고 있는데, 이 고리를 통해 손목을 넣으면 전체가 서로 붙게 됩니다. 눈에 난 구멍을 통해서만 숨을 쉴 수 있어 30분 넘으면, 머리에 열이 났을 것입니다.

우리는 자신을 드러내지 않아야 한다는 강력한 경고를 받고, 알아볼 수 없도록 예복을 벗은 영사와 함께 이곳으로 들어갔습니다. 영사와는 조금 거리를 두고 뒤따랐지만, 브레이스브리지 씨가 거리에서 우리에게 말을 거는 것을 허락하지 않았고, 그곳에 있는 동안 소동이 일어날까 봐 두려워 사원 주변에서는 엄청나게 긴장했습니다. 가파른 계단을 올라가 거대한 돌 웅덩이를 지나 모든 이슬람교도가 무릎을 꿇고 기도하는 곳으로 갔습니다. 그때는 정오였고, 소년들은 교실 같은 곳에서 코란을 배우고 있었습니다. 남성들은 중앙 마룻바닥에 줄지어 앉아서 메카를 향하고 있었습니다. 정교하고 아름답게 조각된 설교단의 맨 아래에 여성들이 있었습니다.

검은 피부의 남성들 사이에서 외국인이자 여성이었던 플로렌스는 그들에게 들켜버린 자신이 무척 당황스러웠고, 자신과 다른 문화에 처해 있는 여성들의 극심한 억압을 목격하고 경험하는 동안 여성이라는 존재에 대해 심각하게 고민하게 되면서 마음속에 큰 충격을 받았다.

사원에는 사람들이 가득 차 있었는데 사람들이 웃으며 저를 가리키며 우리 주위에 몰려들었습니다. 저는 그들이 우리를 알아차리고 우리를 향해 다가오는 것을 보고 너무나 당황했습니다. 나는 단테의 지옥에 사는 위선자처럼 무거운 모자를 쓰고 있었습니다. 그곳은 나에게 지옥이었습니다. 나는 내가 기독교인인지 아닌지 순간 혼란스러웠고, 그곳을 벗어날 수 있어 얼마나 다행스러운지 모릅니다. 그 15분 동안 이 나라의 여성이 어떤 존재인지를 보여 주는 것이었습니다. 신은 그들을 구할 것입니다. 왜냐하면 그것은 절망적인 삶이기 때문입니다. 나는 예배 참관이 끝났을 때 안도의 한숨을 내쉬었습니다.

그러나 모스크는 나에게 유쾌한 느낌을 주었습니다. 어떤 이들은 기도하고 있었고, 어떤 이는 바구니를 만들고, 또 다른 이들은 아라비아의 밤

이야기를 하고 있었습니다. 그 주위에 앉아 있는 모든 사람에게 말이죠. 이곳에서 나는 런던 교회의 무례함이 훨씬 더 문제라는 것을 알았습니다.

잠시 동안 조용히 다른 세상을 보는 것은 아주 즐거웠습니다. 비난할 곳도 없었고, 두려워하게 만드는 곳도 없었습니다. 여기 노숙자들은 쉴 곳을 찾고 피곤한 휴식을 취하며 바쁜 일상을 보냅니다. 하지만 평범한 이곳의 여성들이 어떻게 살아갈 수 있을지 길을 찾았다면 더 좋았을 것입니다.

플로렌스가 이 글을 썼던 가장 큰 이유는 "나는 이집트에 올 때까지 성경을 결코 이해하지 못했다."라고 밝힌 것처럼 간호뿐만 아니라 건축과 종교의 관계와 이집트의 형이상학을 이해하고, 기독교 신앙의 연결 고리인 성 베드로 성당과 이집트 사원들을 보고 비교해보고자 했던 것이다. 또한 히브리인의 이해할 수 없는 종교를 찾기 위해서라기보다는 구약 성서에 나오는 모세와 공감하며 영적 성취를 위한 지속적인 탐구를 통해 자신에게 내려진 하나님의 계시를 이해하고 받아들이고자 했다. 1849년 겨울, 이렇게 그녀는 근본적으로 다른 문화, 다른 대륙의 다른 나라로 여행하고 있었다. 그녀는 부모님의 주선으로 자녀가 없었던 셀리나 브레이스브릿지 부부와 파리에서 친구가 되었고, 그들과 함께 이집트와 이태리 그리스 여행을 했다. 그리고 여행을 끝낸 후 집에 잠시 들렀다가 바로 카이져스베르트로 향했다.

# 플로렌스의 반려새 '아테나'

플로렌스는 어려서부터 동물에 대한 애정을 가지고 있었고, 동물에게서 위안을 찾았다. 이집트에서 휴가를 보내는 동안, 그녀는 침대에서 함께 잠자는 카멜레온 두 마리를 데리고 있었다. 그리스에서는 두 마리의 거북이 '미스터 앤 미세스 힐'과 '플라토'라는 이름의 매미를 얻었다.[5]

플로렌스는 파르테논 신전의 학식 있는 음악가인 피타쿠스 부부를 방문하고 돌아오고 있었는데, 아크로폴리스 성벽 아래를 지날 때 한 무리의 아이들에게 시달리고 있는 작은 솜뭉치 같은 것을 발견했다. 불쌍한 작은 새끼 부엉이가 둥지 밑으로 떨어져 있었다. 아이들은 새끼 부엉이의 아픔은 아랑곳하지 않고 그저 장난감 정도로만 생각하는 것 같았다. 동물들을 좋아했던 플로렌스는 짓궂은 아이들에게 약간의 돈을 주고 그 불쌍한 아기 새를 구해주었다. 그녀는 새끼 부엉이에게 그리스의 전쟁과 지혜의 여신의 이름인 '아테나'라 지어주고 보살펴주었다. 그 이후로 새끼 부엉이는 그녀의 사랑스러운 반려동물이 되었다.

처음 부엉이는 자기에게 가까이 오는 모든 것들과 싸우고 할퀴었다.

---

5  『Florence Nightingale』, Cecil Woodham-Smith, MacGraw-Hill Book Company, 1951.
   Florence Nightingale Museum, Enquiries and research

아테나 초상화

아테나는 매미 '플라토'까지 먹어치 웠다. 플로렌스가 아테나를 우리 안 으로 넣을 수 있는 유일한 방법은 리처드 몽크톤 밀네스로부터 배운 방법을 이용하여 부드럽게 아테나를 유혹하는 것이었다. 극도로 예민했 던 아기 새는 결국 마음을 진정시키 고 플로렌스의 손 위에서 먹이를 먹 을 정도로 훈련되었다. 플로렌스는 부엉이를 주머니에 넣은 채 사방을 돌아다니면서 우아하게 절하는 법을 가르치기도 했다. 아테나는 나이 팅게일의 상처받은 마음에 '위로'가 되었다.

플로렌스는 브레이스 브릿지와 10개월간의 여행을 끝내고 잠시 앰블 리 저택으로 돌아왔다. 어머니와 언니 파세노프 사이의 소파에 앉아 있던 그녀는 작은 주머니를 꺼냈는데, 놀랍게도 아테나의 작은 머리가 그 주머니에서 나와 얼굴을 내밀고 있었다. 그 이후로 이 저택의 집사 에게 부엉이의 식단으로 쥐를 공급하는 임무가 추가되었다.

아테나는 새로운 저택의 사치스러운 생활에 빠르게 적응했고, 거만 하고 귀족적인 태도를 보였다. 아테나가 주로 좋아하는 곳은 도서관과 난로 앞의 안락의자 가운데였는데, 자기만을 위해 마련된 것으로 믿고 있는 것 같았다. 아테나는 낯선 사람, 개, 아이들을 용납하지 않았고,

벽난로 옆 의자 끝에 앉아있는 부엉이 아테나

그리스어로 소통하는 브레이스 브리지를 좋아하는 것처럼 보였다. 아테나는 상당히 감정적이어서 자신의 감정을 표현하기 위해 여러 가지 또렷한 소리를 냈다. 익살스러움이 때로는 코믹했지만 아테나는 웃는 새는 아니었다. 아테나는 자신의 체구에 비해 용감해서 이 손바닥만 한 생명체를 위협할 수 있는 것은 이 저택에는 없었다.

1851년 플로렌스는 독일 카이져스베르트에서 간호학을 공부하기 위해 3개월간 집을 떠났다. 그녀가 어머니에게 보낸 편지에서, 자신이 아테나를 키웠던 경험을 설명하고, "아테나는 몸에 얼룩이 생기지 않도록 깨끗하게 해야 하고, 모래를 가지고 있어야 하며, 잉크를 마시지 말아야 한다."라고 반려동물을 돌봐주는 구체적인 방법을 알려주었다. 어머니와 언니는 그녀가 간호사가 되기로 한 결정을 찬성하지는 않았지만, 그녀가 없는 동안 부엉이를 돌보기 위해 그녀가 한 당부를 순순히 따랐다. 아테나는 심지어 그들이 치료를 받으러 독일 카이져스베르트에 갈 때에도 그들과 함께했다. 사실 파세노프는 그 작은 새를 꽤 좋아하게 되었다.

플로렌스가 학업을 마치고 돌아온 후 아테나는 그녀와 함께 앰블리를 떠나 리허스트와 런던으로 여행했다. 부엉이의 건강은 비교적 양호했지만, 아테나는 가끔 '발작'을 일으켰고, 쓰러져서 한 시간 이상 아무 반응이 없었다. 일단 따뜻해지면 아테나는 마치 아무 일도 없었던 것처럼 회복되었다.

1854년 10월, 리허스트에 비극이 닥쳤다. 플로렌스가 크림 전쟁 기간 터키의 스쿠타리로 가는 간호단을 구성하기 위해 막바지 준비를 하고 있었다. 혼란스러운 와중에 아테나는 잠시 잊었고, 고난과 추위, 외로움은 그 작은 새가 견딜 수 있는 것 이상이었다. 그녀의 출발 예정일을 앞두고 아테나는 가정부 메리 왓슨에 의해서 발견되었다. 이번에는 발작이 아니었고 죽어있었다. 왓슨은 죽은 아테나를 런던의 플로렌스에게로 데리고 왔다. 아테나가 그녀의 손에 놓여졌을 때, 그녀는 흐느끼며 말했다.

*"불쌍한 작은 짐승이여, 내가 너를 얼마나 사랑하는지 모른다."*

그 정신없이 바쁜 준비 기간에도 그녀가 아테나를 위해 슬퍼했던 유일한 시간이었다. 플로렌스는 아테나를 오래도록 간직하기 위해 박제하기로 했다. 그래서 전쟁터로 가는 출발은 아테나를 방부 처리하고 박제를 맡길 때까지 이틀 연기되었다. 그녀는 아테나가 죽은 것이 언니가 제대로 돌보지 않았기 때문이라며 언니의 무책임함을 비난했다. 파세노프도 화가 나서 "이 불행한 사건으로 자신과 동생의 오랜 인연이 끝났다."고 말할 정도였다.

크림 전쟁 내내 플로렌스는 가끔 향수병을 나타내는 편지를 썼다. 그편지 중 하나에서 그녀는 죽은 아테나에 대한 환영을 보았다고 다음과같이 썼다.

> 나는 어젯밤에 아테나를 보았습니다. 내가 집으로 걸어가고 있었는데…아테나가 나를 만나러 왔습니다. 아테나가 절벽에서 발끝으로 일어나 몇번이나 절을 하며, 길고 슬픈 울음을 울고 가버렸습니다. 나는 눈물을흘리며 아테나를 쫓아갔습니다.

1855년 5월 플로렌스는 크림열 Criream fever 에 걸려 거의 죽을 뻔했다. 요양 기간 그녀를 격려하기 위해 많은 사람이 그녀에게 선물을 보냈다. 그중에는 스쿠타리에서 영국군이 준 테리어 개와 아테나를 대신하는 부엉이가 있었는데 불행히도 그 부엉이는 이듬해 쥐에게 물려 죽고말았다. 또한 언니 파세노프가 글을 쓰고 직접 그린 그림이 들어있는, 파르테논 신전에서 온 부엉이 『아테나의 삶과 죽음』이라는 책을 받았다. 그녀는 이 책에서 깊은 위로를 받고 그 해 7월 언니에게 다음과 같이 편지를 보냈다.

아테나의 삶과 죽음에 대한 이 기록이 우리 모두에게 어떤 영향을 미쳤는지 한마디로 말하기는 어렵지만, 그렇게 기억되어 참 다행입니다. 제가 키우는 모든 동물 중에서 가장 매력적인 아이는 호기심 가득한 작은 테리어이지만, 그보다 더 사랑했던 아테나에 대한 글을 읽고 있는 동안 계속 눈물이 나면서 마음을 진정시키기 어려웠습니다.

플로렌스가 크림열로 병석에 누워있던 여름 동안, 그녀 옆 테이블 받침대에 장식되어있던 아테나의 모습을 재현한 그림은 영국 전역의 상점 창문에 전시되었고, 그 부엉이는 유명 인사가 되었다. 그녀가 크림전쟁에서 돌아왔을 때 정서적으로나 육체적으로 산산조각이 나 있어서 모든 공식 행사와 축하를 거절했지만, 데본셔 공작이 보내준 아테나를 기리는 은색 부엉이 동상은 기꺼이 받았다.

그녀는 평생 아테나에 대한 그리움을 안고 살았다. 한번은 플로렌스가 1857년 8월 쓰러진 후 개인 주치의인 서덜랜드 박사와 의견 충돌이 있었다. 그녀는 그의 충고를 받아들이기를 거부하며 아주 화가 난 상태에서 편지를 썼는데, 그 글에서 아테나와 자신을 동일시하며 다음과 같이 표현했다.

불쌍한 나의 올빼미 아테나, 생명도 발톱도 없이 카나리아의 우리에 놓여, 작은 악당이 쪼아대고 있구나. 이제 그것이 나다. 나는 머리도 발톱도 없이 누워있는데 당신들은 모두 나를 쪼아대고 있구나.

박제된 아테나

젊은 시절 애완용 새인 아테나와 함께 있
는 플로렌스의 초상화

플로렌스의 남은 생애 동안, 방부 처리된 아테나는 리허스트에 남아 있었다. 아테나는 그 건물을 산 노인 돌봄 자선 단체인 에이지 케어의 재산이 되었다. 에이지 케어는 부엉이를 런던의 플로렌스 나이팅게일 박물관에 대여해 주었고, 2004년 11월 3일 아테나는 플로렌스가 스쿠타리에 도착한 150주년을 기념하는 전시회에 출품되었다. 같은 해, 리허스트 저택은 아테나를 포함하여 몇 가지 나이팅게일 기념품을 함께 팔았는데, 아테나는 모금된 기금 13,000파운드로 구입되어 박물관의 영구 소장품이 되었다.[6]

그녀가 아꼈던 반려동물은 아테나 자석, 프린트, 엽서, 손가락 꼭두각시 등 박물관의 대표 기념품 중 하나가 되었고, 나이팅게일 박물관에까지 전시되어 있다.

---

6   Florence Nightingale Museum, Enquiries and research

# 카이져스베르트 '여집사 돌봄공동체'
### (Kaiserswerth Deaconess's Institute)

그리스와 이집트 여행이 끝나고, 플로렌스는 독일 카이져스베르트 루터교 종교 단체를 방문하여 디아코네시스 Diakonesses: 여집사단 의 지도자인 테오도르 플리드너 Theodor Fliedner, 1800~1864 와 프레데리케 문스터 Frederike Munster, 1800~1842 목사 부부를 만났다. 카이져스베르트 여집사회는 플리드너 목사 부부가 설립한 19세기 기독교 집사 운동 중에서 가장 영향력 있는 기관 중 하나였다.[7]

테오도르 플리드너

'봉사'를 뜻하는 헬라어 '디아코니아 Diaconia '는 교회의 자선 사업과 가난한 사람들을 구제하기 위한 목적으로 교회 옆에 지은 건물을 뜻했다. 그런 맥락에서 '디아코니아'는 '자선과 구제'의 두 가지 의미를 포함한 말로, 주님의 집인 교회 안에서 이뤄지는 '봉사 공동체'라는 의미를 담고 있다. 이후 이 단어가 개신교에서는 봉사하는

---

7  https://www.mein-kaiserswerth.de/unsere-partner/institutionen/museum-kaiserswerth/

일꾼으로서의 '집사'<sup>deacon</sup>를, 가톨릭에서는 사제의 보좌역인 '부제'<sup>副祭</sup>를 가리키는 단어로 불리게 되었다. 집사, 부제 <sup>디아콘: deacon</sup>는 남성형 단어이고, 여성형으로는 여집사, 여성 부제 <sup>디아코네시스: Diakonesses</sup>라 한다. 가톨릭이 우세했던 중세 서유럽의 병원은 수도원에서 시작되었고, 종교 개혁 이후 기독교가 그 사업을 이어받았다. 비록 전문적인 의료를 제공하지는 못했지만 독실한 신자들에게서 받은 기부금 중의 일부를 보건 의료 부문과 복지 사업에 사용할 수 있었고 기독교는 서유럽의 보건 의료 분야를 주도할 수 있었다.

독일은 30년 전쟁 <sup>1618~1648년</sup>, 프로이센 <sup>옛 독일</sup>─프랑스 전쟁, 두 차례의 세계대전을 거치면서 상이용사들과 고아, 과부 등의 사회 문제가 심각하게 대두되고 있었다. 1840년대까지의 기근과 전염병으로 인한 참상은 1848년 독일 혁명으로 치달을 수밖에 없는 상황들을 만들어내었고, 1800년부터 1860년까지 60년 동안 독일 인구는 60% 증가했는데 이는 사회 문제를 더한층 고조시키는 원인이 되었다. 독일에서도 급격한 산업화 과정의 결과 농사를 짓던 사람들은 삶의 터전을 잃어버리고 도시 빈민이 되었으며, 이는 사회적 빈곤화로 이어졌다.

도시 안에 비좁고 위생상 불결한 주택 문제가 커다란 사회 문제로 부각되고 있었다. 도시 곳곳에 새로 시작된 산업화로 일반 시민, 노동자, 어린이의 인권은 무시되었고, 가난한 사람들은 더욱 빈곤에 허덕였다. 어린이들은 정상적인 발달의 기회를 얻지 못하고 공장에서 어른처럼 일할 것을 강요당했고, 도시는 점점 범죄율이 증가했다. 이러한 상황

속에서 기독교를 중심으로 이를 해결하고자 하는 각성 운동에 뛰어든 이들이 생겨나기 시작했다. 이들은 디아코니아 <sup>봉사 공동체</sup> 적인 사회적 실천으로 복합적인 사회 문제에 대하여 해결책을 모색해 나가기 시작했고, 연대 의식과 민족의식을 가지고 여성 협회의 형태로 새로운 사회적 국가적 움직임으로 나타났다.

1822년, 젊은 개신교 목사인 테오도르 플리드너는 하나님과 사람들을 위해 봉사하기로 결심하고 로마 가톨릭의 전통이 강한 카이져스베르트 마을에 들어왔다. 프레데리케는 죄수와 전과자, 아이들, 병들고 가난한 자를 돌보는 등 사회사업을 하던 중에 이곳에서 플리드너 목사를 만나 결혼했다. 이 두 사람은 자신들의 경험을 토대로 뜻을 합쳐 가난한 환자들을 위해 작은 병원을 세우고 여신자들을 뽑아 간호학 훈련을 시켜 이 역사적인 보건 의료와 복지 사업을 만들어나갔다.[8]

초창기부터 카이져스베르트에서는 의학 전문 지식과 인도주의적 치료가 이루어졌다. 심지어 내과, 외과 또는 폐 클리닉 등 삶의 첫 숨결에서부터 통증 치료까지 꾸준히 의학적 발전을 이룰 수 있었다. 돌봄 서비스는 교회가 담당한 중요한 업무로서 많은 사람에게 위안이 되었는데, 특히 질병이 있는 사람들에게는 더욱 도움이 되었다. 사회 정신의학과 심리 요법은 환자의 거주지에서 가능한 한 가까이 있어야 한다는 원칙하에 많은 정신 질환자는 입원할 필요 없이 집에서 지내면

---

8 『Florence Nightingale』, Laura E. Richards, D. Appleton and Company, 1909. 9, 12쪽

서 외래 진료소에서 매일 치료를 받을 수 있었다. 더 이상 임상적 치료가 필요하지 않지만 계속적인 지원이 필요한 사람들은 임시 거주지에 거주하면서 재활 치료를 받을 수 있었다. 작업 치료 및 직업 훈련, 일반 가정 관리 및 그룹 구성원 간의 교류는 젊은 사람들의 안정을 지원했다. 이러한 돌봄 서비스 덕분에 그곳에서 치료받았던 사람들은 다른 이들과 함께 사는 길을 찾을 수 있었다.

디아코니

어머니의 집을 뜻하는 무터하우스 Mutter House 는 병원 시설로 1836년에 카이져스베르트 시장 근처에 세워졌다. 그곳에서 플리드너 목사 부부는 이들의 사업을 격려하고 지원했으며, 이 사업에서 여성의 역할과 중요성을 강조하는 등 여성 운동에 기여했다. 이 사업에 참여한 여집사들은 영적 공동체의 구성원인 미혼 여성들과 북부 라인 지방의 기혼 여성들로 구성되었다. 이들은 자발적으로 참여하여 전문 훈련을 받고 보건 의료 부문에서 사회적 문제를 해결해나갔다.

독일 여집사 복장

여집사들은 '어머니의 집 무터하우스'에서 공동생활을 하며, 그곳에서 정해진 복장인 흰색 모자와 앞치마를 입고 훈련을 받고 파견되어 봉사 활동에 전념하는, 유럽에서 유일하게 훈련된 간호사였다. 이곳의 간호학 훈련을 보면 프레데리케는 실용 간호학을, 플리드너 목사는 윤리학과 종교 교리를 가르쳤고, 단체 규칙을 정하여 지키도록 했다. 위생적인 간호법을 집중적으로 교육하고 간호사의 업무에 필요한 약물 강의와 의학적 치료에 대한 강의, 그리고 시험 제도 운영으로 우수 간호 인력을 양성하고 분담제 간호를 실시했다. 프레데리케는 자신이 현장에서 가르친 간호 교육 내용을 모두 기록하여 교재로 만들어 사용했다. "봉사 정신을 결코 기술에 희생하지 말라."는 그녀의 교육 철학은 이 간호단을 이끌어 나가는 정신적인 힘이 되었다. 프레데리케의 교육 철학과 간호단의 모범적인 사례들이 널리 퍼져나가 플로렌스에게까지 그 소식이 닿았고, 그녀가 이곳을 찾게 되는 계기가 되었다.

체계적인 간호 훈련은 병원의 발전에 기여했고, 그 명성이 유럽 세계에 점차 퍼져나가게 되어 독일의 여러 지방에서 간호 교육을 담당할 간호 지도자를 요청하기도 했다. 또한 외국에도 널리 알려지면서 영국과 프랑스 등에서 견학하고 교육받고자 하는 방문객들이 점차 늘어나게 되었다. 이곳에서 교육받은 간호사들이 파견되어 카이져스베르트의 간호단 시스템을 전파해 나갔다. 병원의 성공적인 운영 시스템으로 경영이 개선되고 수익이 창출되어 많은 부속 건물을 새로 짓게 되고 정신 병동을 별도로 설치했다. 이 정신 병동은 카이져스베르트에서 훗날 플로렌스 나이팅게일 병원으로 부르게 되었다.[9]

독일 카이져스베르트 나이팅게일 병원

9   독일 카이져스베르트 플로렌스 나이팅게일 병원 https://www.mein-kaiserswerth.de/unsere-partner/institutionen/florence-nightingale-krank enhaus/

# 카이져스베르트 수도원에 제출한
# 플로렌스의 자기소개서[10]

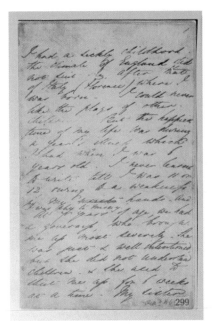

플로렌스의 자기소개서 자필 기록

1851년 플로렌스는 31세가 되어 정식으로 간호 교육을 받기 위해 이 기관에 들어왔다. 다음 글은 카이져스베르트 수도원에 제출한 플로렌스의 자기소개서이다. 이 글에서 지난 30년 동안 그녀가 키워온 생각과 가치관을 들여다볼 수 있을 것이다.

나는 어린 시절 잔병이 많았다. 내가 태어난 이탈리아 피렌체에서 영국으로 온 이후에 이곳 날씨가 나에게 맞지 않았기 때문인 것 같다. 나는 다른 아이들과 함께 어울리는 것을 좋아하지 않았다. 내 인생에서 가장 행복한 시간은 6살 때의 아픈 기간이었다. 나는 손의 통증으로 12살까지 글쓰기를 배우지 않았고 사람들과 잘 어울리지 않았다.

---

10  『Florence Nightingale Curriculum Vitae』, Anna Sticker, Dusseldorf-Kaiserswerth, 1965

7살 때 나를 가르쳤던 가정 교사가 너무 혹독하게 지도하여 매우 고통스러웠다. 그녀의 교육 의도는 좋았으나 어린이에 대한 이해는 부족했던 것 같다. 우리를 6주 동안 밖으로 못 나오게 한 적도 있어, 언니가 가정교사에게 항의하기도 했다. 10살 때 어머니는 더 이상 가정 교사가 필요 없다고 선언했고, 아버지가 직접 우리를 가르쳤다.

아버지는 나에게 라틴어, 그리스어, 수학 등 알고 있는 모든 것을 가르쳐주셨다. 이때 나는 지적 욕구를 충족할 수 있었고, 이후 7년 동안이 나의 지적 체계를 갖출 수 있는 시기였던 것 같다. 지금 이 순간에도 마술로 오디세우스의 부하들을 돼지로 둔갑시킨 마녀 키르케처럼 아버지는 나의 인간적 지능에 성실함과 열정을 갖도록 만들어 주었다고 생각한다.

신은 항상 나를 자신의 뜻대로 되도록 이끌어주셨다. 어떤 위대한 감명을 주는 특별한 설교나 환경적 요소들은 없었지만 내가 어린 시절 기억해 낼 수 있었던 유일한 생각은 아픈 사람들을 돌보는 일을 간절히 원한다는 것이었다. 내 꿈은 항상 병원에 있어 틈날 때마다 병원을 찾아가 보곤 했다. 사람들이 나를 비웃을까 봐 쉽사리 말할 수 없었지만 신이 그 길을 가도록 내게 사명을 주었다고 생각한다.

이곳에 오기까지 나는 사회 현실과는 완전히 동떨어진 삶을 살았다. 나는 호밀과 통보리, 옷감과 목화의 차이를 구분하지 못할 정도로 현실을 몰랐다. 17살 때 나와 내 가족들이 런던에서 독감에 걸렸었는데, 엄마와 외사촌 2명이 집에서 15명의 하인들에게 간호를 받았다. 처음에는 병에 걸리지 않은 한 명이 식사와 간호를 담당했지만 곧 다른 사람들이 간호하러 왔다. 독감은 나의 삶을 송두리째 바꾸어버렸다. 우리 집에서 사망한 나이 든 간호사가 있었지만 나는 그녀를 위해 아무것도 할 수 없었다.

같은 해 나는 런던 사교계에 진출했다. 법정에 배심원으로도 참여했는데 이것이 사회생활의 시작이었다. 그러나 과거를 되돌아보니 이것은 고통일 뿐 오랜 시간 내 삶을 찾기 위해 사막을 헤매었지만 아무것도 찾지 못했다. 여성이라는 존재로 할 수 있는 일을 찾아서 세상에 찬란한 영광을 보여주었을 때 승리의 감탄과 존경의 마음이 충만해진다고 생각하여 나는 결심했다. 영광을 위한 내 선택에 무한한 자부심과 기쁨을 느끼며, 이제 남은 것은 위대한 도약을 위해 내가 해야 할 일들뿐이다. 하지만 아직 신은 결혼이라는 장애물을 남겨놓았다.

결혼은 결코 나를 유혹할 수 없다. 결혼이 내 삶을 가로막고 있지만, 더 나은 삶을 위한 결심을 포기할 수 없었다. 나를 결혼시키기 위한 어머니의 열망이 극에 달해있어 우리 집안의 지위와 사회적 관계 등을 총동원하여 압박해왔지만 지난 수년 동안 이를 거부하고 도망쳐왔다. 신과 수도원이 나를 선택함으로써 구원해줄 것이라고 믿고, 이제는 내가 하고 싶은 것을 하고자 한다.

그동안 신을 섬기기 위하여 돌파구를 찾는 것을 결코 포기하지 않았다. 6년 전 간호사로 영국 병원에 들어가고자 필사적으로 시도했지만 허사가 되었다. 어머니께 자신의 딸이 병원에 들어가길 원한다는 것을 알려야 했고 이해를 구했지만 어머니는 내 뜻을 받아들이지 않았고, 무엇 하나 이룰 수 없었다. 병원에 들어가려고 시도했던 그 해에 우리 가문에서 세운 마을학교에 가서 신의 뜻대로 이루어질 것을 믿으며 매일 몇 시간씩 공부했지만 건강이 나빠져서 몇 달 후에 포기할 수밖에 없었다. 어머니가 내 건강을 걱정하여 못하게 말린 것도 있고, 혼자 하는 공부로는 나의 욕구를 채울 수 없었다. 질병에 대한 전문적인 공부가 병원에서 일하기 위한 최선의 방법이라는 점을 알았는데, 그것에 대한 지식을 너무 몰랐고, 내가 이 상태로 머물러 있으면 포기할지도 모른다는 두려움을 가지고 있었다.

우리 가문은 상류층의 삶을 살아왔다. 가장 좋은 계절에 런던에서 3개월을 보내고 햄프셔의 시골집에서 6개월을 보냈다. 마을 사람들은 군데군데 흩어져 살았고 넓은 공원 근처에는 저택이 없었다. 더비셔의 넓은 거실이 있는 시골집에서는 10~15명이 함께 살았다. 우리 가문이 속해있는 상류 사회는 모두 유능한 신사, 숙녀로 구성되어 있었지만 그들은 만나는 모든 시간을 수다로 보내곤 했다. 나는 소문에 휘둘리거나 경솔하게 행동하지 않았다.

메이 고모가 나를 거의 다 키워주고, 항상 지지해주셨다. 고모에게도 병약한 아들이 있었는데, 그 아이가 학교에 입학해서 대학에 갈 때까지 나는 멘토를 자처하여 가르치고 돌봐주었다. 그 아이를 열정적으로 가르쳤지만 기대만큼 성공하지는 못했다. 신은 그 아이에게 다른 임무를 주었던 것 같다.

내 평생 하고 싶은 일을 못 하여 고통을 받는 것이 무엇인지 설명하기 어렵지만 신은 결코 나를 홀로 내버려두지 않으셨다. 진실로 선택한 이 길이 나를 불행하게 만든다고 생각하지 않으며 삶과 죽음을 두려워하지 않는다. 신이 사명을 주셨다고 생각했지만 나 또한 신념이 부족해 그동안 최선의 방법을 찾을 수 없었다. 여러 차례 신의 계시를 받았던 것으로 기억하는데, 이것은 마치 세례식에서 선택받는 것처럼 위대한 신의 부르심인 것 같았다. 그 이후부터 가능한 한 마을의 작은 학교나 야간 학교 등에서 가르치며, 사회에 기여하는 모든 삶을 받아들이며 살아왔지만 기회가 그리 많지는 않았다.

지난 2년간 신께서 평화 속으로 이끌어주셨음에도 불구하고 가끔 오래된 습관으로 죄를 짓고 회개하곤 했다. 그러면서도 신이 아직 내게 주지 않은 일용할 양식을 갈망하면서 무언가 신의 힘을 느낄 수 있었다. 마침 어머니의 도움으로 두 명의 친구와 이집트를 가게 되었는데, 그 이후 오래전부터 생각했던 카이져스베르트에 올 수 있게 되었고 누구도 나를 말리지 못했다. 6년 전 카이져스베르트에 대한 보고서를 처음 접하면서, 항상 이곳에 가고 싶었고, 언젠가는 기회가 오리라 생각했었다. 이번에는 언니가 너무 반대하여 크게 기대하지는 않았지만 다행히 기회가 왔다. 허약 체질이던 언니가 체코 칼스바드로 치료받으러 가게 되면서, 가족들이 언니의 건강을 크게 걱정했는데, 마침 어머니가 내게 언니와 함께 가도록 허락해주셨다.

3년 전 로마에서 돌아오는 길에 파리에서 여집사단을 본적이 있었지만

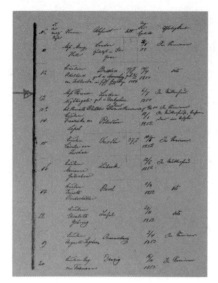

1851년 카이져스베르트 교육원 등록부

그 단체에 합류할 수 없었다. 나는 항상 가난한 가정을 방문하곤 했지만 그들에게 인내하며 살도록 설교하는 것은 맞지 않는다고 생각했다. 그들이 나를 보고 적어도 무례하다고 느끼지 않고 자신들이 축복받고 있다고 생각하도록 항상 나 자신을 점검했다. 그들을 사랑하고 그들과 함께 사는 삶을 그리워했고, 나는 정말 그들을 도울 수 있다고 생각했다. 하지만 주님의 뜻을 따르는 신도들에게 제공할 여비와 돈이 없어서 방문할 수 없었다.

신은 내가 미처 깨닫지 못한 방법으로 이끌어주셨다. 신이 행하는 모든 사업에서 결코 나를 그냥 두지 않으셨다. 신이 주신 은혜를 잠시라도 말하지 않을 수 없다. 지금 이곳에 이르게 한 것은 신이 내게 주신 축복이다.

1851년 8월 24일 플로렌스 나이팅게일

플로렌스는 간호사 교육 과정을 이수하고 정규 간호사로 인정받았다. 그녀는 약 3개월 동안 독일의 도제식 교육 방식으로 그곳에서 봉사하며 훈련받았다. 마침 그녀가 잘 지내고 있는지 알아보기 위해 방문한

카이져스베르트 여집사 공동체 전경

시드니 허버트 부부에게 프리드너 목사는 "지금까지 수련생 중에서 그녀만큼 우수한 성적으로 시험에 합격한 사람은 없었고, 그녀만큼 배워야 할 모든 교육 내용을 완벽하게 습득한 사람은 없었다." 고 높이 평가했다. 1852년에는 아일랜드의 더블린 병원을 방문하여 그곳의 간호 교육 기관을 둘러보았다.

## 여성 간호 훈련을 위한 카이져스베르트 교육원
(The Institution of Kaiserswerth on The Rhine, for the Practical Training of Deaconesses)

수련 기간이 끝나갈 즈음 프리드너 목사는 수제자가 된 플로렌스에게 카이져스베르트 교육원을 소개하는 글을 써보라고 제안했다. 그녀는 기꺼이 이에 응해 1851년에 '여성 간호 훈련을 위한 카이져스베르트 교육원'이라는 제목의 글을 썼다. 그녀의 첫 번째 작품이 된 이 글에서 플로렌스는 잘 편성된 교육 프로그램을 문서로 남기는 것의 중요성을 인식하고 있었다. 훗날 이 시스템을 영국에 도입하고자 했던 욕구가 그녀 마음속에 있었기 때문이다. 자기소개서와 글 속에 나타난 생각과 주

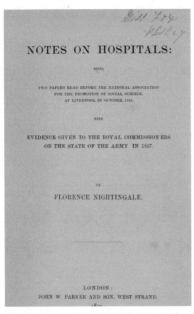

NOTES ON HOSPITALS:

BEING

TWO PAPERS READ BEFORE THE NATIONAL ASSOCIATION
FOR THE PROMOTION OF SOCIAL SCIENCE
AT LIVERPOOL, IN OCTOBER, 1858.

WITH

EVIDENCE GIVEN TO THE ROYAL COMMISSIONERS
ON THE STATE OF THE ARMY IN 1857.

BY

FLORENCE NIGHTINGALE.

LONDON:
JOHN W. PARKER AND SON, WEST STRAND.
1859

카이져스베르트 교육원의 여집사제 교육에 대한
해설서(1851년)

장을 보면 그녀는 동성애자가 아니라 독신주의자였고, 여성으로서 할 수 있는 가치 있고 영광스러운 삶이 사람들을 돌보는 것이라는 생각을 가진 페미니스트 남녀 성별로 인해 발생하는 정치 경제 사회 문화적 차별을 없애야 한다고 주장하는 사람 였다는 것을 알 수 있다.[11]

### (1) 카이져스베르트 시스템의 소개 필요성

"19세기는 여성의 세상이 될 것이다."라는 오래된 전설을 영국 여성들은 잘 알고 있지만, 19세기 중반까지는 여성들의 세상이 되지 못했다. 그러나 앞으로 한 세기도 지나지 않아 여성에게 많은 자유가 주어지고 스스로 힘을 키워나가게 될 것이다. 여성의 능력이 드러나게 되면 더 이상 관습의 굴레 속에 있지 않고, 여성들만이 가지고 있는 모성애는 그 가치를 빛낼 것이다.

영국은 간호 분야의 실무 교육이 부족하다. 실습과 이론이 충분했다

---

11  플로렌스는 카이져스베르트 교육원에 대해 자세히 소개했으나 그 내용을 모두 소개할 필요성
은 적으므로 최대한 압축하여 제시함.

면 좋았겠지만 19세기까지도 이론은 있으나 실제 적용 방법을 알지 못하므로 이를 보완해야 한다. 이론을 더 간단하게 만들자는 주장도 있지만 그것은 절대 안 된다. 그렇게 한다고 우리의 무지가 더 나아지지 않기 때문이다. 점점 늘어나는 지식은 우리에게 더 많은 방법을 알려줌으로써 이론으로 쌓이게 된다.

이곳의 시스템은 영국에서는 아직 시행되지 않았고, 찾아볼 수도 없다. 여기서 일하는 사람 중에 아무도 기록을 남기지 않는다면 세상에 도움이 되지 않을 것이다. 나는 이곳의 운영 시스템을 배우고, 기록으로 남겨 발전시켜야 한다고 생각한다.

"우리가 아는 지식뿐 아니라 직접 시행하는 일이 모두 우리만의 지적 영역이 될 것이다."

여성이 없었다면 간호 분야는 어떻게 되었을까? 모든 기록이 존재하지 않는다면? 여성은 오랜 기간 지적 욕구를 추구해왔지만, 미혼이나 기혼 또 나이와 관계없이 그들의 지적 추구는 20~30세면 어느 순간 중단된다.

우리 시대의 소설들도 사회적 요구에 뒤떨어져 있다. 작가들은 결혼 안 한 노처녀를 비난하고 결혼을 모든 여성의 천직으로 간주한다. 젊은 영국 여성들이 산소는 물고기에게 필수 요소라는 것을 아는 것처럼, 독신 생활도 결혼한 삶처럼 행복할 수 있다면 독신을 선택할 수 있다는 것을 나는 깨달았다. 지금 상황에서 여성들이 사회적 인식에 대한 두려움을 극복해야 한다. '독신'은 정상적인 것이다. 결혼했지만 '사랑이 없는 삶, 사랑이 없는 움직임'이라면 현실은 끔찍하고 지루할 뿐이다.

결혼해서 남편을 내조하지 않고 자신이 선택한 삶을 위해 일하며 가난하고 고통받는 사람들을 돌보는 여성들이 있고, 가정을 위해 사는 여성이 있다면 어떤 사람이 더 나은 여성인가? 가장 좋은 것은 여성이 직업의 중요성을 깊이 느끼는 것이다. "가난한 사람들을 찾아가라. 그리고 그들의 영혼에 대답하라."고 나는 항상 말한다. 그러나 입으로만 외치면 의미가 없다. 그들이 겪는 어려움을 직접 듣고 문제를 확인해야 건강의 해로운 요소들을 찾을 수 있다.

영국에서 여러 자녀 중 한 사람이 가족을 돌보는 일은 당연한 일인데, 무엇을 어떻게 해야 하는지 몰라 당황해 한다. 중산층에서 간호의 필요성을 느끼는 사람이 얼마나 있을까? 이들에게 건강을 관리하는 지식을 알려주고 싶다. 여기서 지식 교육은 말로 하는 것이 아닌 직접 실행하는 지식으로 여성이 남편을 만나 결혼하거나 가정 교사가 되기 위한 지식과는 다르다. 이곳에는 결혼하지 않았거나 남편을 잃은 많은 여성이 과거 무의미하게 살아온 삶을 후회하며 뜻깊은 이 사업을 실천하는 삶을 살고 있다.

우리는 일하면서 신이 베풀어주신 방법을 찾을 수 있었다. 초기 기독교 시대에 신을 섬기는 방법으로 여성들이 참여하여 서약한 것을 발견하였다. 로마 법령에서 디아콘 deacons 은 성직자의 보조 역할을 수행하며 공동체의 예배 의식과 자선 활동을 책임지는 조력자로 남성 사도들만이 참여한 것은 아니었다. 병들고 가난한 자들을 돌보는 봉사에 4세기 성 크리소스톰 St. Chrysostom 은 서유럽 교회 콘스탄티노플에서 서약한 40명의 여성을 '교회의 봉사자'로 선발하여 여성 부제인 디아코네시스 deaconesses 를 만들었고, 개신교는 이들을 집사라고 한다. 여집사 제도는 1457년에 장로교에서 시작되었고, 이후 '병들고 고통받는 이들과 아이들'을 더 잘 돌보기 위해 많은 여성이 여집사에 지원했다.

마틴 루터 Martin Luther 는 남성으로 구성된 집사 조직에서 일하는 사람이 별로 없다고 개탄하며 "하나님이 기독교도 일꾼을 만드실 때까지 기다려야 한다." 그리고 "여성은 슬픔을 덜어주는 특유의 은총을 가지고 있어 남성보다 인간의 마음을 더 잘 움직인다."고 했다. 16세기 네덜란드 세단의 왕자인 로버트 폰 데어 마크가 프로테스탄트 자선 수녀 제도를 부활시키고, 수도원의 수익을 이 목적을 위해 쓰이도록 만든 방법이 지금까지 전해지고 있다. 1568년 라인강 하류 네덜란드 워셀에서 복음교회의 첫 총회 때 여집사 조직을 제안했고, 1580년 종교 회의에서 최종 승인되었다.

영국은 1576년 지역 사회 공동체가 하나님께 예배를 드릴 때 여집사가 집전할 수 있도록 엘리자베스 여왕 직속으로 법이 제정되었다. 1602~1625년, 여집사직은 암스테르담과 레이든에서 먼저 형성되었고, 그 후 북아메리카로 간 개척자들에게도 여집사직이 있었다. 암스테르담 교회에서는 여집사가 어린아이들을 교육했다. 1633년 빈센트 드 폴은 기독교 모든 분파에 여집사 조직의 중요성을 전파하였다. 여성들은 자유롭게 서약하고 이 조직에 참여했다.

이제 프로이센<sup>독일</sup>에서 여집사 조직이 결성되어 교육과 실습 체계가 널리 보급되고 잘 알려지게 되었다. 파리, 스트라스부르크, 에찰렌스, 위트레흐트, 잉글랜드에도 이러한 기관이 생겼다.

### (2) 카이져스베르트의 시스템은 어떻게 탄생했는가?

1822년 가톨릭교가 지배하던 작은 마을 카이져스베르트에서 공장이 파산하여 노동자들이 생계 수단을 잃어버렸는데, 그때 스물두 살이던 플리드너는 이들을 외면하지 않고 돌봐주었다. 1823~1824년에 그는 기금을 마련하기 위해 네덜란드와 영국을 순회하여 교회를 운영할 수 있는 충분한 자금을 모을 수 있었다. 이것이 작은 시작이었다. 그는 모금 여행 동안 영국에서 프라이 Fray 부인을 만났다.

1826년에 플리드너는 뒤셀도르프에서 범죄자를 교화시키기 위한 학교로서 교도소의 규율을 확립하기 위해 처음 개혁을 시작하면서 그 안에 있는 여성들의 상황이 얼마나 어려운지 알게 되었다. 재소자들은 출소했지만 대부분 생계 수단이 없어 예전처럼 다시 범죄를 저질렀다. 플리드너 부인의 친구 거벨 Gobel 이 1833년 9월 자신의 정원이 있는 작은 여름 별장에서 자선 사업을 시작하면서 여성 범죄자와 자원봉사자

플리드너 목사의 집무 책상

가 한팀이 되어 교화와 자립을 도와주었다. 그 해 12월부터 다음 해 6월 사이에 9명의 다른 참회자를 받았는데, 그중 8명은 한 번 이상 감옥에 갔던 사람이었다. 유아 학교인 프리켄하우스는 1836년 5월에 1급 교사인 헨리에타의 지도하에 추가된 분교로 400명 이상의 아이들을 키우고 있다.

같은 해 10월, 배출된 첫 번째 자원봉사자들 중 역량 있는 여성 간호사를 양성하기 위해 더 많은 분야를 교육하려 했으나 아쉽게도 하지 못했다. 플리드너 목사는 공장에 병원을 설립해 운영하면서 부족하나마 신체적인 간호 봉사를 했다. 자신을 어머니로 여기는 환자들의 정서적 안정을 도와주고, 보호자와 어린 여집사들을 가르치고 조언하는 데 큰 도움이 되었다. 처음 1년 동안 자원봉사 간호사가 7명으로 늘면서 한 해 동안 돌본 환자 수는 집에서 치료받은 28명 외에도 60명에 이르렀다. 병원은 모든 종류의 병자를 받았다.

지금 있는 병원 외벽 뒤에는 약 1에이커의 정원이 있어 환자들 치료에 적합하다. 그 너머에는 플리드너 목사가 세운 작은 집들이 있고, 그 안에 여러 기관이 생겨나 확대되었다. 오른쪽에는 약 40명의 어린이와 거의 같은 수의 젊은 여성들이 있는 유아 학교가 있다. 이곳의 여성들은 유아 교사가 되기 위해 훈련받고 있다. 유아 학교 옆에는 교도소가 있다.

고아원 orphan aslamism 도 있는데, 12인의 성직자, 학교장, 그리고 다른 존경할 만한 사람들이 부모가 되어 함께 살고 있다. 여집사들은 아이들을 돌보고, 함께 잠자고 식사하며 가사를 가르친다. 이곳은 미래 교사들을 위한 보육원이 될 것이다. 유아 교사를 위한 보통학교도 있어 최고의 훌륭한 사부들로부터 이론과 실기 교육, 여성 교사들에게 필요한 모든 지식과 목사에게 보조 성직자로서의 종교 교육까지 받는다. 기관의 회계 처리는 2명이 맡고 있다. 강에서 가까운 곳은 교구 학교, 교회, 목사 사택이 있어 플리드너 목사와 그의 가족들이 살고 있다. 플리드너 목사는 이제 교구를 관리하지 않고 연구소 일만 맡게 되었다.

라인강변의 모든 시설에 목욕물이 있어 씻지 못했던 아이들이 혜택을 받고 있다. 건물 뒤편에 약 40에이커의 땅이 있는데, 이 땅은 채소와 약초를 공급하고, 8마리 소와 몇 마리 말을 위한 목초지로 쓰인다. 연구소의 시작점인 여름 별장은 목사의 정원에 남아 있다. 어떻게 적은 자금으로 건축가도 없이 인근의 건물만 이용하여 '새롭고 이용하기 편리한' 방대한 계획들을 세우고, 현재의 기관으로 성장했는지 놀라울 뿐이다. 이것은 왕족이나 고귀한 사람들이 거창한 위원회나 설립 방법을 통해 새로 사업을 시작하는 것과는 차원이 다른 시작이었다.

숲의 나무는 작은 세포에서부터 언제 어떻게 자라는지 알 수 없을 정도로 서서히 올라온다. 플리드너 목사는 아무것도 없던 이곳에서 지붕 아래 두 개의 침대만을 가지고 시작했는데도 카이져스베르트 개신교 여집사 시스템을 확산시키고 있다. 우리는 그 시작을 보았다.

### (3) **여집사가 운영하는 병원과 요양원** hospital & mother-house of thedeaconesses

남자 병동에서 간호 업무를 하는 사람은 좋은 품성을 가진 사람으로 선발해야 하므로 학교에 입학하기 전에 면접을 보는 것이 중요하다. 간호사 중에는 남자 환자나 젊은 의사들과 개인적으로 접촉하는 품성이 바르지 않은 사람도 있고, 밤에 술을 마시거나 잠들기 전까지 다른 행동을 하는 사람들도 있는데, 이 일이 단지 돈벌이 수단이 되어서는 안되며, 자신에게 주어진 일뿐만 아니라 힘든 일도 기꺼이 할 수 있는 간호 업무에 대한 애정과 사명감을 가지고 있어야 한다. 그러나 이제까지는 환자들이 돈을 지불해야만 간호를 받는 경우가 많았다. 의사들은 돈을 받고 간호를 제공하는 사람들이 기독교적 목적을 가지고 간호 임무를 수행하는 사람보다 환자를 더 잘 돌볼 것으로 착각한다. 이는 환자들이 '신성한 간호사'에 '열광하는' 것을 두려워하기 때문이므로 교육을 통해 간호사의 수준을 높이면 이러한 편견은 자연히 사라질 것이다.

그러면 플리드너 목사가 그런 훌륭한 여성들을 어떻게 양성했을까?

첫째, 자신을 헌신하기로 한 중하류층 여성들을 선발했다. 중산층은 "내가 마음만 먹으면 봉사한 만큼의 높은 연봉을 받을 수 있다"고 믿기 때문이다.

둘째, 플리드너 목사는 자신이 할 일을 다른 사람에게 맡기지 않았다. 자기가 잘할 수 있는 일을 다른 사람이 하는 것을 좋아하지 않았다. 그는 어디까지 허락하는 것이 옳은지 생각하고, 자신의 사소한 지시 사항을 간호사들이 따르는지를 지켜보고 마무리했다. 또한 엄격한 규칙을 정해 따르도록 했다.

셋째, 그는 간호사들이 아침저녁으로 환자를 관찰한 사항과 병동에서 있었던 일 등을 매주 보고받았다. 그리고 간호사들은 어떻게 일을 해야 하는지에 대해 조언했다. 환자가 마음에 괴로움을 느끼고 공격적인 경우 어떻게 할 것인지, 주의 깊게 듣고 어떻게 응대해야 하는지를 물었다. 그의 지시는 강의가 아닌 문답 형태를 띠고 있다. 그는 간호사들이 어떻게 환자의 마음을 이해하고, 비상시에 행동해야 하는지, 그리고 자기에게 조언을 구하는 방법 등을 알려주었다.

간호사가 아이들에게 깊은 인상을 남길 수 있는 순간을 포착해 태도를 변화시킨 두 가지 사건을 예로 들어보자. 어느 날 소년 병동에서 아침 식사 직전 기도하려고 할 때 2명이 찬송가 한 권 때문에 말다툼을 벌였다. 간호사는 어떻게 해야 할지 망설였다. 그녀는 자신의 어린 시절 이야기를 해주었다.

"나는 친구와 말다툼하거나 싸운 날에는 부모님과 마주하고 기분이 나아질 때까지 기도를 뒤로 미루고 있다가 잠이 들었다."

아이들은 잠시 말이 없었다. 기도하지 않고 잠자리에 들어야 한다는 생각에 충격을 받은 것 같았다. 두 소년은 화해하고 기도하기 시작했다.

또 한 번은 소년 1명이 다른 사람 서랍에서 빵을 훔쳤다. 2명이 의심되어 고백하라 했으나 하지 않았다. 아침 식사 후 간호사에게 함께 고백하자고 권했지만 아무도 고백하지 않으므로 이들에게 짧게 설교했다. 그러자 한 아이가 달려와 A 소년이 자백하고 싶다고 전했고 용서를 빌었다. 그녀는 필요한 것은 신의 용서라고 말하고 함께 기도했다. 밤이 되자 그녀는 A 소년에게 "그가 잘못했기 때문에 벌을 주는 것은 아니며, 우리가 저지른 잘못을 기억하자는 것이다."라고 말했다. 다음 날 저녁 식사 때, 그녀는 자신의 빵을 둘로 쪼개서 A 소년에게 주었다. A 소년은 큰 반쪽을 돌려주었고, 주중에도 계속 그렇게 했다. 잘못은 이미 밝혀졌고 충분히 벌을 받았기 때문에, 그녀는 다른 아이들에게 비밀로 하는 것이 좋겠다고 생각했다. 이러한 일화들은 이곳 여성들이 자신의 생각과 재량을 자신 있게 적용하기 위해 실제로 어떻게 훈련하고 있는지를 보여주고 있다.

병원의 여러 업무 중 간호사들이 가장 어려워하는 것이 환자들이 도덕적, 영적인 노력을 전혀 하지 않는 것이지만 이들도 먹고살아야 하므로 생계 수단을 빼앗아서는 안 된다. 카이져스베르트에서는 병원을 통해 환자와 간호사 모두 배우고자 찾아오는 신의 학교로 삼게 함으로써 기독교적 친절과 도덕적 분위기를 몸에 익히도록 한다. 봉사자들이 간호사나 의사처럼 세심하고 친절하게 자신의 지식을 전하는 것은 매우 놀라웠다.

목사님의 교육 정신이 자매들의 결속력에 스며들어 있는 것 같다.

100병상은 남성, 여성, 소년, 어린이 등 4개 과로 구분되어 있다. 병동은 규모가 작아서 많은 문제를 안고 있지만 편안함을 주기도 한다. 여자 병동은 병실에 침대가 4개 이상 있는 곳은 없다. 검사를 하는 등 특별한 경우에 환자는 1인실을 쓸 수 있다. 남자 병동에는 남성 봉사자들이 있는데 그중 5명은 병원에서 교육받고 자매들의 지도를 받았다. 오후 8시 이후에는 여성 봉사자가 남자병동에도, 소년 병동에도 들어가지 않는다. 남자 간호사들은 병동에서 잠자면서 필요할 때 일어나 도움을 준다.

다른 병원들보다 봉사자를 포함한 모든 구성원은 의사의 지시를 따르고 시간을 엄수하며, 규칙을 잘 지키도록 훈련되어 있다. 모든 병동에서는 매일 의사 방문 시간을 초인종으로 알려준다. 약사는 의료진과 함께 회진하며 의사의 처방과 지시를 모두 적어 챠트에 기록으로 남긴다. 병동 선임자나 봉사자들은 서로 친숙하나 엄격한 예의범절을 갖추며 업무에 임한다. 자매 중 선임자는 아침저녁으로 가족 기도를 주도한다. 환자와 함께 찬송가를 부르고, 성경의 짧은 부분이나 목사님이 선택한 책을 읽고 기도한다.

스스로 움직일 수 있는 남자 환자들은 라이차르트 수녀가 진행하는 기도 교실에 모이며, 성경 토론에 환자들이 열렬한 관심을 가지고 경청한다. 어린이 병동에서는 봉사자가 어린아이들에게 그림을 보여주며 성경 이야기를 들려주고, 그들과 함께 노래하고 기도한다. 책 내용뿐 아니라 그녀 자신의 마음에서 우러나온 말도 해준다. 저녁이 되면 선교사들의 활동이나 변혁의 역사를 들려주기도 한다.

아이들은 정원에서 많은 시간 놀이를 하며 지내다가 피부병에 잘 걸리는데 카이져스베르트에서는 치료가 잘된다. 야간 근무도 놀랄 만큼 잘 운영되고 있다. 간호사의 체력이 너무 고갈되지만 않는다면 야간 근무는 다른 어떤 시간보다 그녀의 마음에 더 큰 영향을 미칠지도 모른다. 일주일에 한 번은 야간 근무 하도록 배치한다. 병동마다 간병인 봉사자 1명을 배치하는데, 그들은 병동에서 밤 10시에 자고, 아침 5시에 일어난다. 1명이 모든 병동을 지키면서 매시간 남자 환자들 방을 제외한 모든 병동을 순회한다.

경증 환자가 있으면 병동 근무자를 깨우지 않고 사소한 문제를 보살펴줄 수도 있다. 중증 질환자나 수술 환자가 있는 경우 병동 근무자는 일어날 의무가 있는데, 주로 어린이 방에서 자주 요청한다. 이곳 병원은 여집사들을 위한 훈련 학교이고, 1~3년간 실습할 수 있다. 이 기간 여집사들에게 아무것도 제공되지 않기 때문에 돈을 모으거나 신용을 쌓을 수 없고, 주의 뜻대로 일하며 봉사할 기회밖에 없다. 원칙을 지킬 가능성이 보이지 않으면 목사님으로부터 해고된다.

실습생은 6개월 동안 아무것도 받지 않고, 음식과 숙식만 받으며 그 후에는 적은 봉급만 받는다. 여집사 과정을 마친 후에는 보수를 받고, 증명서, 숙식, 집사복이 주어질 뿐이므로 이 일을 하는 데에 따른 금전적 혜택은 없다. '어머니의 집'에서 병든 사람들은 여집사들의 환영을 받는다. "당신은 전쟁터에서 명예로운 상처를 입었다."며 고통스러운 수술을 받아야 한다고….

가장 좋은 점은 사심 없이 베푸는 사람들이 있다는 것이다. 카이져스베르트의 여집사들이 그 일에 종사하는 수년 동안 '어머니의 집'에서 보여준 사랑이 담긴 돌봄은 참으로 아름답다. 그들은 교회에서 엄숙한 입교식을 치른 후 5년 동안 결혼하거나 부모를 부양하거나, 또는 어떤 중요한 의무를 준수해야 할 것은 없다. 실습받는 여성은 자유로워야 하기 때문에 절대 기한을 급하게 정하지 않았다.

그러나 감독들은 수련생들을 해고할 권리와 다른 이들을 요구할 권리가 있다. 파리, 스트라스부르크, 에찰렌스, 우트레흐트 협회는 카이져스베르트와 같은 제도를 유지하고 있다. 여집사들도 때로는 의견이 다를 수 있어 시기적절한 의견 교환은 많은 문제점을 해결할 수 있다. 이 조항은 여집사들이 어머니의 집에 남아있도록 하고, 그들이 봉사하는 다른 기관의 터무니없는 요구로부터 그들을 보호하며, 아프거나 노쇠하게 되면 그들의 안식처로 계속 남아있게 하기 위해 필요한 것이다.

목사님의 뜻은 하나님 나라를 발전시키는 데에 있다. 매월 둘째 월요일 저녁 목사님은 실습생들의 만찬 자리에서 해외 자매로부터 받은 편지를 전하고 모든 사람과 공유한다. 첫째 월요일에는 흥미로운 선교사 소식을 전하고, 또 어떤 때에는 기념일을 축하하기도 하는데 참석한 사람들은 서로 공유하며 친교를 맺는다. 마무리는 노래와 기도로 끝난다.

### (4) 교도소에서 출소한 여성들을 위한 쉼터 penitentiary and asylum forfemails released from prison

스물세 살 정도의 여성 12~15명이 기거하고 있다. 목적은 그들에게 가정생활을 알려주고 서로 사랑하도록 가르치는 것인데, 그들 중 대부분은 이러한 삶을 오랫동안 박탈당해서 잘 알지 못하고 있다. 이곳에 기거하는 것은 전적으로 자발적이고, 의사에게 복종할 마음이 없다면 머물 수 없다. 이곳에는 봉사자의 지휘 아래 자신이 가꿀 수 있는 초원과 들판, 넓은 정원이 있어서 전원생활에 적합한 순수한 공기와 강도 높은 운동으로 정신과 건강을 향상하는데, 이것이 바느질보다 더 유익하다는 것을 알게 된다.

미국식 시스템에 따라 침대와 의자가 갖추어진 자기 방이 있고, 누구도 서로의 영역을 침범하지 않아 거주자들의 정서에 가장 유익한 기여를 해왔다. 그들을 위한 숙소도 더 지어졌다. 소와 가축들을 마구간에서 키우는데, 구성원들이 동물을 좋아하고 잘 돌보기 때문에 사람들의 정서에 긍정적인 영향을 주었다. 일요일 밤에 한 주의 업무를 서로 배분하여, 한 소녀는 부엌일을 하고, 다른 소녀는 집 안을 청소하고, 다른 사람들은 정원에서 일한다. 우유를 받는 사람은 굳은 표정을 가지고 있던 소녀가 마치 어린아이처럼 기뻐하는 모습을 보게 되었다고 전했다. 이 기관에 속한 사람들은 다른 사람들에 비해 깨끗이 씻는데, 가장 큰 어려움은 그들에게 술<sup>브랜디</sup>이 조달되는 것을 막는 것이다.

쉼터 구성원들은 8~15개월 동안 수련을 마치고 시험을 치르는데 기간이 더 짧아지지는 않고, 그 이후에 기관은 일자리를 마련해 준다. 일부는 2년 동안 정신 병원에서 일했다. 정신 병원은 이전 거주지에서 가능한 한 멀리 떨어져 있고, 시골이나 도시에서 거의 찾아볼 수 없으며, 공공 주택에서는 찾을 수 없는 알려지지 않은 곳에 있었다. 그들을 위한 특별한 규칙들이 있는데, 그중에는 집단 기도와 신성한 예배에 참석해야 하는 것이 있다.

정신 병원에서 치료받는 사람들과 그 가족들은 항상 서신 교환이 가능하고 방문이 허용되고, 9월 17일 목사님이 주재하는 정신 병원 설립 연례 축하 행사에 초대되기도 한다. 이들이 자기의 상황을 긍정적으로 변화시켰다면 개별 숙소가 제공된다. 몇몇 소녀가 정신 병원에서 나온 후 받았던 간호에 대해 다른 수련생에게 쓴 편지들은 감동적이었다. 치료받은 사람의 약 1/4은 치료 효과가 뚜렷하나 나머지 사람들은 차이가 컸다.

정신 병원에 있는 사람 중 어떤 이는 정신 병원에 서른 번 간 적도 있지만 보통 그들은 깊이 뉘우친다. 그러나 어떤 이는 새벽 2시에 봉사자에 의해 감방에 무릎을 꿇고 있는 채로 발견되기도 하고, 또 한 사람은 하룻밤에 두 번이나 힘든 상황에서 봉사자에게 기도를 부탁하기 위해 왔다고 둘러대기도 했다. 하지만 봉사자는 다른 사람들처럼 설교하지 않고, 충고 듣기를 바랄 때까지 기다렸다고 한다.

구성원들이 동의하면 5시에 일어나 아침 식사까지 정원에서 일한다. 봉사자들은 그들과 함께 방에 머물면서 겨울용 채소를 준비하거나 바느질을 하거나 번갈아가며 일하는 등 앉아서 하는 일을 한다. 봉사자는 함께 일하면서 이야기를 들려주기도 하고, 한 명이 '신의 은총'이라고 말하면 나머지 사람들은 찬송가를 부르며 가까워지기도 한다. 그들 중 1명 <sub>자식을 살해한 여자</sub> 은 어느 날 그 사건을 1시간 30분 동안 설명했고, 다른 사람들은 주의 깊게 들으며 조언해주었다. 그들은 목회자로부터 매주 교육을 받고, 또 노래 배우기 외에 글을 모르는 사람들은 보통 학교에서 자원봉사자 교사로부터 읽고 쓰기를 배운다.

작년에 정신 병원의 수입 <sub>판매한 우유와 달걀, 일부 참회자가 지불한 돈, 기부금 등</sub> 은 200파운드, 그리고 주택과 토지 임대를 포함한 비용은 225파운드였다. 1833년에 기관이 시작된 이후로 197명이 접수했는데, 이들은 교화되기를 희망한다는 교도소 담당의 증명서를 가지고 와야 했고, 두 번 들어온 사람은 아무도 없었다.

### (5) 교구의 여집사들 parish deaconesses

카이져스베르트 자매들은 교구의 여집사로서 멀리 떨어진 교구의 요청에 따라 많은 자매가 여러 곳에 파견되었다.

우리는 절망하고 좌절할 때도 있지만 최선의 노력으로 잘하고 싶은 강한 욕구를 가지고 있었다. 가정을 방문하면 어머니들에게 몇 명의 아이들이 학교에 가는지 물어보고, 짧은 설교와 함께 수프와 담요를 나누어 준다. 아픈 사람이 있으면 치료하는 의사를 보내어 회복하도록 도왔다.

무질서와 더러움, 문란한 성행위, 흐트러짐, 가정이 관리되지 못하는 것을 목격하지만 어떻게 도와야 할지 모르겠다. 그들을 비난할 권리가 우리에게 있을까? 그들에게 더 나은 방법을 보여주기에는 우리가 모르는 것이 너무 많고, 질병은 알지만 그 외의 것을 관리하는 방법을 잘 모른다. 그럼에도 불구하고 이 일은 환자의 마음속으로 가는 길을 찾기 위해 사람들의 신체를 돌보는, 하고 싶은 바로 그 일이 될 것이다. 내가 원하는 것은 직접 찾아가 그들의 오두막집에서 돌봐주는 일이다. 병원 의자에 앉아서 질문하는 것은 가난한 사람이나 누구와도 진정한 교류를 하는 방법이 아니다. 그들을 간호할 줄 안다면 더 많은 일을 할 기회가 생겨날 것이다.

부족함을 채우기 위해 어떻게 우리 자신을 교육하느냐가 중요하므로 그러한 교육은 카이져스베르트 교구장이 맡는다. 병원, 학교, 정신 병원, 각자의 가정에서 가난한 사람들이 무엇을 원하는지, 그들을 어떻게 치료해야 하는지를 배운다. 교구의 뛰어난 여집사가 방문하는 것은 아름다운 일이다. 그녀는 간호사의 도움이 필요한 병자들을 위해 작은 사무실을 개설했다. 그녀는 아침에 순회하여 아이들에게 소소한 일, 뜨개질, 리스트 슈즈 만들기 등을 친절하게 가르쳐주고, 청소하고 요리하는 법을 배우고, 집을 정돈하도록 유도하는데, 그녀가 갈 때마다 그 오두막은 점차 정갈한 모습으로 변해갔고, 부모로부터 많은 호응을 받았다. 교구장은 이런 집안일에 대한 조언을 구하기 위해 쓴 호기심 어린 작은 메모들을 계속해서 받고 있다.

각 교구들은 카이져스베르트와 같은 기관으로 주민들을 보내 배우게 하는 것이 낯선 사람을 고용하는 것보다 낫다고 했다. 같은 주민이면서 봉사자이면 주민들이 더 편안할 것인데, 방문 봉사를 배우고 가르칠 자격이 있어야 한다는 것이 숙제로 남아있다. 가톨릭 신자들은 순교로 천국을 쟁취할 것이기 때문에 개신교 신자는 결코 될 수 없다고 가끔 말해왔으나, 이것은 카이져스베르트에서 배출된 많은 영웅에 의해 사실이 아님이 밝혀졌다. 그들은 콜레라, 발진 티푸스 열, 또는 다른 전염병이 창궐한 곳은 어디든지 수많은 생명을 구한 후에 그 자리에서 죽었다. 작년에 21명의 자매들이 콜레라가 창궐한 마을에서 간호 사업에 종사했는데, 그들 대부분은 콜레라에 감염되어 '장렬히 전사'하여 영원한 안식처에 묻혔다.

### (6) 정규 학교, 고아원, 그리고 유아원 normal school, orphan asylum and infant school

정규 학교는 영국과 비슷하여 특별히 거론하지 않겠으나 플리드너 목사가 수련생에게 주는 엄청난 양의 훈련은 반드시 언급되어야 한다. 예를 들어 그는 성경에 나오는 말씀에 대해 수련생에게 강의를 하고, 다음날 학교에서 가르칠 사람이 저녁에 그 이야기를 혼자 연습한다. 아침에 목사가 강의자가 말하는 것을 확인한 후에 그녀는 아이들에게 그의 말을 전한다.

이러한 방식에 따라 부족한 점을 교정하고, 어린이들에게 더 많은 흥미를 유발하는 방법들, 어떤 부분이 사람들에게 관심을 갖게 만들 것인지를 배울 수 있다. 아이들을 가르칠 때는 스트레스가 쌓이는데, 란케 선생님은 가르치는 기술에서 존경할 만한 실질적인 방법을 알려준다. 고아원에서는 여집사들이 아이들과 함께 지내는데, 이 아이들 중 몇몇은 이미 여집사가 되었거나 선생님이 되어 돌아왔다. 새로운 아이가 입학할 때에는 편안함을 느낄 수 있도록 목사님이 주재하는 작은 환영 잔치가 열리고 봉사자들은 함께 축하해준다. 노래를 부르고, 목사님으로부터 약간의 선물을 받고, 차를 마신 후 저녁이 되면 기도를 받는다. 유아원은 별도로 운영되고, 모든 봉사자가 일주일에 1교시씩 맡아야 한다.

이 대형 연구소의 전부가 작년에 3,500파운드가 안 되는 금액으로 운영되었다. 지원금은 3,200파운드여서 300파운드의 적자로 남아있지만, 이것을 보면 적은 돈으로도 많은 긍정적인 이익을 얻음을 알 수 있다. 여집사 수는 116명으로 그중 94명은 교육이 끝난 후 교회에서 엄숙한 축복을 받았고, 22명은 아직 수습 중이다. 이 가운데 67명은 독일, 영국, 미국, 예루살렘에 있는 병원과 교구, 가난한 가정에 파견 나가 있고 나머지는 카이져스베르트에 남아있는데, 더 많은 곳에서 간절히 지원을 요청하고 있다. 독일 각지, 콘스탄티노플, 심지어 동인도네시아에서도 여집사에 대한 요청이 끊임없이 쏟아져 들어오고 있어 이 요청은 충족되기 어려운 상황이다.

이것이 그들의 미래라면 독신으로 남는 것에 대한 두려움은 사라질 것이다. 적극적으로 '주의 손과 발'이 되고자 하면 더 바랄 게 없을 것이다. 영국 여성들도 마음만 먹으면 이러한 목적을 위해 성공적으로 일할 수 있다는 사실이 자애로운 자매들에 의해 증명되었다. 가톨릭 교회가 모든 일을 해야 할까? 왜 개신교는 남성뿐만 아니라 여성의 봉사를 받아들이지 않는가? 농작물이 풍성한데, 병든 자와 가난한 자가 원하는 것은 어디에 있는가? 나태하게 앉아있는 영국 여성들은 독일을 바라보라. 여집사들은 모두 열심히 일하고 있고, 그리스도는 그들 가운데 있다. 내가 영국 여성들에게 요청했지만, 그들은 응답하지 않았다. 그들의 문 앞에 서서 노크했지만, 문은 열리지 않았다.[12]

플로렌스는 이곳에서 교육을 받으면서 영국의 간호 교육의 필요성을 절감하게 되었다. 카이져스베르트에서 플로렌스가 겪은 경험과 이 기록은 독일의 간호 시스템을 영국에 도입하는 단서가 되었고, 간호의 암흑시대를 벗어나 근대 간호 사업으로 전환하는 중요한 역할을 했다.

반면에 독일은 종교 개혁으로 신교 세력이 증가하고, 근대 과학과 의학의 발전과 함께 유럽에서 가장 간호 수준이 높았으나 20세기까지 간호 사업은 더 이상 발전하지 못해 현대 간호 발전의 기회를 놓쳐버렸다. 그 이유를 보면,
첫째, 모든 병원에 수녀원의 풍토를 적용하여 교육을 마친 간호사들이 계속 관련 기관에서 일하며 규제를 받게 되었다. 이로 인해 과로와

---

12 플리드너 목사는 기독교적 삶을 살기를 희망하는 지원자들을 면접하여 선정한다. 그들은 훌륭한 교육의 혜택을 받고 있으며, 목사님의 설립 취지에 따라 숙식하며 일주일에 6일 10시간씩 열심히 일하고 있다.

궁핍, 정신적인 압박에 시달려 결국 무단으로 빠져나가는 간호사들의 수가 늘어나게 되고, 이들을 '자유 간호사', '난폭 간호사'라고 불렀다.

둘째, 독일 간호 학교에 의사가 교장을 맡게 되어있어 간호 교육이 간호사 중심으로 구성되지 못하고 보조적인 역할만 강조되면서 독자적인 간호 발전이 이루어지지 못했다.

셋째, 병원의 간호 부서가 조직체로서의 독립성도 없이 의무과장인 의사에게 많은 권한을 주고, 간호 부서장은 감독 권한을 갖지 못했다.

독일의 사례를 볼 때, 간호 분야의 지속적 발전을 위해서는 올바른 제도가 갖추어져야 하며, 간호사 중심의 교육 시스템을 갖추고 간호 부서가 조직상 독립된 권한을 가져야 한다는 점을 시사하고 있다.

## 성 빈센트 드 폴과 자선 간호단
St. Vincent de Paul, 1576~1660 & Sisters of Charity

카이져스베르트에서 교육을 모두 마치고 영국으로 돌아가는 길에 플로렌스는 건강이 나빠져서 파리 가톨릭 교단의 자선 간호단 Sisters of Charity 이 운영하는 성 빈센트 병원에서 잠시 지내며 치료받고 건강을 회복할 수 있게 되었다. 그녀는 이들의 숙련되고 헌신적인 간호를 받으면서 훌륭한 간호사의 모습을 경험할 수 있었다. 플로렌스가 환자로서 체험하고 관찰하며 영감을 얻었던 프랑스 '자선 간호단'은 프랑스에서 16~17세기 성 빈센트 드 폴 St. Vincent de Paul, 1576~1660 과 그를 지원하는 여성 유지들이 뜻을 모아 병원을 만들고 자선 간호를 통해 체계적으로 사회 개혁을 이루고자 한 조직이다.[13]

1581년에 태어난 빈센트 신부는 1600년에 사제로 서품을 받고 1612년 파리 외곽 클리쉬의 주임 신부로 파견되어 사목 생활을 하던 중 당시 상당한 세력이 있는 필립 엠마누엘 드 공디 가문의 전속 사제 겸 가정 교사가 되었다. 이때까지만 해도 빈센트 신부는 사제로서의 세속적 야심을 가지고 있었다고 한다. 그러나 그가 이전의 삶을 후회한 두 가지 사건이 일어나게 되었다. 1617년 공디가의 영지인 폴 빌을 방문하던 중 죽음을 앞둔 한 노인의 총고해를 듣고, 가난한 이들의 영적 빈곤에 관심을 가지게 되었고, 사제직의 중요함을 알게 되었다. 그리고 그해 8월 샤띠용 레 동브라는 가난한 마을의 본당 신부로 잠시 지내던 그는 가난한 이들에 대한 돌봄이 보다 지속적이고 효과적이기 위해서는 조직적으로 이루어져야 함을 깨닫게 되었다. 이 두 번의 경험으로 빈센트 신부는 자신의 온 생애를 가난한 이들에게 복음을 전하고, 그들을 돕는데 헌신해야겠다는 결심을 하게 된다.

빈센트 신부는 가난한 이들을 효과적으로 돕기 위해 영적, 물질적으

---

13 『간호역사와 철학』, 신미자 외, 현문사, 2015. 2. 25, 56쪽

로 돌보는 단체로서 1617년 '사랑의 동지회'를 창설하고, 1625년 '전교회'를 설립하여 사제들의 양성과 재교육에 힘썼다. 그는 가난한 사람들의 영혼을 구원하고 가난한 삶을 해결하기 위해 집단 농장을 설치하고, 거주자들에게 수공업과 실업 과목을 가르쳐서 자립할 수 있는 길을 모색하게 했다. 후원하는 여성들을 중심으로는 '자선 부인회'를 조직하여 병원 시스템 개선과 호텔 듀 Hotel Dieu: 파리의 병원 및 여러 병원들을 방문하여 지원했고, 간호 사업을 위해 헌신적이고 순수한 여성들을 모집하여 1633년 '자비의 자매들'이라 부르는 '자선 간호단'을 조직했다. 이들은 자선부인회 회관에서 단체 생활을 하면서 간호 교육과 실습 훈련을 받았다.

자선 간호단은 종교적 서약을 하지 않고, 1년간 봉사한 후에는 자신의 의지에 따라 결혼할 수도 있고, 자신의 직무를 계속할 수 있었다. 빈센트 신부가 직접 간호단을 교육했는데, 강의와 이에 대한 토론, 업무 중 과로하지 않도록 팀을 짜서 순환 근무를 하는 등 여러 혁신적인 시스템을 구축했다. 자선 간호단의 사업 성과 또한 유럽 각지에 전해지게 되었다. 이들의 활동은 주로 가정 방문으로 환자를 돌보고 음식과 약물을 공급하고, 임종 환자 간호와 그 가족을 위로하는 일을 수행했다. 그리고 어린이집과 정신병자 요양원을 지어 대상을 나누어 간호했다. 이들은 정해진 복장을 입고 간호 업무를 수행했으며, 종교의식과는 구별되는 원칙을 가지고 일했다. 이 모든 점이 근대 간호 제도의 기반이 되는 선진적인 간호 사업이었다.

1660년 9월 27일 80세로 삶을 마친 빈센트 폴 신부는, 1737년 6월 16일 클레멘스 12세에 의해 시성되고, 1885년 5월 12일 교황 레오 13세에 의해 자선 사업을 하는 모든 사람의 주보성인으로 선포되었다. 그리고 우리나라에도 빈센트 성인의 정신을 이어받아 가난하고 병든 이들을 치료해주고자 성 빈센트 드 폴 자비의 수녀회, 성 빈센트 병원, 안산 빈센트 의원을 설립하여 운영하고 있다.

독일 카이져스베르트의 여집사 간호단과 프랑스의 자선 간호단의 간호 교육 시스템이 플로렌스에게 큰 영감을 주었고, 이후에도 그녀는 가능한 한 영국, 프랑스 및 각국의 학교와 병원들을 찾아다니며 조사하고 자료를 수집했다. 그녀는 조사한 모든 것을 자세히 기록했고, 보건 의료제도와 관련된 각종 보고서와 법률 양식들을 차근차근 수집하면서 영국에서의 보건 의료 시스템이 어떻게 정립되어야 하는지 점차 윤곽을 잡아나가게 되었다.

## 간호 교육을 마치고 정식 간호사가 됨

그녀는 카이져스베르트에서 간호 시험을 통과하고 정식 간호사가 되었다. 그녀에게 당시의 경험은 인생의 큰 전환점이 되고 이후에 이 시스템을 영국 빈민구호 시설인 구빈원workhouse 에 적용하는 단서가 되었다. 간호 교육을 마치고 그곳을 떠날 때 플리드너 목사는 플로렌스의 머리에 손을 얹고 축복해 주었고, 그녀는 경건하고 자비로운 공동체의 사랑과 염원을 가지고 그곳을 떠났다. 그녀는 카이져스베르트 시스템에 대한 깊은 감동을 받고 확신을 가졌다. 자신의 편지에서 "나는 이제까지 그보다 더 높은 사랑과 순수한 헌신을 접해본 적이 없다."고 기록할 정도였다.

> "카이져스베르트는 나의 집이고 그곳에 있는 모든 사람은 나의 형제자매들이다. 그곳에 나의 영혼과 육체가 있다는 것을 나는 믿어 의심치 않는다." *14*

영국으로 돌아왔을 때, 플로렌스가 가문의 위신을 떨어뜨리고 있다는 문제로 집안이 혼란에 빠져있었다. 가족들은 가문의 뜻을 거스르고 독단적인 행동을 하고 있는 플로렌스에게 무척 화가 났다. "부모님은 나에게 거의 말을 하지 않았다."고 일기에 기록할 정도였고, 언니 파세노프는 신경 쇠약에 걸렸다. 그녀는 언니의 건강이 회복될 때까지 그녀를 간호하고, 조용히 시간을 보내면서 예전부터 해왔던 이웃의 병들고 가난한 사람들을 방문하는 일을 다시 시작했다. 런던, 에든버러, 더블린, 파리에 있는 병원의 실태 및 간호 방법에 대한 자세한 정보도 수집하고, 구빈원, 소년원, 자선 단체 등 가난한 사람들을 위한 의료 시설 설립에 많은 관심을 기울였으며, 병들고 가난한 사람들에 대한 지원 시스템을 구상했다. 그녀는 한 가정의 가장을 건강하게 회복시켜 직장

---

*14* 『Florence Nightingale』, Laura E. Richards, D. Appleton and Company, 1909. 9, 13쪽

으로 복귀시키는 것이 개인 의료비의 많은 부분을 절약하는 방법이라고 생각했다.

런던 빈민 지역에 자원봉사 활동을 나가면서 플로렌스는 가난한 사람들과 함께 일하던 가톨릭 사제인 매닝 Henry Edward Manning 추기경을 만났다.[15] 그녀는 아무리 애를 써도 빈곤에서 벗어날 수 없는 가난한 사람들에게 도움을 주는 그에게 깊은 감명을 받았다. 이 두 사람은 평생 친한 친구가 되었으며, 이때 그녀는 헌신적인 사랑을 보여준 로마 가톨릭에 크게 매료되기도 했다.

## 여성 병원의 간호 감독이자 경영자가 됨

1850년 3월 15일 캐번디시 스퀘어 Cavendish Square 8번 찬도스 스트리트 Chandos Street 에 여성 병원 Hospital for Invalid Gentlewomen 이 개원했다. 레이디 샬럿 캐닝 Lady Charlotte Canning, 1817~1861 이 급성기 질병에 걸린 '상류층 여성'에게 내외과 치료 서비스를 제공하기 위하여 20병상 규모로 설립한 작은 병원이었다. 이 병원은 자선 사업가들의 지원으로 설립된 병원이었지만 재정 부족으로 일반인에게는 의료를 제공하지 못했다. 또한 영국 국교회의 영향으로 여성위원회는 병원이 가톨릭 환자들을

---

15 https://en.wikipedia.org/wiki/Henry_Edward_Manning, 위키백과 카톨릭 사제 매닝 추기경

받지 못하도록 규정을 정했다.

오랫동안 병원은 간호 책임자와 능력 있는 간호사를 찾지 못해 운영의 어려움을 겪고 있던 중 1853년 초 여성병원위원회는 엘리자베스 허버트 부인의 추천으로 플로렌스에게 병원의 간호뿐 아니라 병원 관리 superintendent 까지 맡아줄 것을 요청했다. 그녀는 병원을 개편하여 간호사 양성을 위한 학교로 사용할 수 있는 조건으로 그 자리를 수락하고, 4월 말 병원 경영자로 임명되었다. [16]

그녀가 이 직책을 맡았을 때에도 '가문의 반대'에 직면하여 어머니는 화병으로 앓아누웠고, 언니도 수치스러운 일이라며 화내고 울며 플로렌스를 쳐다보지도 않았다. 그러나 아버지는 이제 딸의 선택을 받아들이고 지원해주기 시작했다.

플로렌스는 병원의 모든 업무를 빠르게 파악하고 모든 진행 사항을 확실하게 알아냈다. 부임 초기에는 매주 회계 결산을 보고하라는 지시를 거부하는 재무 담당자도 있었지만, 끝내 설득해 정기적으로 결산 처리 결과를 보고받는 한편 병원의 회계 장부를 재정비했다. 그리고 병원을 런던의 할리 1번가로 옮기면서 병원 전체를 개조했다.

---

16 『빅토리아 시대 명사들』, 리튼 스트레이치, 경희대학교출판국, 2003. 6. 25, 134쪽 , 『나이팅게일 평전』, 이바라기 타모츠, 군자출판사, 2016. 6. 10, 38쪽

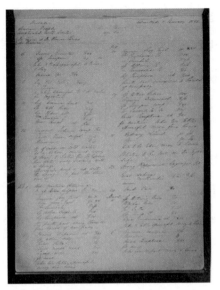

여성 병원의 환자 기록

그녀는 간호사들을 교육하고 훈련했으며 병원 물품 비용을 아끼면서도 꼭 필요한 부분에는 적절히 사용되도록 배치했다. 병원의 모든 층에 온수 공급 장치를 설치하고 환자에게 제공하는 식사의 질을 영양가 높게 개선했다. 지하실 부엌에서 뜨거운 음식을 위층으로 들어 올리는 음식 전용 엘리베이터를 설치하여 간호사가 수많은 계단을 쟁반을 들고 오르내리지 않도록 조치했다. 또한 환자들이 필요할 때면 언제든지 도움을 받을 수 있도록 병실마다 호출 벨을 설치했다. 방마다 벨이 울릴 때 열리는 밸브를 부착하여 어느 방에서 벨이 울렸는지 간호사가 알 수 있도록 했다. "이런 시스템이 되어 있지 않으면 간호사는 방마다 뛰어다니며 누가 벨을 눌렀는지 확인해야 한다."고 그녀는 설치 이유를 밝혔다.

비위생적인 문제를 해결하기 위하여 주방 기구를 교체하고, 문제가 발견된 식료품 가게와 석탄 상인을 바꾸었다. 쥐들이 파먹어 버린 침대 시트나 썩어가는 베개, 낡아 부서질 것 같은 의자 등을 꼼꼼하게 점검하여 수리하거나 교체했다. 낡은 커튼으로 침대보를 만들기도 하고,

빗자루나 칫솔, 청소기 등을 구입하여 적재적소에 배치했으며, 병실 벨은 제대로 작동하고 있는지, 난방을 위해 얼마나 많은 석탄이 필요한지 등도 살폈다. 식료품 저장실, 침대 시트 보관실 등을 청결하게 관리하는 등 병원 구석구석 그녀의 손길이 닿지 않는 곳이 없었다.

당시에는 전혀 생각하지 못했던 업무가 있었는데, 그것은 환자에 대한 구조화되고 체계적인 기록이다. 플로렌스는 환자의 입원 기록과 질병의 종류, 치료 경과, 퇴원과 사망 기록 등에 대하여 기록 양식을 만들어 꼼꼼하게 기록하도록 했다.

병원이 날로 개선되어가자 여성병원위원회의 위원들과 직원들도 적극 협력하기 시작했고, 끝까지 받아들이지 않는 구태의연한 직원들은 병원을 떠났다. 그 빈자리를 플로렌스는 책임감 있게 운영해갈 수 있는 능력 있는 사람들로 채웠다. 병원을 경영하고 관리하는 것은 힘든 일이어서 개혁을 추진하는데 극심한 반대에 부딪히기도 하고, 원하지 않는 결정을 내려야 할 때도 있었지만 그녀에게는 보람찬 날들이었다. 플로렌스는 병원의 전면적인 조직 개편을 단행하면서 여성위원회로부터 '가톨릭 환자뿐만 아니라 그 어떤 종파의 환자'도 돌볼 수 있다는 승인을 받아내고, 병원 초창기 정부 간부들로 제한해 받았던 환자 구성을 점차 성직자와 그 가족, 군인 및 기타 여러 직종의 아내도 입원할 수 있게 했다.

최고위층으로 구성된 여성병원위원회는 플로렌스가 새로운 병원 관리자로 부임하여 보여준 여러 가지 핵심적이면서도 혁신적인 개혁에 깜짝 놀랐고 그 선택이 최선이었는지 문제를 제기하기도 했다. 그러나 플로렌스는 관련 근거 자료를 제시하며 지금 하는 일들이 꼭 필요한 일이라는 것을 확고한 의지를 가지고 설명했다. 그녀는 신이 주신 사명의 길을 꾸준히 추진해나가면서 어려서부터 쌓아올린 인문학적 소양과 지식으로 경영 관리 능력에 재능을 발휘할 수 있었다. 새로운 경영자의 놀라운 운영 능력에 감동 받은 위원들은 그녀가 재능을 마음껏 펼쳐나가도록 적극 지원해주었다.

## 콜레라의 창궐

1854년 여름 런던에 콜레라가 유행하기 시작했다. 다음 내용은 당시 콜레라 발생을 알렸던 『타임스』 기사다.

"소호와 골든스퀘어 Golden Square 지역에 많은 콜레라 환자가 발생했다. 금요일 아침 10명의 환자가 미들섹스 Middlesex 병원에 입원했는데, 그날 밤 22명이 추가로 들어왔다. 다음날은 53명이 더 늘었고 3일째에는 91명이 입원했다. 모두 콜레라로 확진 받았고 48명이 사망했다. 다음 주에 환자는 160명이 되었고, 이 중 92명이 사망했다." [17]

---

17 『펜의 힘』, 팀 코티즈 저, 전호환 정숙진 옮김, 부산대학교출판부, 2018. 6. 25, 53쪽

당시만 해도 콜레라의 발병 원인과 감염 경로는 확실히 밝혀지지 않았다.

콜레라는 원래 인도 내륙에서 유행하던 풍토병 endemic 이었다. 18세기 초부터 영국은 인도에 대한 영향력을 키우고 지배하기 시작하면서 1770년대에 인도의 풍토병 콜레라가 서양인들에게 처음으로 알려졌다. 1781년에 인도 주둔 영국군 500명 이상이 콜레라로 죽었다는 뉴스가 런던 시민들에게 전해지면서 콜레라에 대해 알게 되었다. 이때까지만 해도 콜레라는 지구 반대편 인도에서나 있는 병이었고 영국에 있는 자신들과는 아무 상관없는 이야기였다. 식민 지배로 인해 사람과 물자, 군인들의 이동이 빈번해지면서 내륙 오지의 콜레라는 그 뱃길과 강을 오가는 배를 타고 하류로 서서히 내려왔다. 갠지스강 끝까지 내려온 콜레라균은 대영 제국 군대 이동로와 동인도 회사의 교역로에 편승했다.

1814년 갠지스강 유역 도시들에 콜레라가 시작되어, 1817년에는 갠지스강 삼각주 전역에 퍼졌다가 1820년 콜레라는 다시 잠잠해졌다.

1829년 다시 콜레라가 유행하여 유라시아 대륙을 휩쓸고 미국으로까지 건너갔고, 1831년 영국 본토에 처음으로 콜레라 환자가 발생했다. 이후 1833년까지 영국과 웨일즈에서만 2만 명 이상이, 1848~1849년에는 모두 5만 명이 콜레라균에 의해 목숨을 잃었다.

인도에서 출발한 콜레라균이 대양을 건너 영국 땅에 도착했을 때, 영국은 마침 콜레라가 유행할 최적의 환경이 조성되고 있었다. 19세기 중반 런던은 산업혁명의 영향과 빅토리아 여왕의 치세에 240만 명이 몰려 살던 대도시가 되었고, 도시로 유입되는 인구 증가 속도에 비해 생존과 직결되는 공중 보건이나 하수 처리는 따라가지 못하고 있었다. 그나마 인구가 적을 때에는 자연적인 자정 능력이 있었지만, 인구 과밀화와 도시 슬럼화로 자정 능력은 점차 사라졌다.

당시 가장 유력한 설명은 이른바 '독기 毒氣 론'이었다. 대영 제국 빅토리아 시대에 산업화가 진행되고 도시 규모가 커지면서 인구가 증가하는 것은 자연스러운 과정이었다. 도시 기반 시설이 갖추어질 새도 없이 쓰레기를 양산하는 사람의 수가 50년 만에 거의 세 배로 늘면서 시체가 넘쳐나기 시작했다. 당시 빈민의 시체는 동물의 사체와 같은 취급을 받았다. 개인이 운영하는 이슬링턴의 한 장지는 약 3천 명을 수용할 땅에 8만 구의 시체를 묻었다. 무덤을 파는 일꾼은 『타임스』와의 인터뷰에서 이렇게 말했다.

"사람의 살덩어리로 무릎까지 파묻힌 채, 시체 위를 뛰어넘어 다니며 무덤 바닥까지 빈틈없이 꽉꽉 차도록 마구 밟아 눌렀습니다. 그래야 나중에 시체를 더 많이 채울 수 있으니까요." [18]

---

18 『바이러스 도시』, 스티븐 존슨, 김영사, 2008. 4. 20, 26쪽

이때 수세식 화장실이 개발되어 선풍적인 인기를 끌면서 1824년에서 1844년 새에 10배로 늘었다. 수세식 화장실은 삶의 질 면에서는 대단한 혁신이었지만 도시 하수 문제에서는 재앙과도 같았다. 하수 처리 시설이 제대로 갖추어지지 않아 배설물이 점점 차오르고 온갖 오물이 흘러들어 가는 템즈강과 하층민들이 오밀조밀 모여 사는 빈민가는 '악취의 도시'가 되었기 때문에 콜레라가 공기로 전염된다는 해석은 설득력이 있어 보였다. 일반인도 보건 당국과 의사 등도 대부분이 '독기설'을 믿었다. 이들 중엔 여성 병원 경영자였던 플로렌스, 선구적 개혁가 에드윈 채드윅 등 당시 내로라하는 의료계 인사들과 빅토리아 여왕까지 누구나 할 것 없이 그렇게 생각했다. 독기를 없애기 위해 시행된 보건 당국의 조치는 도시에 염화석회를 뿌리는 것이었다. 이렇게 거리 전체가 염화석회에 젖어 표백제 냄새로 진동하는 바람에 평소의 쓰레기 악취는 가려질 수 있었다.

콜레라 유행의 원인이 오염된 물이었음을 풍자한 삽화 '죽음의 무료 배급소'

이 와중에 콜레라로 죽어간 사람들의 원인을 추적해 들어가서 진실을 밝혀낸 인물이 있었다. 의사 존 스노우 John Snow 박사와 헨리 화이트헤드 Henry Whitehead 목사였다. 당시 유명한 의료 학술지도 스노우 박사의 주장을 신뢰하지 못했고 그리 호의적이지도 않았다. 스노우 박사가 자신의 이론을 증명하기 위해서는 보다 완벽한 검증 사례가 필요했다.

콜레라는 구토와 근육 경련, 격렬한 복통이 있은 후 자그마한 흰 알갱이들이 동동 뜬 물이 장에서 콸콸 쏟아져 나오면서 하룻밤 사이에 체중의 10% 이상이 빠지는 병이다. 결국 얼굴이 쪼그라들고 피부가 시퍼렇게 변하면서 눈까지 움푹 꺼져 며칠 만에 죽어버리게 된다. 이러한 상황에서 전염병의 원인을 밝혀내기 위해 스노우 박사는 발병자들을 추적해 '감염 지도'를 만들고, 그 원인이 펌프의 오염된 물임을 밝혀냈다.

존 스노우 박사의 콜레라 지도

런던 소호 지역의 브로드가를 중심으로 발병한 콜레라는 불과 열흘 만에 진앙지로부터 반경 225m 이내에 거주하던 사람 중 500명 이상이 사망할 정도로 급속도로 퍼져나갔다. 브로드가에서는 열 명 중 한 명꼴로 많은 환자가 발생했는데, 빠르게 퍼져나가는 그 콜레라의 원인이 바로 브로드가 40번지 우물이었다.

이 콜레라 지도는 검은색 막대로 사망자 수를 표시하고 환자의 경로를 표시하고 있다. 이 작업을 위해서 스노우 박사는 런던의 집집마다 방문해 가구원들의 이동 날짜와 장소를 기록하고 도시 안의 모든 우물과 펌프장 등 시설물을 표기했다. 점차 지도가 완성되어 가면서 균의 이동 패턴이 드러나게 되었다. 도심 중심부 브로드가에서 가장 많은 사람이 죽었고, 특히 급수 펌프 시설을 중심으로 콜레라 환자들이 퍼져나갔다. 흩어졌던 퍼즐 조각이 제대로 맞추어지면서 그 급수 펌프 시설의 손잡이를 빼내 버리자 콜레라 환자는 더 이상 발생하지 않았다. 지금도 런던에는 손잡이가 빠진 기념비적인 그 펌프가 그대로 설치되어있고, 스노우 박사는 이 업적을 인정받아 '역학疫學의 아버지'라 불리게 되었다.

런던 브로드가의 손잡이 없는 펌프 시설과 역학(疫學)의 아버지 존 스노우 박사의 초상화

19세기까지 독기론이 살아남은 이유가 1860년대 중반 파스퇴르Louis Pasteur의 실험 전까지 세균이라고 하는 것이 명확히 밝혀지지도 않았고, 도시의 악취에 대한 본능적 혐오감으로 지식인들도 정확히 원인을 찾기는 어려운 시대였기 때문이다. 당시 독기론자였던 에드윈 채드윅,

플로렌스, 디킨스는 빈민이나 노동 계급에 우호적인 사람들이었는데, 그들의 시각에서는 도시 하층민들이 처한 삶에서 악취와 불량한 주거 실태 등 처참한 환경적 조건 속에 그대로 살게 두면 건강에 해로울 것 이라는 생각이 있었던 것이다.

1854년 8월 콜레라 감염이 최고조에 달했을 때 플로렌스가 독기이론 을 신봉하기는 했으나 여성 병원에서 관리 역량을 유감없이 발휘하여 전염병을 조기에 차단하는 성과를 거두었다. 그 이후에는 여성 병원을 직원들에게 맡기고 빈민가에 있는 미들섹스 병원으로 달려가서 병들고 죽어가는 가난한 사람들을 간호했다. 환자들은 대부분 리스본 주변의 몹시 가난한 지역 사람들로 그곳 간호사도 환자들을 돌보다가 콜레라 로 사망했다. 다행히 곧 전염병은 차단되고 환자들은 완치되었다.

이렇게 여성 병원의 개혁을 단행하고 콜레라의 유행을 신속히 차단한 플로렌스는 영국 의료계에서 경영 관리 능력을 인정받고 명성을 얻기 시작했으며 병원 경영자로서의 확고한 지위를 굳혔다. 그제야 플로렌 스의 부모님도 독신으로 자신의 길을 선택한 딸을 자랑스러워하게 되 었다. 이와 같은 그녀의 성과가 인정되어 1854년 1월 왕립 대학병원의 간호 원장으로 초빙되었다. 그러나 왕립 대학병원으로 옮겨가기 위한 준비와 계획을 하던 중에 크림 전쟁이 발발했다.

그녀는 여성 병원에 근무하면서 보수를 한 푼도 받지 않았다. 빅토리 아 시대에는 귀족의 자선적 역할이 자연스러운 사회 현상으로 프랑스 에서 유래한 노블레스 오블리주 noblesse oblige 를 플로렌스는 몸소 실천한 것이다. 이는 프랑스어로 '고귀한 신분 <sup>귀족</sup>'이라는 노블레스와 '책임이 있다'는 오블리주가 합해진 것이다. 1808년 프랑스 정치가 가스통 피에르 마르크가 처음 사용한 것으로 '높은 사회적 신분에 상응하는 도덕적 의무'를 뜻한다. 아버지는 그런 딸을 위해 당시 연 500파운드 <sup>현재 약 4만 파운드</sup>의 생활비를 지원해주어 딸이 보수에 연연하지 않고 안정적으로 일할 수 있도록 지원해주었다.

　육군성 장관이었던 시드니 허버트는 콜레라 유행으로 많은 인명 피해를 경험한 후 영국의 보건 의료 시스템이 독일, 프랑스를 비롯한 유럽의 여러 나라보다 뒤떨어져 있음을 절감하고, 정부 정책에 필요한 런던 의료 시설에 관한 상세한 정보와 의견을 달라는 요청을 했다. 부인 엘리자베스 허버트의 격려를 받아 플로렌스는 각종 자료를 체계적으로 비교 분석하여 영국 병원의 잘못된 운영 방식과 문제점을 조사하고 정리해서 개선안을 보내주었다. 이를 계기로 허버트는 그녀의 경영 능력과 자질이 정부 사업에 큰 가치가 있음을 확신하게 되었다.

## 첫 에세이 『카산드라』

　그녀는 귀족 여성으로서의 삶에 만족을 느끼지 못하고, 좀 더 의미 있게 살고자 했다. 진보적 사상을 가지고 있었던 가문의 영향과 영국 국교도로 자라난 그녀는 인간의 건강한 삶을 위해 일하고자 하는 종교적 철학과 믿음으로 사람들을 도와줌으로써 자신의 삶이 좀 더 충만해질 수 있다고 생각했다.

최고의 정규 교육을 남성들만 받을 수 있는 사회에서 독학으로 능히 겨룰 수 있었던 플로렌스는 여성들에게 이전과는 다른 삶을 살 것을 주장했다. 1852년에 쓴 에세이집 <sup>1852년 출판, 1859년 개정</sup> 『카산드라 <sup>Cassandra</sup>』를 통해 어머니와 언니의 무기력한 생활 방식처럼 결혼이라는 제도는 사회가 여성을 억압하는 도구라고 비판했다. 다음의 글을 보면 플로렌스가 선택한 삶을 이해할 수 있을 것이다.[19]

『카산드라』는 그리스 신화에 나오는 트로이의 예언자를 인용한 것이다. 알렉산드라 <sup>Alexandra</sup> 라고도 불렸던 카산드라는 트로이의 마지막 왕인 프리아모스왕과 헤카베의 딸로 태어났으며, 트로이의 영웅 헥토르와 남매이다. 아폴론에게 예언의 능력을 받았지만 그의 사랑을 거절한 대가로 저주를 받아 설득력을 빼앗긴 불행한 예언자다. 이 때문에 카산드라는 정확한 예언의 능력을 가졌지만 아무도 그녀의 말을 믿지 않았다. 트로이 목마를 성 안으로 들여놓아서는 안 된다는 그녀의 절규에 누구도 귀 기울이지 않아 트로이는 결국 멸망하게 된다.

플로렌스는 카산드라를 인용하여 빅토리아 시대 여성에 대한 사회적 인식에 문제를 제기하고, 가족조차 자신을 이해하지 못하는 것을 카산

---

19 『카산드라』, 플로렌스 나이팅게일, The Feminist Press, 1979. 11. 15

드라마에 빗대어 안타까워했다. 빅토리아 시대 여성의 임무는 자녀와 남편에게 좋은 가정을 만들어주는 것이다. 모든 면에서 남편을 내조하고, 아내의 감정이나 신념이 남편이 하는 일에 지장을 주지 않아야 하는 것이다. 이렇게 영국 사회가 여성의 성 역할을 끊임없이 주입한 결과, 여성은 자라면서 순종적이고 수동적인 역할을 하도록 교육받고 강요받았는데, 정작 이러한 교육을 받고 소임을 성실히 수행하는 여성들은 생각이 좁다는 편견을 받아왔다. 그러나 그녀의 생각은 달랐다. "여성은 남성과 지적, 사회적, 정서적으로 동등하다. 따라서 여성은 동등한 대우를 받아야 한다."고 주장했다. 그뿐만 아니라 여성도 열정과 지성, 도덕성을 겸비했음에도 인정받지 못하고, 여성이 할 수 있는 직업은 남성이 주류인 직업에 비해 천대받으며, 대우도 덜 받고 있음을 한탄했다.

플로렌스는 행동하는 페미니스트로서, 영국 사회에 만연한 남녀차별을 비판하면서 결혼을 거부했다. 결혼함으로써 남성은 '도우미'를 얻지만, 여성은 아무것도 얻지 못한다는 것이다. 또한 여성이 노예가 아니라고 주장하면서 '노예들이 자신의 주인을 위해 온 힘을 다하는 것처럼 여성들은 남편을 기쁘게 해야 한다.'는 빅토리아 시대의 뿌리 깊은 인식을 지적했다.

플로렌스는 이에 대한 해결책으로 기독교<sup>성공회</sup>를 선택했다. 여성은 '하나님의 사역자'로서 하나님의 사업을 위해 모든 것을 하도록 계시받았다는 것이다. 기독교<sup>성공회</sup>에 따르면 남자와 여자는 모두 하나의 통일된 목적, 즉 하나님을 사랑하고 전 세계에 그분의 메시지를 전파하기 위해 존재한다. 그러므로 남자와 여자는 본질적으로 똑같은 영적 임무를 수행하고 있기 때문에 서로 존중받고 대우받아야 한다. 빅토리아 시대가 그것을 허용하지 않는다면 여성의 영적 책임은 성취될 수 없다.

"여성의 유일한 목적이 가정에 남아있는 것이라면 여성들은 어떻게 하나
님의 사랑을 모든 사람과 나눌 수 있겠는가?"

여성의 영적 책임은 하나님의 목사로 행동하는 것이다. 가정에서 여성의 역할과 책임이 사회적 인식과 모순되기 때문에 하나님의 사업을 결코 성취할 수 없다. 이제 여성들이 아이들을 돌보고, 예쁜 집을 지키고, 좋은 저녁과 즐거운 파티를 하는 것을 의미하는 '따뜻한 가정'을 만드는 것보다 더 많은 것을 해야 할 때가 왔다고 주장했다. 그녀는 페미니즘 연구의 중요한 연결 고리이다.

과학 분야 역사가인 버나드 코헨 Bernard Cohen 은 그녀의 업적이 빅토리아 시대 여성에 대한 사회적 제약으로 볼 때 매우 이상적이고, 그 시대 여성에게는 가르치지 않았던 글쓰기와 수학을 아버지가 직접 교육하고 영향을 끼쳤던 것을 높게 평가했다. 빅토리아 시대 명사들의 저자인 리튼 스트레이치는 "그녀는 국가적 위상을 높였을 뿐만 아니라 영국 여권 운동의 우상이 되었다."고 밝혔다.

*Chapter 4*

–

# 크림 전쟁에
# 참전

# 크림 전쟁

(1853년 10월~1856년 2월)

16세기 이래 아시아와 유럽, 아프리카에 걸쳐 대제국을 수립한 오스만 제국 <sup>지금의 튀르키예</sup>은 19세기에 들어서며 그 세력이 점차 약해지고 있었다. 밖으로는 영국, 프랑스, 러시아 등 강대국이 호시탐탐 오스만 제국의 영토를 차지하려는 야욕을 내비치고 있었고, 안으로는 오스만 제국의 지배를 받던 많은 민족이 독립을 요구하며 끊임없이 반란을 일으켰다. 특히 러시아는 얼지 않는 항구를 찾아 남쪽으로 내려가려고 혈안이 되어있는 와중에 진퇴양난의 상황에서 오스만 제국은 서양식 군대를 만들고 탄지마트라는 개혁을 시도했지만 큰 성공을 거두지 못했다.

마침 프랑스의 나폴레옹 3세가 가톨릭교도들의 인기를 얻고자 오스만 제국에 있는 예루살렘 성지에서 가톨릭교도의 특권을 요구하면서 문제의 씨앗이 뿌려졌다. 호시탐탐 남으로 내려갈 기회만 엿보던 러시아의 니콜라이 1세는 오스만 제국 내에 거주하는 그리스 정교도에 대한 위협이라 생각하여 이들을 돕는다는 명분으로 오스만 제국에 선전포고했다. 그러자 영국, 프랑스, 프로이센, 사르데냐가 오스만 제국의 편을 들어 러시아와 맞서면서 전쟁이 시작되었다. 이 전쟁은 종교 분쟁의 모습이었지만 결과적으로는 남으로 팽창하는 러시아, 이를 막지 못하는 쇠퇴기의 오스만 제국, 러시아의 남하 정책에 제동이 필요하다고 판단한 영―불 열강의 이해관계가 충돌한 결과였다.

1815년 이후 나폴레옹 전쟁이 끝나고 유럽의 강대국으로 확고히 자리 잡은 영국은 평화 시대를 구가했지만, 크림 전쟁에서는 심각한 위기를 겪었다. 이 시기 영국의 대외 정책은 유럽 국가 간의 세력 균형이 유지되는 가운데 영국 해군이 주도권을 가지고, 식민지 인도로 가는 길의 안전한 확보라는 목표를 위해서 추진되었는데, 남쪽으로 세력을 확장하려는 러시아는 큰 위협이었다. 영국이 러시아에 대항하기 위해서는

크림 전쟁에 출전한 병사들

남하의 길목인 오스만 제국을 지켜내야 했다.

그러나 전쟁 시작 전부터 영국군은 큰 문제를 안고 있었다. 1815년 나폴레옹과의 전쟁인 워털루 전투에서 승승장구했던 전쟁 영웅 웰링턴 경의 그늘이 영국군 전체에 넓게 드리우고 있었기 때문이었다. 웰링턴이 1828년부터 1830년까지 영국 총리로 재임하고 사망한 1852년까지

영국군에는 평화의 시대가 이어지면서 장교들은 전투 경험도 없이 과거의 전술 방식과 그의 영향에서 크게 벗어나지 못했고, 군대의 지휘 관직을 매관매직 賣官賣職 하고 있었다.

크림 전쟁이 시작되던 1854년 당시 영국 정부의 관료는 다음과 같다.

- 총리 1852~1855년 애버딘 경 Lord Aberdeen
- 재무장관 윌리엄 글래드스턴 William Gladstone
- 외무장관 클라렌드 경 Lord Clarendon
- 국방부장관 뉴캐슬 공작 Duke of Newcastle
- 군 총사령관 래글런 경 Lord Reglan
- 함대사령관 던다스 제독 Dundas
- 육군성 장관 시드니 허버트 Sidney Herbert
- 현지 군 병원 사령관 존 홀 John Hall

영국은 의원 내각제로 권력의 분립이 매우 잘 되어 있어서 오히려 신속한 업무 처리를 더디게 한 것도 문제였다. 영국군의 지휘 체계는 법적으로 오직 여왕의 명령을 받고, 여왕을 위해 존재하는 조직으로 정부 통제하에 있지 않았다. 반면에 운영 예산은 정부와 의회에서 지급되는 구조이면서, 총사령관인 래글런 경이 인준을 해야 만이 일반 장교나 병참 장교, 군의관 등이 정부 부처 각료의 지시를 따를 수 있는 매우 복잡하고 까다로운 절차를 거쳐야 했다.

영국 군대는 세계 최강의 부대라 자부했지만, 크림 전쟁은 전략 기획, 병력 지휘, 군사 행정, 의료 지원 등 어느 하나 제대로 갖추지 못한 전쟁이 되고 말았다. 육군성은 전쟁하고 있는 부대에 군수품을 조달해 본 사람이 전혀 없었고, 전쟁 대비는커녕 까다로운 절차 때문에 돈 지출을 회피하는 것에만 익숙해져 상부의 지시에만 움직이는 사람들뿐이었다. 대부분의 영국군 부대는 훈련도 제대로 못 받고 인도 등 식민지에 흩어져 있었다. 따라서 크림 전쟁은 훈련도, 준비도 안 된 영국군이 겪을 수 있는 문제가 고스란히 드러난 비참한 현장이 되었다.

크림반도는 오스만 제국을 비롯해 러시아가 발칸반도로 진출하기 위한 지정학적, 전략적 요충지였다. 전쟁이 시작되면서 영국, 프랑스, 오스트리아 등 연합군은 러시아 흑해 함대 기지가 있던 세바스토폴을 공

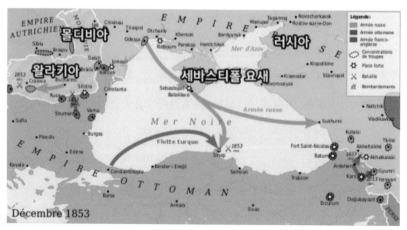

크림 전쟁 지형도

격한다는 목표를 세우고 있었다.

1854년 6월 영국군은 적에게 포위된 오스만 제국을 구하기 위해 북쪽으로 향했지만 원정군이 흑해에 도착했을 때에는 정박 지점의 바다 수심이 너무 낮아서 항구에 배를 댈 수 없었다. 게다가 군량과 의약품 대부분을 육로로 후송했는데, 이 후송대가 그곳 지리를 잘 몰라서 제때에 도착하지 못했다. 여름에 출발하여 하복 차림으로 온 원정군 병사들은 기후도 나쁘고 보급도 안 되는 상태에서 추위와 배고픔에 시달려야 했다. 간신히 연합군은 1854년 9월 크림반도에 상륙하여 세바스토폴 요새를 향해 진격해 들어갈 수 있었는데, 러시아군이 세바스토폴로 향하는 연합군을 알마강에서 막아섰다. 세 차례의 전투로 겨우 러시아군을 고지에서 몰아내기는 했지만 10월 11일부터 시작된 악천후에다 필요한 보급도 제대로 지급되지 않는 상황에서 견고한 세바스토폴을 상대로 겨울을 보내야 하는 지루한 공방전이 시작된 것이다.

전투의 승패는 세바스토폴에서부터 크림반도 남단을 가로지르는 발라클라바로 가는 고지를 연합군이 막아낼 수 있느냐에 달려 있었다. 연합군은 그 고지 여섯 곳에 요새를 지어 방어 중이었다. 그런데 1854년 10월 25일 아침에 시작된 1만의 러시아군 선제공격에 그중 네 곳이 맥없이 점령당해버렸다. 그러나 다행히도 550명의 스코틀랜드인 연대가 죽기를 각오하고 믿기 힘든 용맹을 보여주었다. '씬 레드 라인 Thin Red Line, 붉은 군복 차림으로 소수 병력이 횡대를 이룬 모양에서 비롯됨'이라는 이름으로 일제히 전진해 하나의 횡대를 이루고 미친 듯이 사격하기 시작했다.

예상보다 쉽게 요새들을 점령한 덕분에 여유만만하게 진군하던 러시아군은 당황하기 시작했고, 붉은 제복 선두가 러시아 기병대를 쓰러뜨린 다음 총검을 잡고 괴성을 지르며 달려오는 것을 보자 겁에 질려 도망치고 말았다. 그 뒤에 연합군 병력이 얼마나 되는지 전혀 몰랐기 때문에 그들로서는 후퇴가 최선이라 여겼다.

결국 러시아군은 발라클라바를 점령하지 못했고, 세바스토폴에 대한 연합군의 포위망을 깨지도 못했다. 1854년 10월에서 1855년 9월까지 1년여 기간 동안 이 요새 사이에서 사람들은 서로를 끝도 없이 죽였다. 당시 포병 사관으로 이 모든 것을 지켜본 레프 톨스토이 Lev Nikolayevich Tolstoy, 1828~1910 는 『세바스토폴 이야기』에서 다음과 같이 묘사했다.

> "이렇게 여러 달 동안 예사롭지 않은 용기와 노력으로 지켜졌던 세바스토폴, 이렇게 여러 달 동안 싸늘한 시체로 바뀌는 영웅들을 지켜보았던 세바스토폴, 이렇게 여러 달 동안 공포로, 증오로, 끝내는 정복자의 환희로 가득 차게 된 세바스토폴. 그 세바스토폴에는 이제 어디에도 사람의 그림자가 보이지 않았다. 모든 것이 죽었다. 모든 것이 이상했다. 모든 것이 처참했다." [1]

---

1  『전쟁사』, 함규진, 네이버 지식백과, 2014. 3. 20, 110쪽

# 지옥 같았던 크림반도

전쟁 전에 질병이 먼저 유행하기 시작했다. 콜레라는 1840년에 인도에서 출발해 1863년까지 유럽, 아시아, 미국 등 세계 각지로 퍼져나갔다. 프랑스군은 초기부터 콜레라의 공격을 받아 늦게 출발했으며, 전쟁터가 있는 동쪽으로 이동하는 동안 콜레라는 그 힘이 더 강해졌다. 크림 전쟁 시작부터 콜레라는 계속 번져나갔고, 연합군과 러시아군을 가리지 않고 마구 공격해 프랑스 장군이 사망하기도 했다.

크림반도에서 러시아와 연합군의 대격돌을 앞두고 사정은 점점 더 악화하기만 했다. 열악한 위생 상태와 의료 시설도 제대로 갖추지 못해 쉽게 질병이 퍼지기도 했지만, 음식과 약품이 부족한 것도 한몫 거들었다. 연합군과 러시아군 모두 먼 곳에서 군수품이 와야 해서 상황은 쉽게 해결되지 않았다. 1854년 10월부터 1855년 2월까지 겨울은 특히 영국군에게 치명적이었다. 11월 14일 강력한 허리케인이 발생하여 러시아와 연합군 모두를 쓸어가 버렸고, 이후 겨울이 지나는 동안 병사의 반 이상이 괴혈병, 이질, 장티푸스 등 감염병에 걸려 쓰러졌다. 상처가 난 부위에 또 2차 감염이 생겨 사망하는 병사들도 허다하여 부대원들은 온종일 동료의 시체를 처리해야 했다. 크림반도는 지옥과도 같았다.

# 간호 원정단 결성

이 전쟁은 전기전신과 철도, 기타 현대 발명품이 처음으로 도입되어 『타임스』에서 보도한 최초의 생방송 전쟁이었다. 전신 telegraph 기술이 전쟁터에 처음 활용되어 전신선이 해저를 통해 흑해까지 깔리게 된 1854년경에는 크림에서 런던까지 몇 시간 만에 기사가 도착했다. 영국 『타임스』는 윌리엄 하워드 러셀 William Howard Russell 기자를 크림 전쟁의 특파원으로 선발해 육군성 허가를 받고 군부대와 함께 움직이는 종군 기자로 보냈다. 군대는 보스포러스 해협에 상륙해 흑해로의 진격에 앞서 기지를 설치하고, 전투 중 발생할 환자와 부상병을 위한 병원 시설을 설치했다. 오스만 트루크 측에서 콘스탄티노플 반대편 해안에 있는 도시 스쿠타리에 대형 막사를 영국군이 사용하도록 제공했다. 러셀 기자는 전투 상황과 부상병들에 대한 치료 현황 기사를 전보로 매일 『타임스』에 보내면서 전쟁의 참상과 그 원인까지 직접 조사해 보도했다.

사실 영국 국민들은 항상 그랬듯이 세바스토폴에서 영국군이 크게 이길 것으로 기대하고 있었고, 곧 승리의 기사가 보도될 것이라고 기다리고 있었다. 그러나 첫 기사부터 심상치 않았다. 알마강 전투의 부상병들이 처음 스쿠타리에 도착했던 『타임스』 신문의 캥거루호 기사는 너무나 끔찍하고 충격적이었다.

윌리엄 심슨의 컬러 석판화
발라클라바에서 환자와 부상자의 상태를 보여 줌

"1,500여 명의 부상병들을 칼라미타만에 정박해있는 캥거루호에 태웠다. 선장은 죽어가는 병사와 시신으로 가득 찬 배의 운항이 불가능하다고 판단하여 정박한 상태로 두고 상부에 지원을 요청했다. 마침내 범선 던바 Dunbar 호가 도착했고, 살아남은 병사의 반 정도를 싣고 출발했다. 던바호가 캥거루호를 예인하며 항해하여 두 함선이 22일 오전 스쿠타리에 무사히 도착했다.

캥거루호의 600명과 던바호의 500명을 즉시 병원으로 이송했고, 다음 날 300명이 추가로 도착해 병원에 수용된 병사 수는 총 2,200명이나 되었다. 현장에서 직접 취재한 바에 의하면, 항해 도중 배 두 척에서 사망한 병사의 수가 엄청나다는 것이다.

병사들의 고통이 갈수록 더 심해져 가는데, 군 행정 운영은 말로 표현하기 어려울 정도로 비효율적이고 엉망이었다. 안정된 행정 운영 시스템을 가진 프랑스군과는 완전히 비교되고 있다. 항해하는 동안 이질에 걸린 병사를 치료하지도 않고 잠자리와 식사조차 제공하지 않았다."[2]

그 기사는 전 국민의 관심의 초점이 되었고, 정부의 전쟁 준비가 부족했음이 만천하에 드러났다. 위험한 전투와 전염병에 노출된 5만여 명의 병사를 위해 필요한 기본적인 의료 지원이나 물품조차 제대로 지원되지 않았다. 정부 관료들은 이 문제의 심각성을 느끼지도 못했고, 관심도 없었다. 의회는 휴회 중인 데다 고위 각료들은 전쟁 중에도 지방에 있는 자신의 영지에 있어서 연락도 되지 않는 상황이었다.

10월 9일 자 『타임스』지에는 "전쟁에서 이기고는 있으나 알마강 전투 후의 비참함은 차마 눈 뜨고 볼 수 없는 상태다. 부상자와 전사자는 헤아릴 수조차 없고, 이 병사들을 치료할 준비도 되어있지 않다. 부상병들은 누울 곳도 덮는 이불도 없이 마룻바닥에서 오로지 죽음만을 기다리고 있다."라고 전했다.

"상처 입은 병사들은 고통 속에 신음하며 굶주림과 추위에 떨면서 더러운 병원에서 치료도 제대로 못 받고 방치되어 있다. 부상병 치료에 필요한 의료 재료나 약품도 없어서 의사는 마취도 하지 않고 팔다리를 자르

---

2 『펜의 힘』 팀 코티즈 저, 전호환 정숙진 옮김, 부산대학교출판부, 2018. 6. 25, 35쪽

는 수술을 하는데, 등불도 없어 달빛으로 수술을 하고 있다."

이 기사로 부상병 후속 조치 문제에 대한 국민들의 항의가 빗발쳤다. 승리의 기쁨보다 부상자를 구해야 한다는 가족들의 아우성으로 가득 찼다. 당시 러시아와 프랑스는 자선 간호단이 있었지만 영국은 준비된 간호사들도 없었다.

"국민들에게 호소합니다. 우리의 손으로 우리의 아들들을 구합시다."
"영국에는 진정 크림반도로 갈 용기 있는 간호사가 없는가?"[3]

영국군은 부대 운영에 관한 것이 이렇게 속속들이 세상에 알려지면서 매우 당황하고 불쾌했다. 군수품 보급과 군 병사들의 복지를 책임지는 각료는 육군성 장관인 시드니 허버트였는데, 부실한 전쟁 준비와 물품 공급에 관한 타임스의 기사로 무척 난처한 입장이 되었다. 그는 물품은 계속 전쟁터로 보내지고 있기 때문에 실제 발생한 보급품 문제는 일부일 뿐이고, 보도된 기사 내용이 과장되고 정확하지 않다고 항변했다. 엘리자베스 허버트 부인도 여론의 관심이 집중되면서 남편이 타깃이 된 것에 몹시 불안해했다. 플로렌스 또한 허버트가 영국의 공중 보건과 병원의 개혁에 힘써왔다는 것을 누구보다 잘 알고 있었기 때문에 무언가 잘못되고 있다고 생각했다.

---

3　『Florence Nightingale』, Laura E. Richards, D. Appleton and Company, 1909. 9, 19쪽,
　　『Florence Nightingale』, Cecil Woodham-Smith, MacGraw-Hill, 1951. 83쪽

스쿠타리 병원에서 보내온 기사를 보고, 누군가가 성금을 모아 부상병들에게 보낼 위문품을 모으자는 제안을 신문에 투고하면서, 이에 호응하는 여론이 형성되기 시작했다 전 영국 수상의 아들 로버트 필 등 각지에서 기금 마련을 호소하는 편지가 쏟아져 들어왔고, 여왕까지도 타임스의 기사에 독려해주었다. 타임스 기금에 보내온 편지가 시리즈로 보도되고, 병원에 의사와 간호사를 충원해달라는 호소문도 신문에 기고되었다. 결국 정부는 전쟁터 군부대의 의료 상황에 대한 여론의 압박을 받아들여 조사를 실시하고, 전쟁터의 부상병들을 돌볼 간호단을 파견하기로 결정했다.

카이져스베르트 병원의 신념에 따라 간호사를 육성하고자 했던 플로렌스는 『타임스』의 신문을 접하고 친구인 엘리자베스 허버트에게 간호원정단을 모집하여 지원할 수 있도록 해달라는 편지를 보냈다.

"저는 지금이라도 당장 크림반도로 떠날 준비가 되어있습니다. 육군성의 허락이 없어도 저는 크림으로 가겠습니다. 그러나 장관께서 추천해주신다면 더욱 좋겠습니다."

이와 비슷한 시기에 시드니 허버트 국방장관도 부상병들을 돌볼 간호단을 조직해 줄 것을 플로렌스에게 요청했다. 허버트는 전쟁 장관과 총리의 승인을 받아 플로렌스에게 공식 제안서를 보냈다.

친애하는 나이팅게일 양에게,

당신은 신문을 통해 스쿠타리 병원에 간호사가 많이 부족하다는 기사를 보았을 것입니다. 이 밖에도 의료용품과 붕대, 시트 등이 부족하여 반드시 해결되어야 합니다. 군대 전체에서 의무병의 수가 95명당 1명으로 전보다 거의 두 배나 되고, 3주 전에 30명의 외과 의사가 더 지원 나갔으며, 지금쯤은 콘스탄티노플에 있을 것입니다. 목요일에 추가 물량이 공급되었고, 다음 주에 새로운 배가 출항할 예정입니다.

의료 보급품들을 대량으로 보냈습니다. 1톤 무게로, 15,000쌍의 시트, 약, 와인이 가장 빠른 경로로 출발했습니다. 크림에 도착했을 때 군대가 되돌려 보내지만 않는다면 4일 후에는 현지에서 받아볼 수 있을 것입니다. 그러나 간호사의 부족은 아직 남아 있는 숙제입니다. 전쟁터에서 육군이 여성으로 구성된 많은 간호사를 인솔하고 다니는 것은 불가능할 것입니다. 그러나 스쿠타리는 현재 기지 병원이 있고 군사적으로 안전하므로 받아들여질 수 있다고 확신합니다.

병원 근무는 아주 험한 일들인데, 대부분 이런 경험이 아주 부족한 사람들뿐입니다. 지원하는 여성들이 많이 있지만 병원이 무엇인지에 대한 개념도 없는 부인들이어서 그 책임의 본질도 잘 모르고, 실제로 필요할 때 일을 그만두거나 완전히 쓸모없게 될 수 있으며, 결과적으로 더 심각한 문제는 방해가 될 수 있다는 것입니다. 이 여성들은 군 병원 지휘 체계에 대한 엄격한 복종의 필요성을 결코 이해하지 못할 것입니다.

내가 알고 있는 한 영국에 이러한 계획을 성공적으로 수행할 수 있는 사람은 한 명밖에 없습니다. 그러한 상황이 발생했다고 가정할 때 당신이 올바르게 지시할 수 있을 것인지 예측할 수 있는 질문을 몇 번이나 했습니다.

간호사의 직급과 체계를 세우는 데에 당신보다 더 잘 아는 사람은 없을 것입니다. 동료 여성들에게는 공포로 가득 찬 일들 속에서 지식과 사명, 위대한 에너지와 용기가 필요합니다. 그들을 관리하고 시스템을 정착시키고 의료와 군 당국과 함께 모든 일을 원만히 처리하는 데 어려움이 있을 것입니다. 이 때문에 행정 경험 능력이 있는 사람에 의해 수행되는 것이 매우 중요합니다.

스쿠타리 병원은 아마 며칠 후면 이 사업을 방해하고 권한에 이의를 제기할 사람들에 의해 오도될 것이지만 내 질문은 간단합니다. 그곳으로 가 달라는 요청을 들어주시겠습니까? 물론 당신은 모든 간호사에 대한 권한을 가지고 모든 것을 감독할 것이고, 나는 의료진들이 당신에게 최대한의 지원과 협조를 할 수 있도록 지시할 것입니다. 성공적인 임무 수행에 필요한 모든 것에 대해 정부는 무한한 힘이 되어 줄 것을 당신에게 약속합니다.

편지로 쓰기에는 너무 많은 세부 사항들이 있어 추후 회의를 통해 약속할 수 있습니다. 당신이 어떤 결정을 내리든, 나는 당신이 내게 많은 도움과 충고를 줄 것으로 기대하고 있습니다. 나는 더 이상 한마디도 하지 않겠습니다. 모순을 판단하고 해결할 수 있는 사람은 당신밖에 없습니다.

당신의 결정에 이 계획의 성패가 달려있습니다. 당신의 개인적 자질, 지식과 행정적 역량, 무엇보다 사회에서 다른 사람이 가지지 못한 당신의 지위는 그 일에서 빛을 발할 것입니다. 이것이 성공한다면 엄청난 부와 명예가 돌아올 것이고, 정부가 제공할 수 있는 모든 것을 받을 자격이 있는 당신에게 그 역할을 맡김으로써 여성에 대한 편견이 깨져 좋은 선례가 될 것입니다. 만약 당신이 승낙하신다면 브레이스 브리지 부부는 당신과 함께 가서 모든 도움을 줄 것입니다.

영국을 대표하는 정부로부터 거국적인 이 사업을 당신이 요청받은 순간 당신의 지위는 모든 사람의 존경과 배려와 함께 특히 공무를 수행하는 지위가 보장될 것이고, 당신이 가는 곳마다 모든 관심과 편의가 제공될 것입니다. 나는 이러한 것들이 당신에게는 위대한 사업들을 더 발전시키는 과정에서 크게 중요한 문제가 아니라는 것을 알고 있지만, 개인적인 권리에 관심이 있는 사람들에게는 중요합니다. 당신이 현명한 결정을 내릴 것을 믿고 있습니다.

신이시여, 내 소원대로 되기를 희망합니다.

나를 믿어주세요, 나이팅게일 양.

시드니 허버트

이렇게 편지는 우편을 통해 각자 전달되었고, 두 사람 모두 서로의 의지를 확인하게 되었다.[4]

---

4   『Florence Nightingale』, Laura E. Richards, D. Appleton and Company, 1909. 9월, 20쪽
    『Florence Nightingale』, Cecil Woodham-Smith, MacGraw-Hill, 1951. 87~89쪽

# 흑인 간호사 메리 시콜
## (Mary Seacole)

메리 시콜의 수채화 1850년

자메이카 출신 사업가이자 간호사인 메리 시콜 Mary Seacole 이라는 사람도 크림반도로 가기 위해 국방부에 지원했으나 받아들여지지 않았다. 그녀는 영국인도 아니고 흑인에다 적극 지원해줄 수 있는 인맥도 없었던 것이 그 이유였던 것 같다. 영국 내 인종 차별적 대우에도 불구하고 그녀는 직접 돈을 모아서 1855년 발라클라바에 영국 호텔 British Hotel 을 지어 부상자들을 위한 치료 기지로 만들었다. 식량, 치료용품, 의약품을 군대에 공급하고, 부상당해 고통받는 사람들을 치료했는데, 특히 콜레라와 이질 치료에 독보적이었다고 한다.[5]

메리 시콜은 역사에서 한동안 잊혀 있다가 20세기 후반에서야 비로

---

5  『그 순간 역사가 움직였다』 에드윈 무어 저, 차미례 옮김, 미래인, 2009. 3. 15, 248쪽

소 재조명된 인물이다. 당시 활약했던 간호사로서 이 자리에 소개하고 자 한다.

그녀는 플로렌스보다 15년 먼저인 1805년에 태어났다. 메리 그랜트 란 이름의 자메이카인 어머니와 스코틀랜드인 아버지 사이에서 태어났 다. 그녀의 어머니는 자메이카에서 영국군 장교들을 대상으로 하숙집 을 운영하고 있었다. 그녀는 어릴 때부터 어머니에게서 약초의 효능과 아프리카 전통 치료 기술을 배우며 자랐다. 메리는 1836년 시콜이라는 상인과 결혼했으나 8년 만에 사별했다.

그녀는 자메이카 군 병원에서 간호사로 일하면서 주변 사람들을 치료 해주며 살던 중에 크림 전쟁이 일어나고 의료진이 부족하다는 소식을 전해 듣고 사람을 치료하는 자신의 능력이 크게 도움이 될 것이라고 확신했다. 메리가 크림반도의 최전선에 독자적인 지원 기지인 영국 호 텔을 차리기 위해 떠나는 길에 스쿠타리에 있는 플로렌스를 찾아갔다 고 한다. 그녀는 플로렌스에게 일자리를 청하러 간 것이 아니라 단지 하루 묵고 갈 수 있는지 알아보기 위해서 갔다. 메리는 자신의 자서전 인 『여러 나라에서 겪은 시콜 부인의 놀라운 모험들』[1857년]에서 플로렌 스를 "영원히 사라지지 않을 불멸의 이름을 가진 영국 여인"이라 표현 하면서 다음과 같이 설명했다.

"플로렌스 나이팅게일은 간호사 복장의 작은 체격에 창백하고 온순하 지만 강인한 얼굴이었다. 하얀 손바닥으로 얼굴을 받치고 다른 손으로는 팔꿈치를 받친 채 서 있었다. 편안한 모습으로 조용히 서 있었지만 날카롭게 나를 관찰하고 있다는 것을 느낄 수 있었다. 초조하다는 느낌을 가장 잘 나타내는 동작은 단단하게 땅을 딛고 있는 오른발이 조금씩, 자기도 모르게 움직이는 것이었다."

플로렌스는 '다정하면서도 매우 사무적인 태도로' 메리에게 말했다.
"무엇을 도와드릴까요, 시콜 부인? 우리가 해드릴 수 있는 일이 있을 까요? 제힘으로 되는 일이라면 기꺼이 도와드리겠습니다."
이렇게 해서 세탁부들의 숙소에 메리를 위한 잠자리 하나가 제공되었 고, 메리는 다음날 전선을 향해서 떠났다. [6]

플로렌스가 메리를 매우 정중하게 대했지만 그녀를 긍정적으로 바라 본 것 같지는 않다. 플로렌스는 간호사로서 사명감을 가지고 전쟁에 임하는 데 반해서 메리는 간호뿐만 아니라 이윤을 추구하는 사업도 겸 하는 사람이었기 때문이다. 메리의 명함에는 영국 호텔을 '공동 식당 과 휴게실을 갖춘 병자나 회복기의 영국 장교를 위한 휴식처'라고 써놓 았기 때문이다. 메리는 치료를 해주고 치료비를 받았으며, 숙소에 일 반인도 받고 술도 제공했다. 그러나 술을 판매한 돈은 연합군뿐만 아 니라 러시아군 병사들에게까지도 치료하는 비용으로 사용했다고 한다. 그래서 플로렌스는 그 영국 호텔을 '나쁜 집' <sub>매춘굴을 완곡하게 표현한 것</sub> 이라 불렀고, 간호사들을 그곳에 접근하지 말도록 주의를 주었다.

---

6  『그 순간 역사가 움직였다』 에드윈 무어 저, 차미례 옮김, 미래인, 2009. 3. 15, 250쪽

영국 『타임스』의 종군 기자 윌리엄 러셀은 메리의 자서전 서문에 이렇게 썼다.

"나는 그녀의 용기와 헌신적인 활동을 직접 목격했다. 아픈 환자와 부상자들을 직접 찾아다니면서 도와주고 치료해주며 돌보던 중에 죽음을 맞이하는 영광의 전사자들을 위해 최후의 예식을 치러준 그녀의 활동을 영국은 영원히 잊지 않을 것이다." [7]

런던 W1, 14 소호 스퀘어에 있는 메리 시콜을 기념하는 명판

1856년 메리의 영국 호텔은 파산했다. 수익 사업을 한다고 해도 정부의 지원이 없는 상황에서는 사실 당연한 결말이었다. 이때 그녀를 돕기 위해 빅토리아 여왕의 승인을 얻은 '시콜 기금'이 창설되었고, 크림 반도에서 메리가 치료해주었던 여왕의 조카 글라이첸 백작이 그녀의 대리석 흉상을 세우기도 했다. 메리는 1881년 뇌졸중으로 사망했고, 그 이후 그녀는 서서히 잊혀져 갔다.

메리 시콜 또한 간호사로서 플로렌스에 못지않은 인물이었고 사업가

---

7  『그 순간 역사가 움직였다』 에드윈 무어 저, 차미례 옮김, 미래인, 2009. 3. 15, 251쪽

터키, 영국, 프랑스 3국의 훈장을 달고 있는 메리 시콜의 초상화
1869년 알버트 찰스 챌런에 의해 그려짐

였다. 모두가 가지 않으려 했던 최전방 스프링 힐에서 사비를 털어 아픈 사람, 아군, 적군을 가리지 않고 부상병을 치료해 준, 진정으로 인도주의적인 철학을 가진 의료인이었다. 그녀는 전쟁터에서 '병사들의 어머니'로 불렸다.

150년이 흐른 2005년, 어느 액자 속에서 그림을 보호하기 위해 쓰이던 뒷면 종이에서 초상화가 발견되었다. 거기에 그려진 것은 검은 얼굴빛의 여성이었고, 그녀의 왼쪽 가슴에는 크림 전쟁의 공로로 받은 터키, 영국, 프랑스 3국의 훈장이 달려있었다. 완전히 잊혔던 그녀의 이름은 메리 시콜로 밝혀졌다. 이 그림은 현재 런던 국립 초상화 갤러리에서 볼 수 있다. 플로렌스 나이팅게일과 함께 메리 시콜도 함께 기억하고 높이 평가해 주길 바라는 마음이다.

# 참전을 위한 준비

간호사 계약서

나이팅게일 간호 원정단에 대한 영국 정부의 공식 발표문이 게재되었고, 플로렌스 나이팅게일의 이름이 처음으로 신문에 실렸다.

"어퍼 할리가 1번지에 위치한 여성 병원의 경영을 맡아오던 나이팅게일 부인[8]이 여간호사단을 구성하고, 스쿠타리에 파견되어 정부 지원으로 근무할 것임을 공식 통보한다. 이 간호단은 스쿠타리 영국군 병원에서 그녀의 지휘하에 근무하되, 군의관 사령부의 지시를 받는다. 나이팅게일 부인은 간호 요원을 직접 선발해 육군성에 추천하고 자격증을 발급받을 것이다. 자격증 없이는 아무도 영국군 병원에 출입할 수 없다. 나이팅게일 부인이 임무 수행차 고국을 떠난 후에도 그녀가 임무를 맡기는 사람에 대한 추천장 제출 시 자격증을 발부하고 이에 따라 충원된 인원을 스쿠타리에 파견하는 것으로 절차가 마련되었다."[9]

---

8   『타임즈』는 나이팅게일을 부인(Mrs Nightingale)으로 게재하였다.
9   『펜의 힘』, 팀 코티즈 저, 전호환 정숙진 옮김, 부산대학교출판부, 2018. 6. 25, 80쪽

플로렌스는 자신을 포함해서 38명의 간호 원정단 지원자를 선발했다. 간호 원정단의 구성을 보면 평생 친구였던 메리 클라크 몰, 런던 버몬디 수녀원의 가톨릭 수녀들, 노우드 고아원에서 온 백인 천주교 수녀들, 셸론 자매들이었다.

간호 원정단 명단

크림 전쟁에 참전하는 간호사에 대해서는 상호 계약을 체결했다.[10] 그 계약 내용은 간호 원정단의 목적이 완성될 수 있도록 각자 모든 역량을 바칠 것을 다짐하고 서명하는 것으로 전쟁터로 가는 여정, 숙박, 신변 보호, 훗날 귀국을 위한 경비 제공에 대한 내용이 모두 포함되어 있었다. 또한 간호사로서의 정해진 규칙을 준수하고, 의무를 망각하고 부도덕한 행위를 할 경우 퇴소함과 동시에 받은 보수도 반환해야 한다는 점

---

10 『Florence Nightingale』, Cecil Woodham-Smith, MacGraw-Hill, 1951. 92쪽

이 포함되어 있다. 이들에 대한 보수는 간호사의 역량에 따라 각각 달랐는데, 민간인 신분 간호사는 정부가 지불하고, 수녀들은 교회에서 지불하거나 임금을 받지 않았다고 한다.

간호 원정단 복장

간호 원정단에게는 일반 여성들과 구분될 수 있도록 플로렌스가 고안한 특별한 간호사복을 입도록 했다. 회색 재킷과 트위드 드레스에 평범한 흰색 모자, 어깨 위의 스카프에는 '스쿠타리 병원'이라는 단어가 빨간색으로 수놓아져 있었다. 대충 급하게 만들어져서 키 작은 여성들에게는 큰 수치, 키 큰 여성들에게는 작은 수치의 제복이 제공되기도 했다. 스쿠타리는 술 파는 상점, 매춘 여성, 휴가 나온 병사 등 무질서한 캠프였기 때문에 간호사를 보호하기 위해 특별한 복장이 필요했다. 훗날 스쿠타리 거리에서 한 병사가 간호사를 체포했지만 그의 동료가 나이팅게일 간호사 유니폼을 알아보고 풀어준 적도 있다고 한다. 플로렌스는 전쟁터를 향해 출발하기 전, 자신이 가지고 있던 돈과 기금을 모아 전쟁터에서 꼭 필요한 간호 물품 등을 준비했다. [11]

---

11 『Florence Nightingale』, Cecil Woodham-Smith, MacGraw-Hill, 1951. 94쪽

# 전쟁터 군 병원의 참상

간호 원정단과 부상병의 실태 조사를 위한 정부 조사단 3명 맥스웰 Maxwell, 커밍 Cumming, 스펜스 Spence 박사, 그리고 타임스 기금 관리자 맥도널드, 브레이스 브리지 Brace Bridge 부부를 포함한 일행은 마르세유에서 증기 우편선 벡티스 Vectis 호를 타고 1854년 10월 21일에 영국군 본대가 있던 크림반도의 발라크라바를 거쳐 흑해를 건너 295해리 546km 떨어진 오스만 제국으로 건너갔다. 그리고 1854년 11월 4일에 지금의 이스탄불 위스퀴다르 지역인 콘스탄티노플 스쿠타리의 세리미예 병영에 도착할 수 있었다.

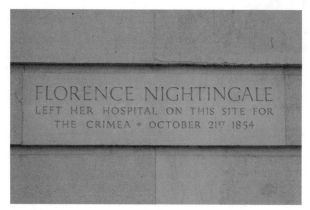

참전 출발지 Harley Street

이날은 발라클라바 전투가 끝난 지 불과 5일 후였고, 또 11월 5일 시작된 인케르만 전투에서 부상당한 병사들이 도착하면서 병원을 가득 채우고 있었다. 그 졸렬한 지도부의 어이없는 지시로 인해 희생당한 부상자들이 현지에서 응급 처치를 받은 후 200명씩 배편으로 스쿠타리까지 이송되어 온 것이다. 부상병들을 운반하는 배에는 의료 장비나 구급 물품도 없었고 하다못해 담요나 침상도 거의 없었다. 환자들은 천 명 중 75명이 운반 도중 배에서 목숨을 잃었고, 그 시체는 바다에 던져졌다.

죽을 고비를 넘기고 찾아온 병원은 너무나 절망적이었다. 임시로 급하게 세워진 스쿠타리 군 병원은 지하에 하수 처리가 제대로 안 되고, 병실 바로 옆에는 쓰레기들이 쌓여 있어서 끔찍한 악취가 온종일 병원 안을 감싸고 있었다. 쥐, 파리, 거미, 지네, 구더기 따위가 사방에 득실거렸다. 이렇게 악취와 세균과 해충은 넘쳐났지만, 의약품, 침구, 의복, 세면도구, 연료 등은 찾아볼 수가 없었다. 건강한 사람조차도 참기 어려운 시설에 전쟁의 부상으로 팔다리가 잘리고 이질, 콜레라 등 전염병으로 고통받는 사람들이 침대도 없이 축축한 바닥에 방치되었다.[12]

의회에서 파견된 노샘프턴셔 Northamptonshire 국회의원인 아우구스투스 스태퍼드 Augustus Stafford 가 조사한 기록을 보면 믿기지 않는 비참한 현장을 알 수 있다.

"투르크인들은 휴지를 사용하지 않기 때문에 하수관이 너무 작다. 대

---

12 『Florence Nightingale』, Laura E. Richards, D. Appleton and Company, 1909. 9월, 25쪽

변기를 이용한 후 세정하는 것이 이들의 종교의식이기 때문에 왼쪽에 작은 수도꼭지가 있다. 여름에 군부대가 이곳에 주둔할 때, 병사들 때문에 수도꼭지가 부서지는 바람에 물 공급이 중단되었다.

막사를 병원으로 운영한 후에도 하수관을 수리하지 않아 하수관이 곧 막혀버렸다. 콜레라 등 전염병으로 설사 환자의 분뇨가 하수관에 가득 차고 넘쳐 물과 함께 바닥에 둥둥 떠다니고 의료 시설까지 흘러들어왔다. 심지어 대기실까지 넘쳐 들어와 그날 아침 내가 도착할 무렵에는 2cm 넘게 차 있었다. 설사 환자는 슬리퍼나 신발도 없는 사람들이라 이런 불결한 상태가 진행되면 화장실에 가지 않고 입구 가까운 쪽으로만 가다가 대기실에서 볼일을 해결하는 경우까지 발생한다. 그 때문에 생긴 끔찍한 악취는 말로 표현할 수 없을 정도다." [13]

전쟁이 일어난 시기 크림반도는 콜레라 등 전염병이 창궐하던 곳이었다. 역사가들은 이 전쟁을 '전염병이 전쟁의 판도를 바꾼 전쟁'이라고 표현할 정도였다. 전투 중에 발생한 부상보다 장티푸스와 콜레라와 같은 전염병으로 더 많은 병사가 죽어가고 있었다. [14] 플로렌스는 당시 병원 상황을 '지옥의 왕국'이라 표현했으며, 간호 원정단 중 한 명은 이렇게 썼다.

---

13 『펜의 힘』 팀 코티즈 저, 전호환 정숙진 옮김, 부산대학교출판부, 2018. 6. 25, 102쪽
14 『전쟁의 판도를 바꾼 전염병』 예병일, 살림출판사, 2007. 1. 25, 72쪽

"스쿠타리 병원에서의 첫날을 어찌 말로 다 표현할 수 있겠습니까? 부상병들은 다른 환자들이 콜레라나 다른 질병으로 죽어서 침대를 비울 때까지 계속 바닥에 있었습니다. 그 와중에 많은 사람이 병원에 들어왔으나 얼마 살지도 못하고 죽어 나갔습니다. 그들의 신음이 우리 가슴을 칼로 도려내는 것 같습니다. 죽어가는 병사들의 고뇌에 찬 표정은 결코 내 마음을 떠나지 않을 것입니다. 그들은 '크림의 순교자'입니다."[15]

## 영국군 병원 운영 시스템의 문제

스쿠타리 군 병원은 조직 체계와 이를 운영하는 사람 모두에 문제를 안고 있었다. 사령관 존 홀John L. Hall은 플로렌스가 이끌고 오는 간호 원정단에 처음부터 반감이 있었다. 현지 군 병원 운영에 문제가 있다는 기사를 낸 타임스 직원과 정부 조사단 3명이 함께 온다고 하는 데다가, 간호부장으로 부임하는 여성이 부잣집 귀족 출신에 허버트 육군성 장관의 친구이고 인맥이 화려하다는 것이 영 마음에 들지 않았다. 이곳 군 병원에 근무하는 사람들도 정부의 조사망에 걸려들고 싶지 않았기 때문에 그들에게 협조적이지 않았다.

존 홀은 클로로포름 마취제를 사용하지 말라는 명령을 내린 인물이기

---

15   Laura E. Richards, 『Florence Nightingale』, D. Appleton and Company, 1909. 9, 25쪽

도 한데, 그 이유가 군인은 마취제 없이도 수술을 버틸 수 있어야 한다는 것이었다. 88연대 장교가 1854년 11월 11일 『타임스』에 보내온 편지에 의하면,

"군 병원 사령관 H 박사는 그 누구보다 비난받아 마땅합니다. 의사들은 클로로포름 마취제 사용 중단에 대한 그의 어처구니없는 논리에 동의하지 않고 약품이 남아있는 한 계속해서 수술에 사용할 것입니다. 병원 지출이 적을수록 자신들의 승진 기회가 커진다는 이기적인 생각을 하는 몇몇 의사들이 있어 일부 연대의 병사들은 치료 과정에서 방치되어 극심한 고통 속에 있다는 믿을 수 없는 소식도 듣고 있습니다. 어제 새벽 몇 시간 동안 세찬 비가 내린 뒤 날이 개었습니다. 불쌍한 전우 모두 참호에 있다가 비에 흠뻑 젖어버렸는데도 9월 18일 상륙한 이후 배낭을 함대에 남겨둔 채 한 번도 시트를 바꾸지 못했습니다." [16]

크림 전쟁 당시 의약품

16 『펜의 힘』 팀 코티즈 저, 전호환 정숙진 옮김, 부산대학교출판부, 2018. 6. 25, 178쪽

영국군 조직 운영 체계는 경직되어 유연성도 떨어지고 융통성도 없었다. 군대의 위생과 건강 관리는 병참부, 조달국, 의무국의 세 부서가 나누어 관리하고 있었는데, 각 부서의 업무와 권한이 복잡해 사소한 물품을 보급하는 데에도 절차를 지키고 문서가 있어야 했다. 현장 경험이 풍부한 상급 군의관은 대부분이 문서를 작성하고 행정 처리하는 데 시간을 다 허비했고, 정작 중요한 환자 치료는 경험이 별로 없는 신참 의사가 맡게 되어 병원 사망률을 높이는 요인이 되기도 했다.

간호사들과 『타임스』 일행은 병원 건물 한쪽에 방치된 계단 옆 더러운 작은 방을 배치받았다. 그곳은 방 두 개에 부엌 하나가 전부였는데, 침대도 없고 청소 도구도 씻을 수 있는 물품도 전혀 없이 각자 알아서 준비해야 했다. 이들이 온다는 통지를 군 병원이 이미 받았음에도 불구하고, 누구도 이들을 맞이할 준비를 전혀 해놓지 않았던 것이다.[17] 병자들은 더러운 상태로 병원에 들어왔고 여전히 씻지도 못하고 불결한 위생 상태로 방치되어 있었다. 1854년 플로렌스는 다음과 같이 썼다.

> "간호사들은 군 병원의 규칙에 의해 부상병들을 씻을 수 없었다. 그들은 손과 얼굴을 씻고 물 한 방울을 마시는 것조차 아주 어렵고 절박했다. 환자들이 누워있는 침대 매트리스는 축축하고 청소한 적이 거의 없어 더러웠으며, 사용했던 침대 시트에 다음 환자를 받는 것이 일상화되었다.

---

17 『Florence Nightingale』, Cecil Woodham-Smith, MacGraw-Hill, 1951. 104쪽

플로렌스가 전쟁 중에 쓴 편지와 메모

플로렌스가 허버트 육군성 장관에게 보낸 서신에도 그 상황이 여실히 드러나고 있다.

"매트 한 장을 공급하는 데에도 반드시 문서가 필요합니다. 침대 구입부터 병동을 새로 개설하는 데까지 상부에 보내는 서신과 제출 서류를 몇백 통이나 작성해야 합니다. 각 부서의 예산과 인력은 턱없이 부족하고, 물품 조달관은 현장 상황도 파악하지 못해 물자 조달은 제대로 이루어지지 않고 있습니다." [18]

18 『펜의 힘』, 팀 코티즈 저, 전호환 정숙진 옮김, 부산대학교출판부, 2018. 6. 25.

# Chapter 5

# 크림 전쟁에서의
# 나이팅게일

## 따뜻하고 영양가 있는 식사 제공

플로렌스 일행이 처음 도착했을 때에는 군 병원 의료진들이 간호 원정단의 존재를 인정하지 않아 의료 업무를 배정받지도 못하고 숙소에서 대기하고 있어야 했다. 그렇다고 누구에게도 불만을 말하거나 문제를 제기할 수도 없었다. 당장 일을 하고 싶었지만 군대의 지시를 따르지 않으면 그녀도 간호 원정단 구성원들도 군법에 따라 처벌받게 된다는 것을 잘 알고 있었기 때문이다. 그들은 업무를 배정받을 때까지 군대의 규칙을 준수하면서 숙소에서 환자 간호에 필요한 속옷과 베개, 부목, 삼각포 등 간호 용품들을 만들면서, 군대의 규칙에 위배되지 않는 범위 내에서 할 수 있는 것을 찾아서 준비하고 기다리고 있었다.

당시는 세균이 질병의 원인이라는 이론이 밝혀지지 않은 시대여서 플로렌스를 포함한 대부분의 사람은 질병이 더럽고 공기가 제대로 통하지 않는 병실이나 방에서 자연스럽게 생긴다는 독기론을 믿었다. 그들이 믿었던 이론이 맞지는 않았지만, 이 불결한 환경과 환기가 안 되는 습한 환경적 요인들인 세균이나 곰팡이가 질병이 생기는 원인이기도 했다. 그녀는 환자를 건강하게 만드는 간호를 위해서는 가장 먼저 환경을 깨끗하게 만들고 영양가 있는 음식을 제공해야 한다고 생각했다. 그러나 군 병원에서 부상병들에게 배급하는 식사는 형편없었다. 고기는 더러운 큰 솥에 대충 익혀서 식은 상태로 환자에게 배급되었는데, 고기가 덜 익기도 하고 어떤 환자에게는 뼈만 주기도 했고, 유동식은 고기 수프였지만 채소도 없이 딱딱한 마른 콩이 몇 개 들어있는 정도였다. 부상병들은 스푼이나 포크도 없이 손으로 먹었고, 스스로 식사할 수 없는 중환자들은 먹여줄 사람도 없이 내버려져 배급된 식사를 잡역병이 대신 먹어치우기도 했다.

플로렌스는 자신에게 맡겨진 기금 약 3만 파운드로 마르세유에서 주방용품과 식재료를 대량으로 구입했고, 간호단 숙소에 있는 작은 식당을 이용해 부상병들에게 배급할 음식을 만들었다. 의사 처방에 따라 따뜻한 포도주를 넣은 끓인 고기 수프를 만들어 주기도 했다. 이렇게 스쿠타리에서 가장 먼저 시작한 일은 환자에게 따뜻한 식사를 제공한 것이었다.[1]

## 부상자들을 위한 병원 경영

1854년 11월 9일부터 또 많은 부상자가 스쿠타리 병원으로 이송되면서, 기존에 배치해 있던 의료진들만으로는 도저히 손을 쓸 수 없을 정도로 한계에 달해 군의 총감이 플로렌스에게 정식으로 진료 지원과 간호를 요청하게 되었다. 이제 간호 원정단이 본격적으로 환자들을 간호하기 시작하면서 플로렌스는 주위의 중요 인물들을 차례차례 자신의

---

1 『Florence Nightingale』, Laura E. Richards, D. Appleton and Company, 1909. 9월, 29쪽

스쿠타리 병원의 병실 전경
플로렌스와 38명 간호사들의 헌신적인 노력으로 환경이 개선됨

참모에 임명했다. 타임스 기금을 활용하여 올바르게 업무를 추진하는
데에는 『타임스』지에서 파견된 맥도날드 McDonald , 병원 실태 조사 위원
인 하원의원 스탠퍼드 Stanford , 시드니 허버트의 친구이자 종군 목사인
오스본 Osborn 등 유력자들이 든든한 지원군이 되었다. [2]

  행정적인 부문에서 보면 군 병원의 의무 기록이 제대로 작성되고 있
지 않았다. 플로렌스가 도착하기 전까지도 사망자 수를 정확히 아는
사람이 없었다. 군 병원에는 규격화된 기록지가 있는 것이 아니고, 전
체 운영 일지를 관리하는 사람도 없어서 서로 각자 다른 기록 방식으

---

2  『Florence Nightingale』, Cecil Woodham-Smith, MacGraw-Hill, 1951. 113쪽

로 쓰고 있었는데, 이것들을 모아서 비교해 보면 결과가 서로 달랐다. 그녀는 의무 기록 체계의 중요성을 파악하고 문제를 바로잡고자 병원에 들어오는 환자 수와 입원, 부상, 질병의 종류, 사망 기록 등으로 나누어 매일 꼼꼼히 정리하고 기록하여 정확히 보고하도록 지시했다. 이덕분에 환자를 제대로 파악할 수 있었다.

 부상병이 날로 증가함에 따라 비누 등 위생용품, 소독약과 붕대 같은 의료용품이 점점 더 부족해졌고, 깨끗한 물도 없었다. 그녀는 가장 먼저 공급실 창고를 조사해 현재 비치되어 있는 물품과 부족한 품목을 확인하고 물품 공급 장부를 만들어서 꼭 필요한 품목의 재고가 바닥나지 않도록 관리했다. 그녀는 스쿠타리 병원에 오기 전부터 여러 부문에서 지원된 기금을 가지고 있었는데, 이 자금을 활용해서 병원 물품 관리를 차근차근 자신의 영역 안으로 만들어 나갔다. 병원의 물자를 모두 한 창고에 정리 수납하고 부서 업무 담당자가 청구하면 지급하도록 했는데, 이 시스템이 현재 병원의 중앙 공급실 형태이다.

 이 방법은 폐쇄적인 군대 배급 시스템에 비해서 신속하고 효율적으로 운영되었고, 이제 '스쿠타리 병원에서 필요한 물품은 모두 나이팅게일 간호부장에게 신고한다.'는 원칙이 확립되었다. 그녀는 시드니 허버트 육군성 장관에게 당시의 상황을 이렇게 보고했다.

 "제가 마치 만물상이라도 된 것처럼 공급실에서 양말, 속옷 종류부터 나이프, 포크, 스푼, 욕조, 테이블이나 소파, 양배추에 마늘, 생강, 수

술대, 타월, 비누, 칫솔, 가위, 변기나 베개까지 모두 관리하고 있습니다."[3]

## 병원 환경 및 위생 상태 개선

병원 환경의 중요성을 누구보다도 잘 알고 있었던 플로렌스는 기본 위생 관리에 착수했다. 그녀는 『타임스』 기금으로 병원 밖에 빌린 집을 개조해서 세탁실을 만들고 병사들의 부인들을 고용했다. 보일러를 설치하고 물을 끓여 뜨거운 물로 빨래하고 깨끗한 침대보와 환자복을 받을 수 있도록 했고, 솔로 병원 바닥부터 천장까지 깨끗이 닦아내는 등 병원의 위생 문제를 가장 먼저 해결했다. 이때에도 플로렌스는 목욕 기준, 청결한 환자복 지급, 드레싱 기준, 식사 기준 등 기본적인 간호 표준을 세웠다.[4]

또한 병원 바로 옆에 있던 쓰레기장을 멀리 떨어진 곳으로 옮겨 감염 원을 차단하고 쓰레기와 배설물을 처리하는 등 환경 위생 관리의 원칙 을 정해놓고 매일 규칙적으로 시행하도록 지시하고 감독했다. 부상당 한 병자들을 깨끗이 씻겨주고 청결한 속옷과 체온이 떨어지지 않도록

---

3  『나이팅게일 평전』, 이바라기 타모츠, 군자출판사, 2016. 6. 10, 58쪽
4  『Florence Nightingale』, Laura E. Richards, D. Appleton and Company, 1909. 9월, 30쪽

따뜻한 옷을 입혀주었으며, 의사의 처방에 따라 영양가 있는 음식을 제공하고 특수 식이요법을 적용하는 데 최선의 노력을 기울였다. 또한 상태가 위독한 환자를 따로 분류해서 집중 관리하는 집중 치료실의 개념을 처음 제안하여 도입했고, 죽음의 공포에 시달리는 부상병들을 한 명한 명 돌보고 위로했다. 간호사들에게는 엄격한 규칙을 적용함과 동시에 업무 성적이 우수한 간호사들을 격려하면서 환자의 인격을 존중하게 하고, 치료에 적극적인 의사들에게 적극 협조하도록 지시했다.

11월 14일에는 영국 육군 보급 기지인 발라클라바 항구에 허리케인이 휩쓸고 가서 정박해있던 배들을 모두 침몰시켰고, 기지를 지키는 병사들을 보호하던 텐트와 담요, 중요 물품들을 파손시켰다. 게다가 전염병으로 부상병들이 급속도로 늘어나 1천 명의 군인들을 스쿠타리 병원으로 이송하게 되었다. 플로렌스는 이 소식을 전달받고 즉시 부상병들을 수용할 준비를 했다. 작업 인부들을 고용해서 복도를 병실로 개조하고, 콘스탄티노플에 환자복과 담요 등 부족한 물품들을 주문해 갖추어놓고, 환자들을 치료하여 회복될 수 있도록 했다. 자신의 개인 자금과 타임스 기금을 최대한 활용하고 적극적으로 대처한 결과 11월 30일 실질적인 병원 경영의 최고 책임자가 되었다.

막중한 경영 책임자가 된 만큼 많은 일이 그녀에게 주어졌다. 병원을 경영하는 일에는 엄청난 양의 공적 사적인 보고서 작성, 계속되는 의견 교환을 위한 편지들, 지시를 잘 따르지 않는 간호사 문제 등 처리해야 할 일들이 계속 이어졌다. 어떤 간호사는 지나친 음주와 부도덕한 행동으로 해고되어 영국으로 돌려보내야 했다. 플로렌스는 거의 대부분의 시간을 병원에서 보냈고, 그녀의 손길이 닿지 않는 환자는 거의 없었다. 저녁 8시 이후에는 자신을 제외한 어떤 여성도 병동 출입을 금했으며, 대신 야간 환자 간호는 회복기에 있는 부상병으로 임시 위생병을 배치해 돌보게 하고, 자신이 밤마다 직접 순회하면서 문제가 없는지 점검했다.

크림 전쟁의 부상병들

12월 초에는 래글런 Raglan 총사령관이 500명의 환자를 보냈다고 통보해왔다. 이렇게 밀려드는 부상병들을 수용할 만한 시설이 없어서, 플로렌스는 병원 옆 불에 탄 건물을 수리하여 그들을 수용했다. 그 해 12월 말에도 전염병이 계속 발생해서 이후 3주 동안 의사 4명과 간호사 3명, 그리고 수백 명의 병사가 죽었다.

1855년 1월, 입원 환자 수 1만 2천여 명으로 그 당시 상황을 행정 담당자인 브레스 브릿지 씨는 허버트 육군성 장관에게 다음과 같이 보고했다.

"플로렌스는 아침, 점심도 앉아서 먹을 정도로 바쁘게 일하고 있습니다. 식사를 못 하고 거르는 적도 종종 있습니다. 이렇게 계속 일하다가는 그녀는 죽게 될지도 모르겠습니다."[5]

## 시드니 허버트 장관의 실수

전쟁의 참상에 대한 군 지휘부의 보고와 『타임스』 기사 간의 서로 다른 입장 차이 때문에 큰 압박을 느끼고 있던 육군성 장관 시드니 허버트는 시급히 문제를 해결한다는 명목으로 플로렌스와 의논도 하지 않고 또 다른 간호사단을 파견했다. 독실한 천주교 신자이자 플로렌스의 친구이기도 한 메리 스탠리 Mary Stanley 에게 책임직을 맡기기까지 해서 군 병원 내에 혼란의 불씨를 만들었다.

스쿠타리 군 병원에 닥친 참상의 와중에 군 지도부와 어렵게 문제를 해결해 나가느라 심신의 한계를 느끼고 있던 플로렌스에게 시드니의 이러한 결정은 도와주는 것이 아니라 일을 더 어렵게 만들고, 그녀의

---

5  『나이팅게일 평전』, 이바라기 타모츠, 군자출판사, 2016. 6. 10, 64쪽

발목을 잡는 결과를 초래했다. 그 당시 군 병원은 간호 인력이 추가로 더 필요한 상황이 아니었고, 새로 파견된 간호사단을 수용할 공간도 없었다. 그리고 천주교 수녀들과 간호사들이 플로렌스의 지시를 잘 따르지 않고 제멋대로 행동하고 있는 데다가 새로운 간호사단과 책임자가 도착하여 간호사단 내에 혼란을 가중시키는 꼴이 되어버렸다. 이에 대해 플로렌스가 시드니에게 쓴 편지는 당시 상황을 이해하는 데 도움이 될 것이다.[6]

"제가 당신의 요청으로 이곳 관리자로 올 때만 해도 신문 보도 등으로 이곳 모든 이들에게 전달되었던 것처럼 나의 요청과 군의관의 승인이 있어야만 간호사를 추가로 파견할 수 있다는 명확한 전제 조건이 있었습니다. 어느 누구도 요청한 적이 없었음에도 불구하고 간호단을 보내는 바람에 새로 온 여성들까지 더해져 우리 전체 숫자가 84명이 되었어요. 저의 가슴속 깊숙이 간직하고 있던 대의명분을 당신이 무너뜨려 버리고, 저의 체면과 자존심을 완전히 빼앗아 가버렸네요. 당신은 대중적인 인기를 얻고자 저와 글로 맺은 약속을 저버렸습니다.

이 너무나 잔인하고 부당한 현실에 대해 더 이상 말하지 않겠어요. 병원 관계자들은 넌덜머리가 난다며 더는 아무도 채용하지 않을 것이고 기존의 진행 체계를 전혀 바꾸지 않겠다는 입장입니다. 지금 상황에서 할 수 있는 방법이라고는 제가 담당하고 있는 간호사 중 12명을 보내고 그 자

---

6 『펜의 힘』 팀 코티즈 저, 전호환 정숙진 옮김, 부산대학교출판부, 2018. 6. 25, 156~158쪽

리를 새 인원으로 채우는 겁니다. 이미 인력이 포화상태라 건강을 해치지 않을 정도로 12명을 더 수용하는 겁니다. 이 병원에 남는 공간이라고는 손바닥만큼도 없으니까요.

나머지는 현재로써는 전혀 병원에서 수용할 수 없기 때문에 다른 곳에서 요청이 들어올 때까지 대기하는 수밖에 없어요. 그들을 모두 이곳에 수용하는 것은 물리적으로도 그렇고 도덕적으로도 불가능합니다. 제가 사퇴해야 한다고 보시나요? 이곳에 오게 된 목적이 달성 불가능한 상태가 되어버렸음에도 불구하고 가여운 방랑자들에게 조금이나마 '위안을 베푸는구나' 하고 안심하는 시점에 그만두고 돌아가야 하는군요."

추신: 제가 11일간의 경험 끝에 더 많은 여성이 필요하다는 글을 보낼 정도로 판단력이 부족했다면 당신은 현명한 정치인으로서 "상황이 나아질 때까지 좀 더 기다려보오."라고 답을 했어야 하지 않을까요? 하지만 저는 그런 요청을 한 적이 없어요. 이미 이곳에서 물의를 일으키고 있는 천주교 신자가 당신으로 인해 전체 간호사 84명 중 25명이나 늘었어요. 멘지스 Menzies 박사는 통합 병원에 단 두 명만 받겠다고 선언했습니다. 저도 망할 천주교도의 임무를 지닌 자들을 데리고 의료 관계자와 타인의 의심을 사면서까지 제가 해왔던 관계를 깨고 더 많은 수를 배치할 수는 없어요. 이곳에 포크와 나이프가 부족해서 사람들이 짐승처럼 음식을 뜯어 먹고 있음을 다시 한 번 강조해야겠네요. 1천 개 정도의 나이프와 포크 세트, 1천 개의 숟가락을 소포로 당장 보내달라고 군의관

이 요청했습니다. 현재 보관 중인 것이 바닥났기 때문입니다. 당분간은 제가 콘스탄티노플에서 이 공백을 메우려고 합니다."[7]

이 편지는 자신의 자존감과 사명을 지키려는 플로렌스의 비통함과 절박함이 그대로 전해지고 있다. 이 일로 다른 누구보다 시드니에게 큰 실망감을 느껴서 시드니 부부와 플로렌스 사이의 우정이 더 이상 예전처럼 회복되지 못했다. 시드니 허버트 장관은 전쟁터에 추가로 간호사단을 파견한 자신의 결정으로 인해 위기를 자초한 꼴이 되버렸다. 그는 심성이 고왔지만 영국 정부의 다른 장관들처럼 자신의 직위에 맞게 판단력이나 결정 능력이 뛰어나지는 못했다.

『타임스』의 토마스 체너리 기자는 스쿠타리 병원 내부에서 벌어지고 있는 혼란과 그 원인을 아래 기사로 밝혔다.

"스쿠타리 병원 지도부에 나타난 심각한 문제를 지적하는 것이 불손한 것으로 치부되는 듯하지만, 한마디 과장 없이 있는 그대로 전하면서 관련자들을 일일이 거론하지 않는 선에서 내용을 밝히겠다.

현재 스쿠타리 병원은 세 가지 문제로 몸살을 앓고 있다. 첫째는 부실한 의료 부서 조직이고, 둘째 문제는 이 부서의 장교가 타부서 장교에게 책임을 떠넘기는 것이다. 셋째는 환자와 부상병을 배편으로 병원까지 이송

---

7 『Florence Nightingale』, Cecil Woodham-Smith, MacGraw-Hill, 1951. 122~123쪽

하는 과정에 있는 책임 장교가 보스포러스에서 보여주었던 행태였다.

물품 조달 부서는 처음부터 지금까지도 혼란 상태에 있다. 애초부터 현지에 파견된 직원은 재고가 있는데 물품을 찾지도 못하고, 찾을 수 있다고 해도 정작 꼭 필요한 때에 공급하지도 않는다. 이렇게 문제는 계속해서 생겨나고 있지만 이를 해결하려는 노력이 보이지 않는다는 것이 더 큰 문제다. 다행히 찾을 수 없거나 공급되지 않는 물품은 나이팅게일 씨의 도움을 받아서 타임스 기금으로 구입해 전달한다. 환자와 의료진을 위한 세숫대야와 수건, 시트, 침대, 연료 등 의식주의 기본 요소이자 병원 운영에 꼭 필요한 기본 물품을 나이팅게일 씨가 콘스탄티노플에서 타임스 기금으로 사서 직접 배분했다.

콜레라, 발진 티푸스[8], 괴저[9], 단독[10]등이 모두 심각해지고 나서야 비로소 세탁실을 만들려는 노력이 활발히 추진되었다. 이 일은 기금의 지원뿐만 아니라 필요한 물품이 병원에 원활히 공급되도록 운영한 나이팅게일 씨의 도움이 있어 가능했다."[11]

## 군사령부와 병원 조직 체계가 무력화되고 전염병이 군 병원 안팎으로

---

8  **발진 티푸스(發疹 typhus):** 리케차를 병원체로 하여 이(虱)에 의하여 전염되는 급성 전염병. 겨울에서 봄에 걸쳐 발생하는데 잠복기는 13~17일이다. 발병하면 갑자기 몸이 떨리며 오한이 나고, 40도 내외의 고열이 계속되어 의식을 잃으며, 온몸에 붉고 작은 발진이 생긴다.
9  **괴저(壞疽):** 괴사된 상처 부위가 떨어져 나가거나 부패하는 것
10  **단독(丹毒):** 세균에 감염되어 피부가 빨갛게 부어오르는 피부 질환
11  『펜의 힘』 팀 코티즈 저, 전호환 정숙진 옮김, 부산대학교출판부, 2018. 6. 25, 191쪽

유행하는 가운데, 플로렌스만이 『타임스』 기금을 적극 활용해서 이 험난한 상황을 꿋꿋이 헤쳐나가고 있었다.

## 영국 정부의 대혼란

1854년 4월 한 달 동안 오스만 제국에 주둔해있던 래글런 총사령관 휘하의 군 병력에서 발생한 환자는 503명이었다. 이후 7월, 바르나 주변으로 병력이 모여들자 여러 질병이 부대 내에서 생겨나더니 콜레라가 유행하기 시작했고, 환자가 6,937명이 되었다. 9월, 부대가 크림반도로 이동하자 환자 수는 11,693명으로 늘어났고, 11월 발라클라바 전투가 끝난 후 그 수치는 16,846명으로 증가하였다. 그리고 1855년 1월 최종 환자 수는 23,076명이었다. 21,097명이 전쟁이 시작된 지 4개월여 만에 사망한 것이다. 이들 중 2,755명이 전투 중에 사망했고, 2,019명은 전투에서 입은 부상이 악화하여 사망, 16,323명은 전투와 상관없는 질병으로 사망했다. 그나마 질병이나 부상 때문에 영국으로 귀환한 병사는 14,901명이었다. 총 5만여 명의 병사 중 35,998명이 전쟁 중에 사망하거나 부상을 당했는데, 이들 중 4,774명이 전투로 인한 사망이었다. 결국 사망의 주된 원인은 전쟁터가 아닌 후방에 있던 환자들에게 닥친 감염이었다.[12]

---

12 『펜의 힘』 팀 코티즈 저, 전호환 정숙진 옮김, 부산대학교출판부, 2018. 6. 25, 229쪽

1855년 2월 애버딘 Aberdeen 총리 내각이 이에 대한 책임을 지고 결국 총 사퇴하면서 영국 정부는 대혼란에 빠지게 되었다. 애버딘 내각은 영국의 당면 문제를 해결하지 못하고 군대를 개편하고 강화하지 못했으며, 이로 인해 발생한 여러 위기 대처 능력의 한계를 극복하지 못하고 끝나고 말았다. 이후 총리직을 누가 맡느냐에 대한 법적인 논쟁으로 하원 의사당이 휴회하고, 영국 정부는 실제로 장관 보직자들이 없는 상태로 일주일을 보냈다. 또 새 정부를 구성하는 데 12일이나 걸리면서 20여 일 동안 어떤 문제도 해결하지 못했다.

70세의 고령인 파머스턴 Palmerston 경이 총리를 맡게 되었다. 여왕은 그를 임명하지 않으려고 애썼지만 여론의 압력으로 어쩔 수 없이 그를 총리로 임명했다.[13] 시드니 허버트 장관과 글래드스턴이 포함된 내각이 구성되고 스코틀랜드 출신 팬뮤어 Sir Fan Muir 경이 전쟁 장관으로 임명되었다. 파머스턴 내각은 전세가 호전되어 감에 따라 운 좋게 정권을 유지할 수 있었다.

전쟁터 병원에서 사망자 발생 소식이 연일 영국 신문에 보도되자 국민 여론은 문제가 해결되지 못하는 이유를 조사할 것을 요구하기 시작했고, 이에 떠밀린 정부는 1855년 2월, 존 로벅 John Roebuck 이 주축이

---

13 파머스턴 경은 한 수 앞을 더 내다볼 수 있는 뛰어난 정치가이자 외교관이었으나 여왕의 승인을 받지 않고 자신의 의견을 영국의 의견인 것처럼 세계에 공표하는 등 독단적인 결정을 하여 여왕은 파머스턴 수상을 퇴임시켰다. 그러나 그는 다시 중용되었고, 이후 수십 년간 파머스턴 시대가 이어졌다.

된 특별위원회를 구성하여 파견했다. 이 위원회는 스쿠타리 병원 곳곳을 세밀히 조사한 후 병원의 구조적인 문제점을 밝혀냈다. 당시 보건위생학의 권위자이자 특별위원회 위원이었던 존 서덜랜드 <sup>John Sutherland</sup> 박사가 발표한 바에 따르면,

> "병원 건물이 부식된 하수로 위에 세워져 있었고, 병원 급수로는 죽은 말의 시체가 썩어 문드러져 떠 있는 곳을 지나고 있었다. 병원에 공급하는 물 저장 탱크마저도 바로 옆에 임시 변소가 있어서 배설물이 스며들어가 수돗물도 오염되어 있었다." *14*

이 조사를 계기로 병원 하수구와 급수로를 대대적으로 보수하고 청소했고, 쥐의 소굴이었던 선반을 모두 없애버렸으며, 벽을 깨끗이 닦아내고 석회를 발라서 해충을 박멸했다. 스쿠타리 병원에서 이 2주 동안에 수레 556대 분량의 쓰레기를 수거하여 처리했다.

존 로벅을 주축으로 한 특별위원회가 스쿠타리 병원에 대한 조사 결과를 기록한 내용은 다음과 같다.

> "절망 상태에 빠져있던 스쿠타리 병원이 처음으로 개선이 이루어질 수 있었던 것은 민간 부문의 지원과 노력과 열정으로 가능했다고 결론을 내릴 수밖에 없었다. 육군성 장관이 추천했던 나이팅게일 씨는 간호단을 결성하여 가히 존경할 만한 헌신의 마음으로 환자와 부상병을 돌보는 일을

---

*14* 『Florence Nightingale』, Cecil Woodham-Smith, MacGraw-Hill, 1951. 114쪽

맡아왔다. 국민 성금으로 모인 기금은 타임스 신문사의 현명하고 열정적인 맥도널드 씨가 책임지고 집행했다. 고돌핀 오스본 목사와 아우구스투스 스태퍼드 의원은 병원을 직접 조사한 후 이에 대한 제안 사항을 포함한 이 귀중한 보고서를 만들어 정부에 전달했다. 이들의 노력이 모여 수많은 병사의 고통이 줄어들 수 있었고, 소중한 생명을 구할 수 있었으며, 그들의 사기를 높일 수 있었다." [15]

## 병사들의 복지 향상

병원의 산적한 문제가 하나둘 해결되어 나가자 플로렌스는 뒤로 미뤄두었던 병사들의 복지 부문에 관심을 돌렸다. 스쿠타리 병원에서는 병사들이 와인 외에 술을 마실 기회가 없다 보니 회복되어 제대한 후에 영국 매장에 가서 독한 술을 마신 후 쓰러져서 다시 군 병원으로 후송되는 일이 빈번히 발생했다. 그녀는 병사들이 아플 때뿐만 아니라 건강할 때에도 돌봐야 한다는 것을 알게 되었다. 그녀가 병실 밖에서 병사들을 위해 한 일은 병실 안에서만큼이나 중요했다.

1855년 5월, 병원 당국의 극심한 반대에도 불구하고 그녀는 걸을 수는 있지만 퇴원할 수 없는 병사들을 위해 작은 도서관을 열었다. 병원 당국

---

15 『펜의 힘』 팀 코티즈 저, 전호환 정숙진 옮김, 부산대학교출판부, 2018. 6. 25, 265~266쪽

은 병사들이 술 대신 책을 읽으면 자신들의 지위가 흔들릴 것을 우려했고, 그녀는 '기강을 무너뜨린다.'는 비난을 받았다. 하지만 그녀의 결정은 훌륭했다. 읽고 쓸 줄 모르는 병사들을 위해 영어 수업을 개설했고, 자신의 사비를 털어 '인케르만 커피 하우스'라는 휴게실 등을 만들어 몇 가지 교양 강좌를 열었다. 휴게실 벽에는 지도와 게시판이 걸려있고, 신문과 필기구들이 비치되어 있어서 병사들이 가족들에게 편지를 보낼 수 있도록 하였다. 강연과 노래 교실, 건강한 사람들을 위한 축구와 도미노 게임, 체스 등 교육과 레크리에이션 활동을 제공하여 심리적으로 안정할 수 있도록 했다. 장교들은 병사들이 메모지를 훔쳐서 술값으로 쓸 것이라고 호도했지만 그런 일은 결코 일어나지 않았다고 한다.

또한 그녀는 병사들이 병원 회계 관리인을 통해 집으로 돈을 보내는 공식적인 방법에 불만을 품고 자신의 급료를 맡기지 않고 술로 탕진한다는 것을 알게 되었다. 그들은 자신들이 무지해서 사기당하고 착취당했다고 생각하고 있었다. 처음에 그녀는 주 1회 오후에 자기 방에서 가족들에게 보내기를 원하는 병사들의 돈을 받아서 직접 가족에게 보내주었다. 한 달에 약 1,000파운드가 들어왔다. 이들은 퇴원해서 크림반도 부대에 재입대했을 때에도 그 방법을 통해 계속 돈을 보내기를 희망했다. 그래서 그녀는 저금 제도를 만들고, 모인 병사들의 급료를 고향으로 송금할 수 있는 시스템까지 운영했다. 이를 위해 그녀는 정부에 제도 개선을 공식 요청했으나 처음에는 거절당했다.[16]

---

16 『Florence Nightingale』, Cecil Woodham-Smith, MacGraw-Hill, 1951, 166쪽

그러던 중 전쟁터에서 고군분투하던 플로렌스에게 빅토리아 여왕이 감사와 위로의 편지를 보내주었다.

> "내 마음속 깊은 감사의 마음을 어찌 다 말로 표현할 수 있을지 모르겠습니다. 부상병들을 살리기 위해 혼신의 힘을 다하고 있는 그 아름다운 행위를 여왕인 내가 찬사와 존경의 마음으로 바라보고 있음을 기억해주십시오. 당신의 희생과 봉사 정신은 우리 모든 국민의 가슴에 깊이 새기며 한 줄기 빛이 되었습니다. 부상병들에게 내 마음을 전해주시고, 내가 도울 수 있는 일이 있으면 언제든지 알려주시기 바랍니다." *17*

플로렌스는 빅토리아 여왕의 따뜻한 마음이 담긴 편지를 접하고 이를 되새기며 답장을 썼다. 시급히 해결할 문제가 있었는데, 그것은 전쟁터에 왔다가 병이 생긴 병사들의 문제였다. 가벼운 부상을 입은 병사들은 깎인 급여라도 받을 수 있었지만 입원한 병사들에게는 급료가 아예 나오지 않았다. 여왕께 보낸 편지에는 병든 병사에 대한 급여 규정의 개선, 병사들이 모은 급여를 고향으로 송금할 수 있는 시스템 마련, 스쿠타리에 있는 영국군 공동묘지를 영국이 양도받을 수 있도록 오스만 제국 측에 요청해달라는 내용이었다. 이 편지로 그녀의 청원은 즉시 모두 실현되었고, 그동안 그녀의 업무 방식에 반발하고 있던 직원들도 플로렌스의 막강한 힘을 실감하게 되었다. 그래서 1855년부터

---

17 『Florence Nightingale』, Cecil Woodham-Smith, MacGraw-Hill, 1951, 133쪽, 『나이팅게일 평전』 이바라기 타모츠, 군자출판사, 2016. 6. 10, 62쪽

1856년은 스쿠타리 병원의 이전 사령부보다 더 효율적이고 질서정연하게 운영될 수 있었다.

## 등불을 든 여인

플로렌스는 병원을 운영하며 매일 밤 병동을 순회했다. 밤새 환자들이 잠을 잘 자고 있는지, 혹시 상태가 악화된 환자는 없는지 확인하기 위해서였다. 부상병들에게는 캄캄한 밤이 공포와 불안의 시간이었는데, 그녀의 병동 순회가 그들에게는 큰 위로가 되었다. 그녀의 헌신적인 간호 덕분에 환자들은 마음속 깊은 곳에서부터 그녀를 존경하게 되었다. 이런 그녀의 활약은 부상병들이 가족들에게 보내는 편지를 통해 점차 영국에 알려졌다.

"나이팅게일은 크림반도를 지키는 수호자요, 등불을 든 영국군의 천사입니다. 그녀가 지나가는 것을 보는 것이 우리들의 유일한 낙樂입니다. 그녀가 우리 부상병들에게 미소를 보내며 말을 걸곤 했지만, 수백 명이나 되는 부상병들에게 일일이 다 할 수는 없었습니다. 대신에 우리는 침대에 누워서 우리 곁을 지나가는 그녀의 그림자에 입을 맞추고 마음을 편안히 가라앉힐 수 있었습니다." [18]

---

18 『Florence Nightingale』, Laura E. Richards, D. Appleton and Company, 1909. 9월, 37쪽

플로렌스가 병동 순회 시 사용했던
램프

"The Lady with the Lamp 등불 든 여인 "

  이는 크림 전쟁에 대해 쓴 『타임스』 기사
의 한 구절에서 유래한 것이다. 당시 영국
에서 최대 발행 부수를 자랑하던 『타임스』
는 '모든 의료진이 퇴근한 밤에도 그녀는
천사와 같이 작은 등불을 들고 부상병들을
돌본다.'는 기사를 내보냈다. 이 기사를 접
한 미국 신문 기자이면서, 시인인 헨리 워
즈워스 롱펠로 Henry Wadsworth Longfellow 는 1857년 발표한 '산타 필로메
나 Santa Filomena '라는 시에서 "등불을 든 여인을 나는 보았네 A lady with a
lamp I see "라고 읊었다. 플로렌스의 이미지가 '등불 든 여인'으로 굳어진
것도 이런 계기에서였다.

등불을 들고 병동을 순회하는 플로렌스

"그녀는 진정 병자들을 돌보는 천사였다. 복도 하나하나마다 그녀의 가녀린 모습이 지날 때 모든 부상병의 얼굴이 감사의 마음으로 편안해졌다. 의료진이 밤이 되어 숙소로 돌아가고 적막과 어둠이 길게 누워있는 병자들 위에 내려앉을 때, 작은 등불을 들고 홀로 순회하는 그녀를 볼 수 있었다."


보라! 저 처참한 고통의 건물에
등불을 든 한 여인이 보이는구나


희미한 어둠 속을
마치 천사처럼
스쳐 지나가는구나


고통 속에 있는 자들은
천국의 꿈에 취해


벽에 비친 그녀의 그림자에
입을 맞추네


– 헨리 워즈워스 롱펠로 '산타 필로메나 Santa Filomena '19

---

19 『Florence Nightingale』, Laura E. Richards, D. Appleton and Company, 1909. 9월, 32쪽

# 크림열에 걸려 사경을 헤매다

스쿠타리 병원이 어느 정도 안정된 병원으로 자리 잡게 되자 플로렌스는 발라클라바 군 병원을 지원하는 일에 나섰다. 발라클라바에서 후송되어 온 부상병들에 의하면 그 병원도 초기 스쿠타리 병원처럼 아주불결하고 치료도 제대로 받을 수 없다는 것을 알게 되었기 때문이다. 육군성에서 발라클라바 군 병원도 플로렌스가 모든 일을 처리할 수 있도록 권한을 부여했다. 병사들에게 전투는 잔인하고 끔찍했지만, 이곳병원에서 치료받는 것이 더 괴로웠다. 이때는 적십자사도, 현장 간호훈련도 없었고 부상당한 환자에 대한 응급 처치도 없었다.

수천 명이 전투 현장에서 부상당하여 피를 흘리며 이리저리 끌려다녔고, 배를 타고 다니면서 흑해의 거친 파도와 싸워가며 며칠이 걸려 겨우 군 병원으로 도착할 수 있었다. 대부분의 병사는 팔다리가 부러지는 큰 상처를 입지는 않았다. 그러나 그들은 음식도 먹지 못하고 열과갈증으로 고통스러워했다.

플로렌스가 도착한 후부터 발라클라바 군 병원도 스쿠타리 병원처럼점차 환경이 개선되면서 부상병들도 제대로 치료받을 수 있게 되었다. 그런데 스쿠타리 병원과 발라클라바 병원은 크림반도를 두고 정반대의위치에 있고, 그 거리도 상당히 멀었다. 그녀는 스쿠타리와 발라클라바를 말을 타고 오가며 병원을 운영했는데, 한번은 말에서 떨어져 부상을 입기도 했다. 그 이후로는 마차를 주로 이용했다고 한다.

당시 5월 불볕더위와 함께 '크림열 crimean fever'이라는 전염병이 번지고 있었다. 전염병 유행에도 불구하고 그 먼 거리의 두 병원을 왕래하며 일을 하다가 플로렌스 역시 결국 크림열에 걸리고 말았다.[20] 크림열은 당시에는 밝혀지지 않았지만 이후에 브루셀라증으로 판명되었다. 크림열 브루셀라증 은 잠복 기간이 5일에서 몇 개월까지로 다양한데, 증상은 발열과 오한, 근육통, 심한 두통과 목 뒤 통증, 불쾌감 등으로 주로 저녁에 열이 난다. 질병이 진행됨에 따라 밤에 열이 40도 이상으로 펄펄 끓어오른 다음 점점 가라앉으면서 아침에는 땀이 많이 나는 것이 특징이다. 플로렌스는 이 크림열 브루셀라증 로 사경을 헤매게 되었고, 이 소식은 신문을 통해 영국 전역에 알려지게 되었다.

"크림의 천사 나이팅게일 열병으로 위독"

국민들과 병사들은 그녀의 완쾌를 간절히 바라고 기도했다. 빅토리아 여왕도 그녀의 병이 하루빨리 회복되기를 기원했다. 모든 사람의 염원 덕분에 플로렌스는 열병을 이겨내고 2주가 지나 회복할 수 있었다. 그러나 이 병의 후유증이 고질병이 되어 여생내내 고통에 시달렸다.

---

20 『Florence Nightingale』, Laura E. Richards, D. Appleton and Company, 1909. 9월, 42쪽

플로렌스가 크림열(브루셀라증) 치료를 마치고 스쿠타리 병원에 돌아온 모습을 그린
그림. 제리 바렛

## 군 병원의 근본적인 개혁의 필요성 주장

플로렌스는 스쿠타리 병원장으로 재임 중 병원 운영에 눈코 뜰 새 없이 바쁜 와중에도 군과 병원 조직의 개편에 관하여, 병리 해부와 보건 의료 통계의 필요성 관해서 허버트 장관에게 군 병원의 실상을 지속적으로 보고했다.

플로렌스의 보고서를 기반으로 허버트 장관과 정부 각료들은 육군 조직과 병원의 개혁에 착수했다. 그러나 병원 경영과 여러 교섭, 업무 조정, 행정적인 처리까지 해야 하는 상황이 지속되자 결국 탈진하고 말았다. 가족들은 플로렌스 곁에서 돌봐주고 도와줄 사람을 보내기로 했고, 1855년 9월 16일 메이 고모가 경험 많은 실무자들을 데리고 스쿠타리 병원에 왔다. 메이 고모는 그때의 상황을 이렇게 설명했다.

"세상 사람들은 병자의 침대 곁에 서서 일하는 그녀의 모습만을 상상하고 있습니다. 만일 그것이 그녀의 전부였다면, 얼마나 즐겁고 보람되겠어요. 산더미 같이 쌓인 서류를 처리하고, 끝없이 계속되는 교섭이 훨씬 더 힘든 일입니다. 이기적이고 비열하며, 능력도 안 되는 사람들을 상대해야하니까요. 플로렌스는 평정심을 유지하면서 절대 분노하지도 않았고, 초조함을 드러내지도 않았습니다. 음식이나 기후 조건 등 주변 생활환경은 결코 그녀가 추진하는 사업을 방해하지 못했습니다." [21]

## 나이팅게일 기금

영국 본토에서는 전쟁터에서 돌아온 병사들이 하나같이 입을 모아 플로렌스의 헌신적인 간호를 칭송했고, 그 전해지는 이야기들이 신문을 통해 국민들 사이로 퍼져나가면서 그녀의 인기가 점차 높아져 갔다. 그녀의 업적을 기리는 노래도 나오고, 컵이나 장식품 등 여러 가지 기념품이 만들어져 팔려나갔으며, 경주마의 구명보트에도 그녀의 이름을 붙였다. 플로렌스의 고향인 앤브리 저택에는 구경꾼들이 몰려들었

---

21 『나이팅게일 평전』, 이바라기 타모츠, 군자출판사, 2016. 6. 10, 69쪽

나이팅게일 기금 모금에 관한 홍보 전단지

고 그녀의 초상화가 그려지기도 했지만 좀 과장되게 미화된 경향도 없지 않았다. 11월에는 그녀와 간호 원정대의 활동을 지원하기 위한 국민 집회가 열렸고, 이때 4만 5천 파운드의 많은 지원금이 걷히면서 '나이팅게일 기금'이 마련되었는데, 이 기금은 나중에 간호사를 육성하고 배출하는 데 사용되었다.[22]

빅토리아 여왕 하사품인 브로치

허버트 장관은 이 기금의 명예 서기를 맡았으며, 미른즈는 이사가 되었고, 케임브리지 공작 Duke of Cambridge 이 의장직을 맡아 운영했다. 기금 설립 후 빅토리아 여왕은 '용감한 여왕의 병사를 헌신적으로 구한 존경과 감사의 표시'라고 새긴 브로치를 플로렌스에게 하사했다. 이것은 당시 여성에게 주는 훈장이 없었기 때문에 이를 대신해서 수여한 것이다.

---

22 『Florence Nightingale』, Cecil Woodham-Smith, MacGraw-Hill, 1951, 165쪽

# 나이팅게일의 적들

그녀가 단행했던 병사들의 복지 사업은 성공했으나 다른 여러 가지 사건들로 플로렌스는 고전하고 있었다. 그녀가 만들어놓은 규칙들이 지켜지지 않았고, 그동안 내려졌던 결정들은 번복되었으며, 그녀가 추진하는 공적인 사업에 대한 모함으로 끊임없이 괴롭힘 당하고 있었다. 여러 전투로 잃은 군대를 대체하기 위한 신병 조달에 어려움을 겪자 정부는 독일 용병단을 모집하여 투입했고, 이어서 콜레라가 다시 일어나 병원에 퍼졌다. 가장 먼저 사망한 사람은 맥그리그 박사였다.[23] 그러나 그의 후임자는 플로렌스 간호단의 일을 사사건건 간섭하여 환자들에 대한 투약과 식사, 침상 교체 등을 제한했다. 엎친 데 덮친 격으로 어떤 한 간호사는 환자들을 학대했고, 어떤 간호사는 병사와 추문을 일으켰다.

크림 전쟁 관련 물품 조달 시스템에서 발생한 국가적 위험이 밝혀지는 과정에서 군부는 자신들을 향한 비난에 대해 격렬하게 저항하며 방어했다. 이들은 자체 조사위원회를 만들어서 자기 관할 영역이 아닌 자들을 비난하고 뒤집어씌웠다. 조사 과정에서 문제가 있었다고 제보가 들어온 장성들은 무혐의 처리하면서 오히려 벌어진 사태의 문제를 고발한 사람들에게 그 책임을 떠넘겼고, 플로렌스에게도 누명을 뒤집

---

23  맥그리그 박사는 외과 의사로서 스쿠타리 병원 초창기부터 플로렌스를 신뢰하고 함께 부상병 치료에 전념한 인물이다.

어 씌었다. 그 대표적 인물이 병원의 군사령관 존 홀이었다. 그는 정부에 플로렌스를 비난하는 보고서를 제출했다.

"나이팅게일과 간호 원정단은 규칙을 지키지 않고 정직하지 않고 사치스럽고, 부정부패와 낭비를 일삼고, 반항적이었다."

그 후 군대는 어느 장교도 징계받는 일 없이 대부분이 승진하거나 훈장을 수여했고, 존 홀도 명예로운 바스 훈장을 받았다.[24] 플로렌스는 어이가 없었다.

"난 자꾸 화가 치밀어 오른다. 창고 속에는 병자들을 따뜻하게 해줄 옷가지들이 가득 차 있는데도 병실에는 덮을 만한 천 한 조각 없이 기나긴 겨울을 보내고 있는 병사들이 불쌍하다. 또 절망 속에서 뼈만 앙상하게 남은 병사들의 모습을 보고 있자니 너무나 가슴이 아프다. 그런데 자신의 성공과 안위에만 몰두해 있는 자들이 승진하는 것을 보고 있노라니 가슴이 더 막막할 따름이다."

플로렌스는 주변에서 공격하는 모함에 관해 허버트 장관에게 1855년 11월에 이렇게 적어 보냈다.

"나를 잔 다르크처럼 화형시키고 싶어 하는 자들뿐입니다."

---

24  K.C.B: Knight Commander of the Order of Bath 목욕 후에 이 훈위를 받게 된 관습에서 이 이름이 붙여짐. 3계급이 있으며, K.C.B는 두 번째 계급

1856년 3월 16일 플로렌스를 모함하는 보고서에 대한 사건의 진위를 조사한 결과 '플로렌스에게는 잘못이 없다.'고 밝혀졌다. 야전 병원의 대량 사망자 발생의 책임에 관하여 정부 특별조사위원회는 이렇게 결론 내렸다.

"1854년부터 1855년 겨울 병사들의 참사는 결코 불가항력이 아니라 군대 조직의 비능률과 관료주의, 구성원들의 우매와 무관심이 서로 얽혀서 만들어진 인재 $人災$ 였다."

그리고 플로렌스를 영국군 병원 총책임자로 공식 임명했다[25]

⟡

## 종전

1856년 2월 25일부터 3월 30일까지 파리에서 열린 강화회의 결과 체결된 파리 조약에 따라 평화 협정이 체결되면서 드디어 지루한 전쟁이 끝났다. 러시아는 세바스토폴 항에서 끝까지 버텼으나 결국 패배했다. 오스만 제국은 전쟁에서 승리했지만 이후 제국의 영토가 점점 작아져서 '유럽의 병자'라는 별명을 갖게 되었고, 러시아는 이때를 계기로 근대화 개혁의 바람을 불러일으켰다.

---

25 『Florence Nightingale』, Cecil Woodham-Smith, MacGraw-Hill, 1951. 169~174쪽

그녀와 함께한 간호 원정단 38명 중 대부분이 임무 중에 병사하거나 퇴직해 떠나버렸고, 귀국선에 탄 사람은 12명뿐이었다. 그녀는 평화 조약이 체결된 지 4개월 후 1856년 7월 16일에 마지막 환자가 군 병원을 떠나고 나서 자신의 일도 최종 마무리 짓고 영국으로 돌아갈 준비를 했다.

래글런 같은 비겁하고 옹졸한 장군들이 청문회에서 문책을 받는 와중에 플로렌스는 '크림 전쟁의 진정한 영웅'으로 영국인들의 열광적인 관심의 중심에 있었다. 그녀가 군 병원에서 시행했던 여러 체계적인 의료 지원 시스템으로 많은 부상병을 살린 공로는 국민들에게 바로 피부에 와 닿는 성과였다. 간호사로서 많은 부상병의 생명을 구하고, 국가의 보건 정책, 병원 경영의 역사가 그녀의 존재 이전과 이후로 크게 변화 발전했다는 사실은 누구도 인정하지 않을 수 없었다. 크림 전쟁을 겪으면서 총을 든 장군이 아닌 '백의의 천사'가 진정한 영웅이었다는 것을 모두가 알게 된 것이다.

정부는 플로렌스의 귀국에 맞추어 전 국가적으로 환영할 준비를 하고 있었다. 그러나 성대한 환영 행렬을 피해 7월 28일 플로렌스와 메이 고모는 조용히 프랑스로 갔다. 그곳에 메이 고모를 남겨두고 홀로 영국으로 돌아와 베르몬드세이 수녀원에서 기도와 침묵으로 정신적인 안정과 휴식을 취했다. 비록 전쟁은 끝났지만 크림열의 후유증과 외상 후 스트레스 증후군으로 그녀의 마음속에는 지워지지 않는 상처가 새겨져 버려서, 한동안 몸도 마음도 모두 고통 속에 있었다. 식사도 제대로 못 하

전쟁 직후의 플로렌스[26]

고 갑자기 숨쉬기 힘들어지기도 하고, 정신을 잃거나 체력이 고갈되어 탈진 상태에 놓이기도 했다. 그녀는 전쟁 중에 열악한 환경과 질병으로 고통받다 죽어간 많은 병사에 대한 연민의 감정은 물론이거니와 그들을 타지에 묻어두고 홀로 돌아온 것에 대한 미안한 마음도 있었다.

"오, 불쌍한 이들이여, 당신들을 크림의 묘지에 남겨두고 나만 이렇게 돌아왔습니다. 나는 지금 죽어간 병사들의 제단 앞에 서 있습니다. 나는 살아있는 한 그들의 죽음이 헛되지 않도록 최선을 다할 것입니다."[27]

플로렌스는 전쟁 중 사망한 병사의 가족들에게 위로의 편지를 보내기도 했다. 1855년 혹한의 겨울에 사망한 제12대대 거너 하웰 에반스의 부고를 알리는 서신에는 "이 편지를 쓰는 내 마음이 너무 고통스럽다."고 슬픔을 표현했다. 또 다른 병사의 미망인에게는 애도를 표하면서 그 가족들이 살아갈 수 있도록 유족연금 신청 방법까지 알려주는 세심한 배려도 잊지 않았다.

---

26  전쟁 중에 벼룩과 이를 피하고 업무 편리성을 위해 짧은 머리를 했음.
27  『Florence Nightingale』, Cecil Woodham-Smith, MacGraw-Hill, 1951. 181쪽

# 빅토리아 여왕 부부 접견

1856년 9월 외상 후 스트레스 증후군과 우울증에 시달리던 플로렌스에게 빅토리아 여왕이 만나고 싶다는 초청장을 보내왔다. 이 소식을 받고 그녀는 활기를 되찾았고, 스코틀랜드의 발모랄성에서 빅토리아 여왕과 부군인 앨버트 공을 접견했다. 이때 그녀는 군 조직의 개혁이 왜 필요한지, 군대 막사와 병원의 상태를 세세히 조사 정리하여 보고하면서 군대 개혁을 위해서 왕실에서 임명하는 위원회의 설치를 건의했다. 플로렌스의 보고에 깊은 관심으로 경청한 후 여왕은 플로렌스를 국방성에서 일할 수 있도록 추천하는 편지를 영국 총사령관 팬뮤어 경에게 보냈다.

드디어 "군대 보건에 관한 왕립위원회"가 결성되었고, 육군 총사령관의 협력을 얻은 플로렌스는 신속히 군대를 개혁하기 위하여 실행위원회를 구성했다. 실행위원회는 민간인과 군인을 일정 비율로 하고 의학과 보건위생학, 통계학의 권위자를 참여시켜서 여러 문제를 과학적으로 검증하는 체계를 갖추었다. 국방성 내부에 플로렌스에 반대하는 세력도 있었지만 허버트 장관을 비롯한 고위관료들이 그녀의 제안이 반영될 수 있도록 하는 데 큰 역할을 했고, 군부대의 보건의료 환경 개선에 있어서 전문가로서 플로렌스의 의견을 존중하고 받아들이도록 힘썼다. 그녀의 멤버 중에 특히 중요한 인물이 허버트 장관과 존 서덜랜드 박사였다. 이 위원회의 활동 결과 1857년 군의 학교가 세워지기도 했다.

–

# Chapter 6

# 과학적 방법(통계)으로
# 사람들을 설득한
# 나이팅게일

# 알기 쉬운 도표로 위원들 설득

"신의 생각을 이해하기 위해서는 통계학을 공부해야만 한다."

병원 시스템을 개선하고 의료 제도를 올바르게 만드는 것이 국민의 권리를 보장하는 길이라는 신념을 가지고 있었던 플로렌스는 보건 의료 개혁을 위해 다방면으로 깊이 있게 연구했다. 그 결과 사회, 정치, 문화 등 여러 부문에 대한 넓고 깊은 지식을 바탕으로 1856년 빅토리아 여왕에게 병원 개혁안을 건의하기에 이르렀다. 또한 플로렌스는 산업혁명의 결과로 출현한 공장제 노동 방식의 문제점을 지적하고, 여기에 투입된 소외된 노동자와 가난한 사람들의 기본 생활권을 보장받을 수 있도록 활동했다. 그녀가 지향했던 간호는 병원에서 환자를 치료하고 돌보는 것에서 머무르지 않고, 한발 더 나아가 사람을 살리고 건강하게 만드는 사회 개혁 운동의 일환이었다.

그뿐만 아니라 생활 환경 개선이 건강과 직결된다는 사실을 크림 전쟁의 경험으로 절실히 깨달은 그녀는 하수 처리 방식에 대한 조사와 생활 환경 실태 조사 등 생활 정보 통계도 활용했다. 당시 어린아이들도 공장에서 일해야 하는 사회 현실에서 아동 사망률과 노동 시간의 관계 등에 관한 사회 통계를 처음으로 연구하기도 했다. 여성의 사회 활동이 전무했던 빅토리아 여왕의 통치하에서 사회 개혁가로서, 페미니스트로서 여성이 처한 사회적 차별과 부조리를 혁파하는 데 전력을 다해 여성의 사회 활동의 토대를 만들어나갔다. 영국 의회의 각종 개혁 입법 수립에도 적극 참여하고 법 개정의 성과도 거두었는데, 그녀가 이렇게 여러 방면에서 성공할 수 있었던 요인은 그녀와 뜻을 같이한 다양한 분야의 사람들과 함께 협력하고 설득한 덕분이었다.

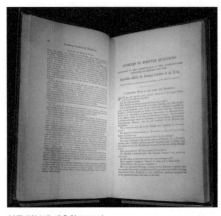
영국 정부에 제출한 보고서

1857년 5월에 군 의료 시설과 보건 의료 예산의 집행 실태를 대대적으로 조사하기 위한 위원회가 발족되었다. 플로렌스는 런던 바링톤 호텔에서 지내면서 6개월 동안 쉬지 않고 위원회에 제출할 보고서를 완성했다.

이 와중에 1857년 8월 11일 플로렌스는 극심한 피로로 완전히 탈진해 버렸다. 원인은 브루셀라증과 척추염이었을 것으로 추측하고 있다. 그녀의 집념과 추진력은 점차 결실을 맺고 있었으나 그녀의 육체는 나락으로 떨어지고 있었다. 주치의인 서덜랜드 박사도 더 이상 가망 없다고 판정했고, 플로렌스는 바링톤 호텔 별관에서 죽음과의 사투를 벌였다. 메이 고모는 자신의 가족들을 남겨둔 채 플로렌스 곁을 지키면서, 그녀가 마지막 몇 개월을 편안히 보낼 수 있도록 했다. 메이 고모의 사위이자 저명한 시인인 아서 휴 클리프도 그녀 곁에 있으면서 1857년 11월 그녀의 유언장을 작성해주었다.

다행히도 신은 그녀를 저버리지 않으셨다. 플로렌스에게는 아직 할 일이 많이 남아있었기 때문인 것 같았다. 이렇게 사경을 헤매는 중에도 그녀는 마지막으로 있는 힘을 다해 육군 개혁을 위한 일을 계속 추진했다. 외부와 완전히 단절된 환경이 오히려 그녀의 회복을 도왔고, 해야 한다는 목표 의식이 그녀를 살렸던 것 같다. 그곳에서 그녀는 계속해서 생명을 이어나갈 수 있었고, 자신이 못다 한 일을 지속할 수 있게 되었다. 병상에서도 그녀는 사회 개혁에 적극적인 태도를 버리지 않았으며, 병원 기획 분야에 선구적인 업적을 쌓아가며 영국과 세계 각국에 전파했다.

'군대의 건강, 효율성, 그리고 병원 관리에 영향을 끼치는 여러 상황에 관한 중요한 기록'1858년 이라는 보고서는 크림 전쟁에서 그녀가 경험했던 것을 기초로 모든 내용이 정확한 근거에 기반해서 작성된 것으로 영국 군대의 전반적인 개혁에 대한 포괄적인 내용과 함께 논란의 여지가 있는 항목들은 구체적으로 세부 사항을 설명했다. 군사, 통계, 보건, 건축 등을 포함하는 8백여 페이지의 이 보고서는 공표되지는 않았지만 후에 왕립위원회 보고서의 근간이 되어 위원회의 운영 방향이 결정되었고, 지금까지도 군대 의료 관리에 관한 권위 있는 보고서로 남아있다.

그녀는 군 병원의 보건 위생 환경을 개선하는 데에 통계 분석으로 군 병원의 상황을 정확히 알리기 위해 노력했다. 그녀가 통계를 내기 전까지는 아무도 크림 전쟁에서 죽은 영국군의 수를 정확히 알지 못했고, 통계 작성을 위한 통일된 기준조차 없었다. 이전에도 기록 체계가 있었지만 기준이 각기 달라서 그 결과도 일치하지 않았다.

 그녀가 제시한 사항을 간략히 요약하면, 전투 중의 사망자를 제외하면 크림 전쟁 기간 사망한 사람의 대부분은 감염으로 사망했다. 전쟁터에서 죽은 병사의 대부분이 적의 공격이 아니라 군대의 의료 체계가 제대로 이루어지지 못하고 보건 위생 환경이 최악으로 열악했기 때문에 사망했다는 것을 밝혀낸 것이다. 전쟁이 끝난 평화 시에도 육군 병사의 사망률은 민간인의 2배 이상이었다. 성 판크라스 교구의 민간인 사망률은 인구 1,000명에 2.2명, 같은 지역에 배치된 근위병의 근무 기간 중 사망률은 10.4명, 켄싱턴시의 민간인 사망률이 3.3명인데 반해 병사들의 사망률은 17.5명이었다.

 플로렌스는 전쟁 기간 입원, 부상, 질병, 사망 등의 기준을 정하여 매일 상세히 정리했다. 이 기록을 토대로 통계 분석한 내용을 가지고 군 병원의 위생을 개선해야 한다고 주장한 것이다. 당시 사람들은 질병의 원인이 무엇이고, 위생 상태가 개선되면 왜 사망자가 줄어드는지 정확히 알지 못했다. 플로렌스가 제시한 통계는 깨끗한 보건 위생 환경이 사람을 살린다는 증거가 되어 수많은 사람을 설득할 수 있었다. 일목요연하게 정리된 그녀의 보고서를 검토한 영국 정부는 늦기는 했지만 군 병원의 위생 상태를 개선하기 시작했다.

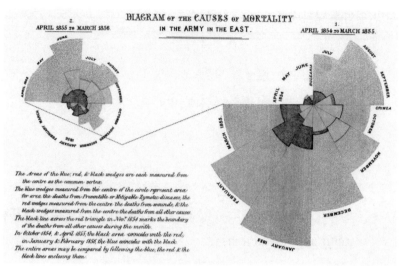

장미 도표: Rose diagram, 왼쪽 (2번), 오른쪽 (1번)

 

플로렌스는 복잡한 숫자의 나열들로는 눈에 잘 들어오지 않고 이해하기 어려워 사람들에게 설명하기 쉽지 않을 것이라고 생각했다. 그래서 분석한 통계 수치를 누구나 이해할 수 있게 그림 <sub>장미 도표: Rose diagram</sub> 으로 표현했다. 원의 중심을 기준점으로 하고 원의 반경을 부채꼴로 그려 넣는 방법으로 하여 그룹의 도수 <sub>개수</sub> 에 따라 원주상에 호의 길이를 대응시켜 만든 것이 장미 도표이다.

 

크림 전쟁의 월별 사망 원인을 표현하기 위해 그녀는 <sup>1번</sup> 1854년 4월부터 1855년 3월, 그리고 <sup>2번</sup> 1855년 4월부터 1856년 3월, 원을 두 개 그렸다. 원 하나가 1년이다. 1년은 한 달 단위 원뿔 조각 12개로 구성되어 있다. 각 조각은 한 달 단위 사망자 현황을 보여주고 있다. 또 원 중심으로부터 밖으로 3단으로 표현하였는데, 각각의 색은 서로 다른 사망 원인을 나타낸다.

- 파란색: 병원에서 전염병 등 질병으로 사망
- 주황색: 전투 중 치명적인 부상으로 사망
- 검은색: 기타 이유로 사망
- 넓이: 월별 사망자 수

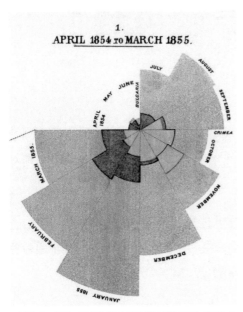

오른쪽 도표 (1번): 1854년 4월부터 1855년 3월까지의 사망자 수

전쟁이 본격적으로 시작되던 1854년 4월에는 전염병이나 질병을 의미하는 파란색 단면이 거의 없었는데, 7월부터 파란색 단면이 점점 커졌다. 전쟁이 계속 지날수록 12월에는 치명적인 부상을 의미하는 주황색보다는 병원에서 전염병으로 사망하는 파란색과 기타 이유의 검은색이 크게 나타났다.

가장 치열했던 1855년 1월 전염병 사망자 수는 2,761명으로 전체 사망자의 87%, 전쟁 중이었지만 살아날 수도 있는 생명들이었다. 직접적인 전투 부상은 3%에 불과했다.

다음 1년간의 변화를 보면 전투 부상 사망자 대비 전염병 사망자가 대폭 감소한 것을 쉽게 알 수 있다.

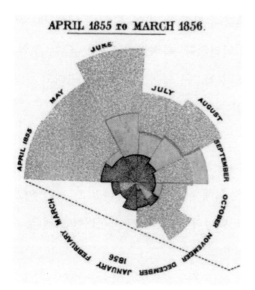

왼쪽 도표 (2번): 1855년 4월부터 1856년 3월까지의 사망자 수

1855년 4월에서 6월까지 파란색의 크기가 최대치였다가 군 병원의 위생 환경이 개선되면서 점차 감소했고, 1856년 1월에는 질병이나 전염병으로 사망하는 사람을 나타내는 파란색이 완전히 없어지게 되었다. 이 도표를 자세히 들여다보면 영국을 비롯한 연합군의 최고의 적은 러시아가 아니라 전염병이었음을 바로 알 수 있다. 그녀는 이 도표를 통해 군 병원의 위생 환경이 개선되면서 질병으로 인한 사망률이 급격하게 줄어들었다는 것을 전후 비교를 통해 증명해냈다. 정부가 준비만 제대로 했더라도 수많은 군인의 목숨을 구할 수도 있었던 일이었다.

정부 기관과 의회는 이렇게 공식 보고서가 출간되었음에도 불구하고 그녀가 밝혀낸 현실을 즉시 받아들이지 못했고, 새로운 정책도 입법화하거나 시행하지 못했다. 이러한 상황에서 플로렌스와 그 동료들을 중심으로 한 여론의 거센 압력까지 더해지자 왕립위원회는 4개의 산하 실행위원회를 신설하여 본격적으로 군부대의 개혁 사업을 추진하게 되었다. 군대 내에서도 반대자들이 자꾸 시간을 끌어 어려움을 겪기도 했지만 많은 개혁 과제가 실제로 추진될 수 있었다. 군대 내에 새로운 막사가 지어졌고 그 구조 또한 달라졌다. 특히 난방, 통풍, 급수, 부엌, 하수 처리 시설 등 보건 위생 환경이 개선되어 3년 후에는 군대의 사망률이 절반으로 줄어드는 성과를 거두었다.

왕립위원회의 고단한 여정이 완성되어갔지만, 그녀는 만족하지 않고 계속해서 군 의료 시설 개혁을 위해 꾸준히 추진해나갔고, 보건 의료 통계를 수집하는 절차도 재정비되었다. 평생에 걸친 이러한 노력은 다음 그녀의 말에서도 잘 드러난다.

"나는 살해당한 사람들의 제단에 서 있다. 내가 살아있는 한 그들을 죽도록 만든 원인과 싸울 것이다."[1]

보건 의료 개혁 조치가 성과를 거두었는지를 평가하기 위해서는 무엇이 잘 되었고 무엇이 문제인지를 알아야 개선할 곳을 찾을 수 있기 때문에 통계적 비교 분석이 이루어져야 한다. 병원 간의 비교도 필요하여 비교 자료로 사용할 통계를 찾아보았지만 당시 사용하는 기록 양식이 모두 다르기 때문에 비교 분석할 수 없었다. 질병의 분류 방식이나

---

1  『나이팅게일 평전』, 이바라기 타모츠, 군자출판사, 2016. 6. 10, 72쪽

명칭도 일치하지 않아서 여러 병원의 기록을 한곳에 정리하기도 어려웠다.

그녀는 일정한 기준에 따른 공통 양식을 만들어 기록하고 관리하지 않는 한 통계자료도 활용할 수 없다는 것을 그때 알았다. 그녀는 통계학의 권위자였던 윌리엄 파르의 도움과 조언에 따라 등기소가 분류한 질병 명칭을 적용하여 통일된 병원용 기록 양식을 고안해냈다. 이는 등기소의 질병 명칭이 전국적으로 통일된 객관적으로 적용할 수 있는 공식화된 분류 방식이었기 때문이다. 이렇게 플로렌스의 통계적 역량을 키우는데 직간접적으로 영향을 끼친 여러 통계학자가 있었다.

## 근대 데이터 시각화의 아버지, 플레이 페어
(William Playfair: 1759~1823년)

도표로 나타내던 통계 자료를 히스토그램이나 파이와 같은 그림으로 나타내기 시작한 것은 플레이 페어 William Playfair: 1759~1823년 였다. 그는 다양한 다이어그램 유형을 발명하여 근대 데이터 시각화의 아버지라 불렸다.[2] 그는 스코틀랜드의 엔지니어이자 정치경제학자이며 그래픽을 통한 통계분석법을 가장 먼저 고안하고 주장한 사람이었다. 1786년 자

---

2  https://www.encyclopediaofmath.org/index.php/Playfair,_William

신의 책『경제와 정치의 지도 Commercial and Political Atlas 』에서 막대그래프 44개를 발표하여 18세기 영국의 무역과 부채 현황을 시간의 흐름에 따른 사업의 추이와 함께 설명하는데 이 그래프들을 활용했다. 아래 표에서 그는 1700년부터 1780년까지 영국의 덴마크와 노르웨이에 대한 무역 수지 현황을 한눈에 일목요연하게 알아볼 수 있도록 시계열 차트를 만들어 표현했다.

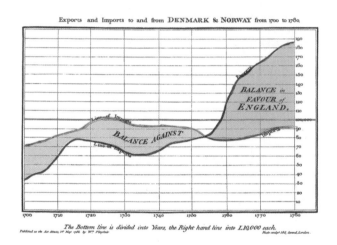

플레이 페어의 저서『경제와 정치의 지도』에 실린 무역 수지 시계열 차트, 1786년

또 스코틀랜드의 자료가 부족해서 이를 보완하기 위해 그는 한 해의 무역량에 대하여 17개국 각각의 수출과 수입으로 나누어 34개의 막대로 나타냈다. 그러나 이 그래프는 시간 변화에 따른 분석 결과를 제공하지 못하는 문제점이 있어 '실용성이 부족하다.'는 평가가 있었고, 이후 바로 폐기되었다.

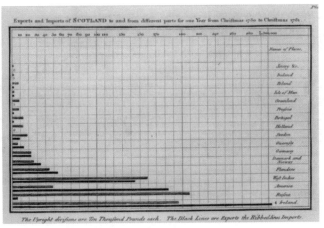

스코틀랜드와 무역한 17개 국가의 수출입 현황
공간 위에 데이터를 나열하지 않은 최초의 정량적 그래픽 형태

1801년 플레이 페어는 유럽 국가들의 인구 대비 경제 데이터를 표현하는 데 초점을 맞춘 책『통계적 일상서 Statistical Breviary』에서 최초의 원형 차트를 발표하고 시각화 그림의 효과를 주장했다. 그는 "어떤 아이디어를 구별하는 가장 좋고 쉬운 방법은 비율과 크기를 통해 사람들의 눈길을 사로잡는 것"이라고 했다. 이 책에 삽입된 원형 차트는 아시아, 아프리카 및 유럽에 식민지를 두고 있는 오스만 제국 튀르키예 의 영토 면적 비율을 나타낸 것인데, 원 전체를 조각으로 나누어 데이터를 표현한 최초의 원형 차트일 뿐만 아니라 각 요소를 차별화하기 위해 최초로 색상을 입힌 차트이기도 했다.

플레이 페어는 정보를 정확하면서도 이해하기 쉽고 간편하게 이해관계자들에게 전달하기를 원했다. 그는 자신의 책에서 "정재계 주요 인

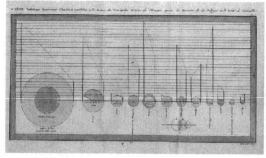
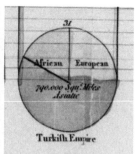

1801년 『통계적 일상서』에 나오는 원형 차트　　　　　　　원형 파이 차트 중 하나

사들은 사소한 부분에 관심을 쏟을 여력이 없다. 이런 도표들이 세부
사항을 점검하는 수고를 덜어주고 정보를 명확히 전달할 수 있도록 도
움이 되기를 바란다."고 밝혔다. 그는 데이터 시각화 data visualization 라는
분야가 발전하는데 크게 공헌했으나 정작 자신은 그 영광을 누리지도
못하고, 영국과 프랑스에서 사업 문제로 어려움을 겪다가 자기 그래프
가 대중화되는 것을 보지도 못한 채 가난에 시달리다가 1823년에 사망
했다.

　플로렌스는 자기보다 앞선 시대에 살았던 그의 영향을 많이 받고 배
웠다. 그리고 이 히스토그램과 파이를 응용해서 자신이 조사한 통계
자료를 알아보기 쉽도록 표현할 수 있었다.

# 윌리엄 파르
(William Farr: 1807~1883년)

1856년 가을 어느 날 저녁 만찬에서 플로렌스는 윌리엄 파르<sup>William</sup> <sup>Farr</sup>를 만났다. 이 두 사람의 만남으로 통계학이라는 공통분모에 대해 서로 많은 의견을 나누고 친분을 쌓아나가면서 자연스럽게 지식을 교환한 덕분에 플로렌스의 통계적 지식과 통찰력을 한 단계 끌어올릴 수 있게 되었다.[3]

1830년대부터 40년간 영국에서 통계의 시대를 이끌었던 주역 중의 한 명인 의료 통계학자 윌리엄 파르는 가난한 가정에서 태어나 지역 유지의 도움으로 어렵게 의사가 되었다. 처음에는 런던에서 개업했지만 의사로서 크게 성공하지 못했던 그는 1835년 2년간 파리에 머물면서 의학 분야에 수치 계산법을 최초로 적용한 프랑스 의사 피에르 루이의 강좌를 듣고 수치적 방법론의 적용에 대해 배웠다. 피에르는 폐렴 치료에 사혈법이 쓸모없다는 것에 대한 자신의 임상 시험 결과를 발표했는데, 젊은 의사였던 윌리엄 파르는 이와는 다르게 주거 환경과 직업에 따라 유형별 집단으로 분류하여 개인 사망률에 관한 자료를 비교했다. 사망 원인에 대한 분석도 사고와 전염병 등 그 근본 원인에 따라 통계적 분석을 시도했다.

---

3  『세계를 삼킨 숫자 이야기』, I. B. 코언 저, 김명남 역, 생각의 나무, 2005. 10. 7, 206~211쪽

의학적인 치료가 별 도움이 되지 않던 시대였기 때문에 윌리엄 파르는 질병 치료법에 중점을 두기보다는 사망의 원인에 영향을 끼치는 여러 가지 환경적인 요인들을 알아내고 대응하면서 예방 조치를 취하는 것이 더 중요하다고 주장했다. 이러한 그의 연구 경험이 플로렌스에게 고스란히 전수되면서 크림 전쟁 병사들의 사망 원인과 그 해결책을 찾아내는 데 크게 기여하게 된 것이다.

1839년 초부터 그는 중앙등기소에서 '수석 통계 편찬자'로 일하게 되면서 영국의 동태 통계, 의학 통계 분야에 주로 기여했다. 직업에 따른 사망률 통계를 내고, 질병 분류 및 질병에 이름을 붙이는 작업에도 심혈을 기울여 '영국 생명표 Life table '를 만들어내기도 했다. 의학계뿐만 아니라 보험업계에도 중요한 자료가 되었던 그의 성과는 의사였기에 가능했다.

생명표는 잉글랜드, 웨일스 지방에 등기된 인구 조사 자료에서 출생이나 사망에 관한 내용으로 만들어졌다. 방대한 양의 계산 작업이 수반되었기에 파르는 찰스 배비지 1792~1871년 가 설계한 '차분기관 difference engine: 기계적 장치를 통해 간단한 다항 계산을 할 수 있도록 한 기구로 오늘날 컴퓨터의 전신으로 인정되고 있다 '을 본뜬 계산 기계를 만들어 활용했다. 당시에는 이미 계산기가 실용적인 수준까지 발달했고, 1856년에는 에드바르트 슈츠와 브리안 돈킨이 인쇄 기기를 연결하는 방법까지 발명해낸 상태였다.

파르는 통계를 통해 사회를 개혁하고 보건 사업을 개선할 수 있다고 확신했고, 그러한 생각은 공중위생 개혁이라는 플로렌스의 목표와 일치했다. 플로렌스와 만난 1856년에 그는 이미 통계학계에서 영향력 있는 거물이었으며 공공 보건에 관한 책을 여러 권 펴낸 저자였다. 1839년에 런던 통계협회의 회원이고, 사회과학협회의 창립 회원이자 왕립협회의 회원이기도 한 그의 글은 권위가 있어 사회에 영향을 끼치고 있었다.

월리엄 파르(William Farr: 1807~1883년)

'통계에 대한 열광의 시기'라 할 정도로 통계적 가치가 인정되고 널리 확대되었던 시기에 일찍부터 통계의 중요성을 인식했던 파르는 전염병과 질병으로부터 인간을 구해낼 수 있는 역할을 통계가 할 수 있다고 믿었던 사람 중의 한 명이었다. 이에 대한 열정과 사명감이 있었던 파르는 1854년 콜레라가 유행하던 시기에 어떤 조건에 있는 사람들이 희생자가 되었는지 확인하기 위해 성별, 연령 등 기본 인적 사항뿐 아니라 소유한 재산 규모, 주거 조건, 심지어는 요일별 사망자 수까지 다양한 항목으로 희생자를 분류하여 통계를 냈다.

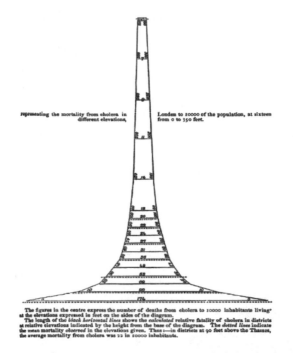

**파르의 도표**[4] : 가운데 숫자는 도표의 측면에 표현된 각 고도(0~350피트 16개 구간)에서의 콜레라로 인한 인구 만 명당 사망자 수를 나타낸다. 수평선(실선)의 길이는 도표의 높이로 표현되는 상대적 고도의 구역에서 콜레라로 인한 상대적인 사망률을 나타내며, 점선은 주어진 구간에서 관찰된 평균사망률을 나타낸다.

그의 분석 결과 여러 변수 중 주거 지역의 높이가 낮은 지대일수록 사망률이 높아지고 있었다. 이 분석 자료를 근거로 그는 콜레라로 인한 사망률은 사람들이 사는 곳의 고도와 반비례한다고 결론을 내리면서 낮은 지대에 사는 사람들이 오염된 공기를 마시게 되므로 콜레라는 공기를 통해 전염된다고 결론을 내렸다. 결국 파르는 자기 나름대로

---

4  『통계와 정책』, 이석훈, 통계청, 통계교육원, 2016. 8. 31, 34쪽

철저히 데이터를 분석했지만 콜레라의 원인을 잘못 찾고 말았다. 그의 잘못된 분석 결과의 영향으로 그와 학문적으로 교류하고 있던 플로렌스를 비롯하여 대부분의 사람이 콜레라가 오염된 공기를 통해서 감염된다는 독기설을 믿고 주장하게 되었다.

파르가 모으고 정리한 데이터를 바탕으로 콜레라가 수인성 전염병임을 알아내는데 결정적인 역할을 한 사람은 앞서 밝혔던 의사 존 스노우 John Snow 였다. 파르가 콜레라의 사망률과 관련 변수 사이의 관계를 수학적 모형으로 해석 했다면, 스노우는 특정 우물 펌프를 사용하는 지역에 집중해서 많은 사망자가 생긴 것을 발견하고 결국 오염된 물이 그 원인임을 알아냈다. 콜레라 사망자가 발생한 위치를 점으로 표시한 스노우의 '콜레라 지도'는 한눈에 알아볼 수 있는 중요한 자료가 되었다.

콜레라가 전염병이었지만 모든 계급의 사람들을 무차별적으로 희생시킨 것은 아니었다. 당연히 부자들은 좋은 집에서 깨끗한 물과 음식을 섭취했고, 불결한 환경이나 오물을 접할 기회가 훨씬 적었기 때문에 콜레라에 걸리는 확률은 상대적으로 낮아 결국 희생자들 대부분이 빈민층에서 나왔다. 그 결과 당시 소문에는 콜레라가 부자들의 음모에 의한 것이라고 런던 시내 빈민들 사이에 퍼지게 되었고, 빈민들이 관리 공무원과 의사를 살해하는 폭동의 조짐까지 보이면서 첨예한 사회문제로 대두되기도 했다. 비록 콜레라의 원인을 밝히는 데 성공하지는 못했지만, 통계 공무원의 위치에 있었던 파르의 분석으로 콜레라가 극도로 어려운 처지에 놓여있는 저지대 빈민들을 감염시키고 희생시킨다는 사실이 밝혀지자 그들의 생활 조건을 개선하는데 정부가 나설 수밖에 없었다.

파르와 스노우의 분석 차이는 여러 통계 데이터도 중요하지만 문제가 발생한 현장을 얼마나 제대로 인식하고 있었는지에 달려있었다. 파르는 통계 공무원으로 당시 전염병과 질병에 관한 자료들을 가지고 분석할 수 있었지만 문제의 현장을 제대로 알지는 못했다. 반면에 스노우는 콜레라가 발생한 지점을 계속 돌아다니며 문제의 원인을 찾았고, 그것을 콜레라 지도로 시각적으로 표현하고 데이터화하였기에 문제를 정확히 파악할 수 있었다. 이 두 사람의 분석 차이는 바로 '문제의 현장'이었다. 그래서 요즘 우스갯소리로 '우문현답'을 '우리의 문제는 현장에 답이 있다.'라는 말로 바꾸어 말하기도 한다.[5] 훗날 파르가 스노우의 주장을 완전히 인정하는 데에는 10년 정도가 더 필요했다고 하니 이 사건이 파르의 학문적 자존심에 얼마나 큰 상처로 남았는지 짐작할 수 있다.

파르와 플로렌스가 얼마나 통계 자료에 빠져있었는지 다음과 같은 일화가 전해질 정도였다.

플로렌스의 생일에 파르가 "테이블처럼 생긴 선물을 하나 가지고 왔습니다."라고 말했더니 그녀가 "그 멋진 선물을 빨리 보여주세요! 사망, 입원, 질병 통계 테이블을 가져오신 거죠?"[6]라고 말했다고 한다.

파르는 보통 사람들은 접근하기 어려운 정부의 공식 통계 문건에서

---

5    우문현답(愚問賢答)의 본래의 뜻은 "어리석은 질문에 대한 현명한 대답"
6    『통계학사 인물 읽기2 - 윌리엄 파르』, 조재근 저, 통계학회 소식지, 2007년 4월, 10쪽

실용적인 정보들을 골라낼 수 있는 능력이 있었고, 이 분석된 자료들을 플로렌스에게 전달해주면서 통계 처리 과정에 대해 알려주었다. 두 사람은 국가의 보건 개선 사업이라는 공통의 목표를 가지고 협업하였다. 영국 도서관에 보관된 그 서신에는 서로를 존경하는 전문가로서의 관계가 드러나 있는데, 그 편지에서 파르는 다음과 같이 표현하였다.

"나는 당신의 아주 충실하고 명예로운 지원자가 될 것입니다."

그리고 파르는 1857년에 플로렌스에게 이렇게 편지를 썼다.

"나는 당신의 훌륭한 관찰과 기록을 매우 유익하게 읽었습니다. 그것은 마치 어두운 곳에서 밝게 빛나는 빛과 같았습니다. 무지한 독자를 위해서라도 당신의 과제를 완수해야 합니다. 이에 덧붙여 약간의 추가 설명이 필요할 것 같은데, 군대의 건강 개선을 위해 내가 당신을 도울 것이 있다면 그 어떤 것이라도 기꺼이 제공하겠습니다. 대신 우리는 현재 진행 중인 민간 보건 개선 사업에 당신의 지원을 요청하려 합니다."[7]

그리고 같은 해 11월에 플로렌스로부터 추가 자료를 받은 파르는 다음과 같이 썼다.

"이번 보고서는 육군에서 쓰여진 것 중에서 최고입니다."

---

7  『세계를 삼킨 숫자 이야기』, I.B. 코언 저, 김명남 역, 생각의 나무, 2005. 10. 7, 208쪽

또한 파르는 생명표를 구축하면서 일반인의 사망률을 성별, 나이 등 몇 가지로 분류하고 나열하여 표로 만들었는데, 이 자료를 플로렌스에게 건네주었다. 그녀는 이 생명표의 수치들을 군 병영의 사망률과 비교해보고는 깜짝 놀랐다고 한다. 전쟁이 없는 시기에도 군대 내의 사망률이 민간인 사망률보다 두 배 가까이 높았던 것이다. 이것은 실로 '범죄적인 상황'이라고 그녀는 평가했다.

이러한 파르와의 생산적인 협업의 결과, 플로렌스는 크림 전쟁에서 대부분의 죽음은 전투로 인한 부상 때문이 아니라 발진 티푸스와 콜레라, 이질과 같은 예방 가능한 질병 때문이라는 것을 밝힐 수 있었다. 통계적 훈련이 되어있지 않은 정부의 고위 관료들에게 이 중요한 메시지를 전달하기 위해 그녀는 혁신적인 새로운 방법으로 사망의 원인을 나타낼 수 있었다.

플로렌스는 자신의 책이나 자료를 보는 사람들이 통계의 의미를 쉽게 이해하기를 바랐다. 숫자로만 가득한 표는 눈에 잘 들어오지 않고 이를 어떻게 읽고 이해해야 할지 잘 모르고 해석을 달리할 수도 있기 때문이다. 그녀는 통계 그래픽을 삽입하여 책이나 자료를 한눈에 알아볼 수 있고 이해하기 쉽게 만들었다. 하다못해 '인도 주둔군의 위생 상태에 대한 관찰'에는 막사에 있는 병사들이나 인도인 물 운반자들의 모습을 그린 삽화까지 주문해서 넣었다고 한다. '그림이 있기 때문에' 여왕과 정책 결정자들이 자료를 보게 될 것이라고 생각했던 것이다. 하지만 파르는 통계 보고서에 통계 그래픽이나 그림을 넣는 것에 대하여 플로렌스와는 생각이 달라서, 1861년 플로렌스에게 보낸 편지에 이렇게 의견을 보냈다.

"우리가 원하는 것은 인상이 아니라 사실입니다. 당신은 보고서가 너무 건조하면 어쩌나 걱정하지만 건조할수록 좋습니다. 통계는 세상의 모든 읽을거리 중에서 가장 건조해야만 합니다."[8]

파르는 ② 사망 원인을 월 단위로 분석하여 도표로 만들었는데, ① 월 단위 사망자 수를 원의 반지름 위에 넓이가 아니라 길이로 나타내어 그 점을 연결했다. 이로 인해 선의 길이가 사망자 수를 나타내는 것처럼 보여서 월별 사망자 수의 차이가 과장되게 보였다. 플로렌스는 파르의 도표가 가진 오류를 찾아내어 ③ 선의 길이가 아닌 면적으로 사망자 수를 표현했다.

이 두 사람이 각자 다른 입장에 있었음에도 불구하고 긍정적인 협력 덕분에 군 병원에서 위생 개혁이 시행되면 사망을 예방할 수 있다는 것을 정부에 확신시켰다. 플로렌스의 지속적인 연구는 변화와 혁신, 그리고 더 깨끗하고 개선된 병원들과 건강 관리 시스템을 만들기 위한 새로운 육군 통계 부서를 설치하는데 촉매제 역할을 했다.[9]

---

8  『세계를 삼킨 숫자 이야기』 I.B. 코언 저, 김명남 역, 생각의 나무, 2005. 10. 7, 217쪽
9  『어둠 속에 밝게 빛나는 빛처럼: Florence Nightingale and William Farr』, British Library Science blog, 2016. 8. 12,

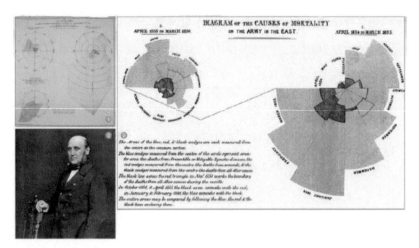

파르의 도표와 플로렌스의 장미 도표 비교[10]

⟨~⟩

# 아돌프 케틀레이(AdolpheQuetelet)의 『사회물리학론』

플로렌스는 1860년 런던에서 열린 세계 통계 대회를 계기로 아돌프 케틀레이 Adolphe Quetelet 를 만나게 되었다.[11] 그녀는 건강이 좋지 않아서 외부로 나가지 못했기 때문에 통계 대회에 참석했던 사람들이 플로렌스를 만나기 위해 그녀의 집을 방문했다. 케틀레이도 그들 중 한 사람이었다. 케틀레이는 통계와 확률론을 사회 현상에 적용한 통계학자였는데, 플로렌스는 그와 의견을 나누면서 자신이 생각했던 사회 현상에

---

10 『통계의 승리, 나이팅게일』, 에나의 과학이야기, 네이버 블로그, 2011. 2. 23.

11 『세계를 삼킨 숫자 이야기』, I. B. 코언 저, 김명남 옮김, 2005. 10. 7, 211쪽, https://en.wikipedia.org/wiki/Adolphe_Quetelet

대한 통계적 해석을 제시한 그의 이론에 깊이 공감했다.

케틀레이는 1796년 2월 22일 벨기에 겐트에서 태어났다. 어린 시절에는 작가를 꿈꿨으나 공무원이었던 아버지가 사망하고 난 후 가정 사정이 나빠지면서 17살 때부터 아이들에게 수학을 가르치며 공부했다. 겐트 대학에서 조교로 일하면서 23세 때 박사 학위를 받았고, 프랑스 파리 천문대에서 연수를 받으면서 처음으로 통계에 입문하게 되었다.

17~18세기에 천문학이 발달하면서 천체의 움직임을 계산하기 위해서는 무게, 거리 등을 정확히 측정하고 계산해야 했기 때문에 수학과 물리학이 함께 필요했다. 이때 천문학자와 측량 기술자가 같은 대상을 반복해서 측정할 때 그 값이 일정하지 않은 문제를 해결하는 과정에서 수리통계학이 발달하게 되었다.

케틀레이는 파리에서 천문학과 함께 수리통계학을 공부했고, 귀국하여 1828년 브뤼셀 왕립천문대를 창설하여 감독하면서 조국 벨기에의 천문학 발전에 기여했다. 이 외에도 독일의 국상학 國狀學: Staatenkunde 과 영국의 정치산술 政治算術: political arithmetic 에 프랑스의 라플라스류 流 의 확률론을 결합하여 근대 통계학을 확립해 나갔다.

1835년 케틀레이는『인간과 능력 개발에 대하여』를 발표했다. 그는 인구 통계와 범죄 통계를 결합하여 인구 현상 외에 도덕적 문제나 범죄 같은 무질서해 보이는 사회 현상에서도 어떠한 규칙성이 있다는 것을 증명해냈다. 그는 월별, 지역별, 기온별, 시간별 출생률과 연령, 직업, 지역, 계절과 장소에 따른 사망률을 조사하며 키와 체중, 성장률, 음주와 정신병력, 자살, 범죄 등도 변수에 넣어 계산했다. 그 결과 출생률과 사망률, 자살자 수 등이 매년 거의 일정하다는 사실을 찾아냈다. 그리고 '보통 사람'의 개념을 만들어내어 평균인의 개념을 도입했다. 이것은 인간의 특징을 통계 분석하여 정규 분포 확률 곡선에 따라 그 중간값을 기준으로 규정한 것이다.

그의 이 연구로 '도덕 통계학'에 대한 광범위한 연구가 이루어지면서 자유의지설 대 사회결정론의 폭넓은 사회적 토론이 시작되었고, 도덕적 사회 문제나 범죄 행위가 수로 나타날 수 있게 되었다. 천문학, 물리학 등 자연과학 분야에만 적용되던 통계학이 사회 현상을 입증하게 되면서 근대 통계학이 확립되어 간 것이다.

케틀레이는 이후 『사회체계[社會體系] [1848]』, 『사회물리학론[社會物理學論] [1869]』을 발표하고, 1853년 최초 국제통계학회를 조직하면서 통계학 분야를 확고히 해나갔다. 1874년 78세로 사망하기까지 인류학 분야와 통계학을 결합하여 생물통계학을 개척했고, 범죄통계학도 꾸준히 연구하는 등의 업적으로 '근대 통계학의 아버지'로 칭송받고 있다.

1872년에 플로렌스는 케틀레이에게서 1869년판 『사회물리학론』을 선물 받았다. 그녀는 이 책을 여러 차례 꼼꼼하게 읽으면서, 곳곳에 자신의 의견을 기록해 넣었다. 케틀레이의 범죄, 자살, 결혼에서 발견한 통계적 규칙성에 대한 통계가 하나님의 법칙을 밝혀내는 것이라는 확신을 갖게 되었다. 케틀레이의 이 연구는 하나님과 인간의 관계를 이해하는 도구로서 중요한 역사적 의의를 갖는 것이었다. 그녀는 케틀레이의 연구를 '신의 뜻을 알 수 있는 것'으로 이해했다.

17세기 과학 혁명 이후, 많은 사상가가 만유인력의 법칙과 같은 물리과학적 법칙과 견줄만한 인간 사회의 법칙을 사회과학 영역에서 찾아내고자 했다. 이러한 노력에도 불구하고 19세기 중반까지 그 답을 찾지 못하고 있었는데, 케틀레이는 물리 법칙의 연장선상에서 사회 법칙을 찾는 시도를 하여 '물리사회학'을 연구했고, 인간 사회의 법칙이 통계적 방법으로 구축될 수 있다는 것을 입증했다.

그러나 플로렌스는 '비판적 사고 批判的 思考: critical thinking '를 가지고 케틀레이의 연구와 이론을 들여다보았다. 비판적 사고는 정보를 분석하고 평가하는 정신적 과정으로 이는 정확성이나 타당성, 가치를 판단하기 위해 어떤 주장이나 신념, 정보의 출처를 정밀하고 객관적으로 분석하는 것을 말한다. 그녀는 케틀레이의 연구를 탐독하면서도 자기 생각과 차이가 있는 것은 '말도 안 됨'이라고 표기해 두었다. 특히 케틀레이의 연구 중에서 수긍하기 어려웠던 것은 자유의지에 대한 명제에 통계적 규칙이 발견되면 자유의지가 불가능하냐는 점인데, 그는 자유의지가 존재하지만 뚜렷한 한계를 안고 있으며, 특히 많은 대중이 관여된 문제에서는 거의 영향력이 없다고 결론을 내렸다.

그러나 크림 전쟁의 한복판에서 직접 경험했던 플로렌스의 생각은 이와는 달랐다. 그녀는 사회 현상에서 정책 결정자들이 자유의지를 발휘하면 사람들의 행동에 영향을 끼치는 환경적 조건을 바꿀 수 있다고 생각했다. 그녀는 『사회물리학론』이 천재적 작품이라고 인정했지만 완벽하지는 않다고 생각했다. 그녀는 케틀레이에게 이 문제를 해결하고 더욱 나아진 개정판을 내도록 계속해서 제안했지만 케틀레이는 뇌졸중으로 쓰러지고 다시 회복되지 못하여 안타깝게도 개정판을 내지는 못했다. 1874년 그가 사망하자 플로렌스는 연구가 지속되지 못한 것을 무척 아쉬워했고, 파르와 성금을 모아서 케틀레이의 추도식에 보냈다.

෧

## 샤를 조셉-미나르
Charles Joseph-Minard: 1807~1883년)

1807년 프랑스 디종에서 출생한 샤를 조셉-미나르 Charles Joseph-Minard 는 토목 기사로서 오랜 기간 교통과 관련된 사회 기반 시설 조사관으로 일했다. 통계의 시각적 표현으로 연구가 심화된 것은 그가 은퇴한 이후였는데, 미나르의 공학 분야에 대한 연구와 경력이 통계 지도에 대한 그의 접근법을 깊이 있게 해주었다. 그는 '사실에 기반을 둔 과학적이고 일반적인 인식'을 가지고 있는데, 이것은 추상적인 추론이나 직관보다 경험적 증거를 더 중시하는 경향을 말한다. 그의 통계 그래픽은 '사실의 체계적인 수집과 평가'를 위해 만들어진 것이다.[12]

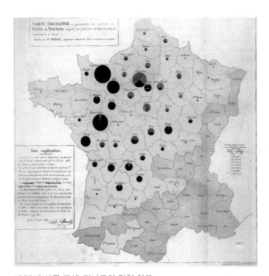

1858년 샤를 조셉-미나르의 원형 차트

플로렌스와 동시대를 살았던 미나르는 주로 지도를 만들어서 그 지도에 원형 차트를 삽입했다. 프랑스에서는 원형 차트를 까망베르 차트라고 부르는데, 프랑스의 여러 지방으로부터 파리 시장에 공급하고 있던 육류의 양을 원형 차트를 이용해 시각화한 것으로 유명하다. 원의 크기는 육류의 총량을 나타내고 있고, 각 조각은 양고기, 쇠고기 및 송아지 고기의 비율에 따라 나누었다.

그 시대 최고의 통계 그래픽이라고 찬사를 받는 미나르의 그래프는 1869년 '나폴레옹의 행군' 그래프다. 그는 1812~1813년에 있었던 나폴레옹의 모스크바 진격 및 후퇴 과정을 군사의 수, 이동 경로, 기온 하강 등으로 표현했다. 왼쪽 출발 지점에서 422,000명이었던 군사가 이

---

12  https://en.wikipedia.org/wiki/Charles_Joseph_Minard

동 경로마다 줄어서 프랑스로 다시 돌아왔을 때 10,000명이 되었다는 것을 한눈에 알 수 있게 표현했다. 그는 전쟁의 피해와 위험성을 설득할 자료로 이 그래프를 만들었다고 한다.

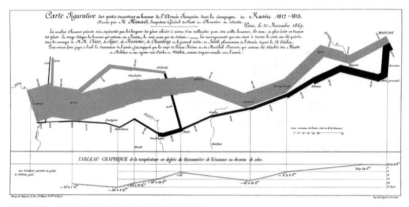

1869년 찰스 조셉-미나르의 '나폴레옹의 행군' 그래프

미나르의 이 도표는 1858년 발표한 플로렌스의 장미 도표 이후 10년이 지나고 나서 만들어진 것이다. 그것도 1812~1813년에 있었던 나폴레옹의 모스크바 진격 및 후퇴 과정을 표현한 것이니 사회적 파급력을 가지기에는 시간이 너무 지난 것이었다. 이로 미루어볼 때 미나르가 플로렌스의 '장미 도표'에 영감을 받아 '나폴레옹의 행군' 그래프를 만들었던 것으로 추측되며, 이 두 그래프는 19세기 최고의 통계 그래픽으로 평가받게 되었다. 이들의 사회적 현실에 기반을 둔 연구 결과는 사회 개혁에 커다란 영향을 끼쳤고, 통계학 분야에서 독보적으로 어깨를 나란히 하고 있다.

# 병원에 관한 노트
## (Notes on Hospitals)

플로렌스는 17살 때 하나님의 계시를 받은 이후부터 꾸준히 각종 보건 의료 자료들을 입수하여 탐독하고 유럽의 여러 병원을 돌아보며 병원의 시스템과 환자 간호에 대해 조사 분석하고 연구했다. 그리고 1854년 여성 병원 병원장으로서 병원을 운영했던 경험과 콜레라 유행 시 빈민가에 있는 미들섹스 병원에서의 활동, 크림 전쟁 중에 스쿠타리 병원과 발라클라바 병원 운영의 경험을 바탕으로 1858년 『병원에 관한 노트』를 출간했다.

그녀가 책의 서문에서 밝힌 내용을 보면 다음과 같다.

병원에 입원한 환자에게 해를 끼치지 않아야 한다는 원칙을 세우는 것은 매우 중요하다. 왜냐하면 동일한 질병의 사망률을 기준으로 볼 때, 인구 밀도가 높은 대도시 병원에서의 실제 사망률이 훨씬 높기 때문이다. 이에 대한 자료는 내가 처음으로 조사하도록 요청했다. 병원 건립에 대하여는 꼭 필요한 원리를 적용하여 병원에서 치료를 받는 환자들에게 도움이 되도록 만들 것이다. 기존 병원의 많은 경험 사례가 새 병원의 성공적인 치료에 필요한 조건이 되었고, 병들고 불구가 된 가난한 사람들을 치료한 사례들이 여러모로 좋은 경험이 되었다.

이 책에는 가장 먼저 기존 병원의 위생 문제를 설명하고, 두 번째, 치료 중 의료 및 수술에 영향을 준 병원의 구조적 결함에 대한 진술, 세 번째, 새 병원 건립 시 지켜야 할 건설 원칙, 네 번째, 병원 운영 계획에 대한 개선 가능성, 마지막으로 국제 통계 기준에 맞는 병원 통계를 표로 작성하는 방법과 함께 외과 수술 통계, 그 합병증과 결과를 나타내는 통일된 시스템에 대한 제안을 했다.

■ 병원 환경 실태

병원마다 사망률에서 큰 차이는 없다고 주장하는 경우가 있는데, 병원 사망률의 편차는 위생 상태의 큰 차이에서 비롯되는 것이다. 이것을 보여주는 정확한 통계를 비교 하는 데에 여러 가지 문제가 있다. 왜냐하면, 병원마다 질병의 비율이 다르고, 연령도 입원 환자의 상태도 병원마다 다를 수 있다. 이 요소들은 병원의 위생 상태와는 별도로 치료 결과에 상당한 영향을 미친다. 그 사실은 아무도 예상할 수 없기 때문에 높은 사망률과 증가하는 사망률로 판단하기로 했다. 그 결과, 많은 사람이 병원에 죽으러 간다는 것이다.[13] 왜냐하면 올해 너무나 많은 사람이 죽었기 때문이다. 우리는 한 병원에서 퇴원한 난치병 환자들을 알고 있었는데, 이 환자들은 입원 후 하루나 이틀 안에 그곳에서 사망했다.

---

13 산업혁명 이후 런던을 비롯한 대도시에 공장이 들어서고 인구가 급증하면서 하수 처리 시설이 갖추어지지 못하고, 쓰레기가 쌓이면서 사람이 많이 모여 있는 대도시일수록 환경 오염과 악취가 심했다. 이로 인해 대도시의 병원들에는 치료받고자 하는 도시 빈민들은 증가했지만 병원 환경이나 치료 인력이 부족하여 수용 시설의 역할밖에 하지 못했다.

병원 사망률을 비교하는 조사에 어려움이 있었지만 매우 놀라운 사실들을 알게 되었다. 이것은 아프거나 불구인 사람들의 복지에 관심이 있는 모든 이들이 알아야 한다. 등기소는 그 해의 마지막 연례 보고서에서 영국 공공 기관의 사망률에 관한 일련의 자료들을 발표했다. 그 자료에는 이 주제에 대한 통상적인 관심보다 훨씬 중대한 자료가 수록되어 있었다. 106개의 병원에서 자료가 모였는데, 1861년 4월 8일 각 병원의 수용자 수가 표기되어 있다. 이 숫자는 각 시설의 수용자 평균에 근접한 수치다. 1861년 한 해 동안 각 병원에 등록된 사망자의 수도 있다. 즉 데이터의 신뢰도가 어느 정도 높다고 가정한다면 이를 바탕으로 각 병원의 연간 사망률을 확인할 수 있다.[14]

**Mortality per Cent. in the principal Hospitals of England. 1861.**

| | Number of SPECIAL INMATES on the 8th April, 1861. | Average Number of INMATES in each HOSPITAL. | Number of DEATHS registered in the Year 1861. | MORTALITY per Cent. on INMATES. |
|---|---|---|---|---|
| IN 106 PRINCIPAL HOSPITALS OF ENGLAND | 12709 | 120 | 7227 | 56·87 |
| 24 London Hospitals ... ... | 4214 | 176 | 3828 | 90·84 |
| 12 Hospitals in Large Towns ... | 1870 | 156 | 1555 | 83·16 |
| 25 County and Important Provincial Hospitals ... ... | 2248 | 90 | 886 | 39·41 |
| 30 Other Hospitals ... ... | 1136 | 38 | 457 | 40·23 |
| 13 Naval and Military Hospitals ... | 3000 | 231 | 470 | 15·67 |
| 1 Royal Sea Bathing Infirmary (Margate) ... | 133 | 133 | 17 | 12·78 |
| 1 Dane Hill Metropolitan Infirmary (Margate) ... ... .. | 108 | 108 | 14 | 12·96 |

1986년 영국 병원의 사망률[15]

---

14 『Notes on Hospitals』, Florence Nightingale, Longman, 1863. 3쪽

15 『Notes on Hospitals』, Florence Nightingale, Longman, 1863. 3쪽

병원들은 지역별로 분류된다. 이 세 그룹을 서로 비교해보자. 런던 병원의 사망률이 90.84% 이상으로 거의 모든 침상에서 사망자가 발생하고 있다. 다음으로, 브리스톨, 버밍엄, 리버풀, 맨체스터 등 12개 큰 지방 도시 병원의 사망률은 83.16%를 보이고 있다. 그리고 시골 마을에는 25개의 카운티 병원이 있는데, 그 사망률은 39.41%에 지나지 않는다. 이러한 사망률의 큰 차이는 가장 건강하지 않은 병원이 대도시 안에 있다는 것을 말하며, 다음으로 높은 사망률은 인구 밀도가 높은 대형 제조 및 상업 도시 병원에서 발생하고, 작은 시골 마을에 가장 건강한 병원이 있다는 것을 인정할 수밖에 없다. 대도시 병원의 사망률이 너무 높아서 모든 환자가 한 해에 사망해 사라지고, 그중 일부는 약 9개월에 한 번꼴로 사라진다고 말할 수 있다. 여기서 우리는 즉시 해결해야 할 심각한 병원 문제가 있음을 알 수 있다.

이와 같이 병원에서 파생되는 문제에 대해 심각한 의문을 제기해왔고, 모든 통계 자료에서 볼 때 가난한 환자들을 차라리 각자의 가정에서 치료한다면 훨씬 더 나은 회복 기회를 갖게 될 것이라고 생각하게 만들었다. 병원의 기능이 병든 사람들을 죽이는 것이 되어서는 안 된다는 것이다.

그러나 그녀는 감염 이론에 있어서는 큰 허점을 남기고 말았다. 플로렌스는 당시 감염 이론의 변천사를 논하면서 세균의 존재를 부정하고 있다.

"이전부터 열의 발생이나 불편함의 원인으로 감염은 어떠한 의심도 받지 않았다. 역사 및 의학자들의 저술에도 감염 이론이 있었으나 밝히지 못했다."

투키디데스[16]와 그의 뒤를 이어 그리스 시인들 몇 명이 이질의 한 형태로 보이는 감염병이 사람을 통한 전염성이 있다고 묘사하였고, 후기 그리스 역사가들은 특정 질병의 전염성에 대한 암시를 하고 있다. 프로코피우스[17]는 기록상 가장 큰 질병 중 하나를 알고 있었는데 그것은 비접촉성 질병이었다.

아레테우스[18]는 감염을 믿은 최초의 의학 저자로 보인다. 갈레노스[19]는 감염의 이론을 인정한 것 같다. 후기 그리스와 아라비아 의학 작가들 중 일부는 감염병 학자였고, 다른 일부는 그 주제에 대해 거론하지 않았다. 애덤스[20]박사는 페스트와 관련해 후대에 모든 '불안한 질병'으로 간주되어 왔다고 말한다. 이 문제에 대한 옛사람들의 의견을 조사한 결과, 특

---

16 **투키디데스**(Thukydides, B.C 460~400): 실증적 역사를 개척한 그리스의 역사가
17 **프로코피우스**(Procopius, A.D 500~554): 동로마 제국 초기의 그리스인 학자. 유스티니아누스 1세의 전쟁에서 활약한 명장 벨리사리우스의 원정에 참가하면서 『전사』, 『유스티니아누스 황제의 건축물』 등을 집필했다.
18 **아레테우스**(Aretaeus): 카파도키아(Cappadocia)의 의사
19 **갈레노스**(갈렌, A.D 129~200): 고대의 말기와 중세 시대를 지나 근대 초기까지 의학의 황제로 칭송을 받았던 인물이다. 또한 의학뿐 아니라 과학, 철학, 윤리학, 종교 등에 대해서도 방대한 분량의 저서를 남겼다. 그가 주치의로서 담당했던 로마 제국의 황제 안토니누스도 갈레노스를 '의사 중에 으뜸이며, 철학자 가운데 제일'이라고 치켜세울 정도였다.
20 **애덤 스미스**(Adam Smith, 1723~1790): 정치경제학과 경제학 분야를 개척한 스코틀랜드 철학자

정 세균에 의한 것이 아니라 부패하면서 발생하는 악취에 의해 병자 주위의 대기가 오염된다고 전해지고 있다.

"이러한 명백한 실제적인 결과로 깨끗하고 풍부한 공기가 감염을 예방한다는 것이다. 나 자신의 모든 병원 경험이 이 결론을 확증한다. 감염이 있으면 예방할 수 있다. 만약 감염이 존재한다면 그것은 부주의나 무지의 결과물이다. 감염 이론의 뚜렷한 실천적 절차가 취해지는 것은 매우 현대적 발명으로 보이지만 때로는 그것이 강요하는 절차로 인해 나타났던 손실로 문명과 인류에 큰 해를 끼쳤다."[21]

그녀가 주장하는 '질병의 환경적 원인론'에 따르면 신체의 균형 정도에 따라 몸의 정상 상태와 비정상 상태를 구분할 수 있으며, 비정상 상태는 부패 등 환경적 요인에 기인한다는 것이다. 감염병에 대한 특정 미생물을 가정할 필요가 없다. 즉 세균에 의한 감염병의 확인은 불가능하다. 환경적 요인에 따라 특정 질병이 다른 질병으로 변화할 수 있기 때문에 감염병과 감염병이 아닌 것의 명확한 구분도 큰 의미를 가질 수 없었다.

1883년 코흐[22] 등에 의해 '감염병의 세균 원인론'이 검증되기 전까지 공중위생을 강조하는 진영은 '질병의 환경적 원인론'을 지지하는 경향

---

21  『Notes on Hospitals』, Florence Nightingale, Longman, 1863. 22쪽
22  **코흐**(Robert Koch, 1843~1910): 의사이자 미생물학자, '세균학의 시조', 결핵균 발견

을 보였고, 그 그룹에 플로렌스가 속해 있었다. 그리고 이 책에 자신의 주장을 자세히 기록하였다.

'전염병의 세균 원인론'을 지지하는 진영이 소독법을 포함한 공중위생을 등한시하고, 오로지 세균의 존재에만 관심을 보여서 공중위생의 중요성을 간과했기 때문에, 두 진영은 의료 정책에서 서로 적대적 관계를 맺을 수밖에 없었다.

플로렌스는 『병원에 관한 노트』에서 공중위생의 중요성을 강조하기 위해 '전염병의 세균 원인론'을 비판했다. 그녀의 말에 따르면 그것은 인간으로 하여금 관찰을 통해 자연법칙을 알도록 해준 신의 섭리에 반한다는 것이다. 또한 그녀와 교류했던 밀 J.S Mill 등의 경험론에 근거해 '눈에 보이지 않는 세균'을 가정하는 것은 '형이상학적 가설'에 불과하다고 주장했다.

그녀가 가지고 있던 여러 가지 한계에도 불구하고 자신이 쓴 『병원에 관한 노트』에서 병원의 문제가 무엇인지, 사람들이 왜 병원에 가는 것을 꺼리는지에 대해 객관적인 자료를 제시하며 밝히고 있다. 병원 관련 질병 발생의 네 가지 요인으로 ①한 병실 내 많은 환자, ②침상 공간 부족, ③신선한 공기 부족, ④햇빛 부족을 지적하면서 병원의 환경을 개선하고 건강한 환경을 조성하면 병원의 사망률을 줄일 수 있다고 주장했다. 이에 대한 해결책으로 병원 용지를 환경이 좋은 곳으로 선택해야 하며, 외부로부터 신선한 공기를 유입시키기 위하여 파빌리온 Pavillion 방식의 병원 건축과 내부 설계의 개선이 필요하다고 설명했다. 이뿐만 아니라 의료진의 질을 높여 치료 수준을 향상시켜야 하고, 조직 구조와 관리 체계의 개선을 위해 병원 임상 업무와 행정 업무가 분리되어야 한다고 했다.

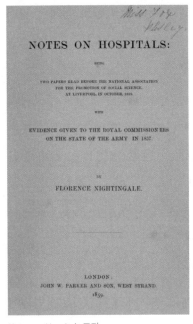

Notes on Hospitals 표지

프랑스 파리 래리보이지에르 병원, 빈센스 군 병원, 허버트 병원, 몰타 군 병원, 몰타 난치환자 수용소, 노동자 의무실, 요양 병원, 어린이 병원, 인도 군 병원 등 다양한 의료 제공 시설의 형태에 대한 사례를 연구하여 병원 전반에 대한 변화의 필요성과 개혁 방안을 제시했다.

병원 운영의 성과를 평가하기 위해 입원 환자 수, 퇴원 환자 수, 환자당 치료비, 병동 위생과 관련된 통계, 외과적 수술과 관련된 통계, 사망률 통계가 필요함을 역설했다. 당시 신생아 사망률이 높았던 것을 상기시키며, 신생아 사망률 통계 등 병원 통계의 중요성과 공식 통계 보고를 위한 통일된 보고 양식이 필요하다고 했다. 부록에는 유럽 여러 병원의 운영 계획과 병원 통계 양식으로 외과 수술 양식, 외과 수술 사망률 집계 양식까지 상세하게 제시했다.

그녀의 『병원에 관한 노트』는 병원의 설립과 경영에 큰 변화를 일으켰다. 그녀는 병원 경영 분야에서 앞서가는 전문가로 인정받았으며, 그녀의 조언은 계속 이어져 나가게 되었다. 그 결과 그녀의 영향을 받지 않은 병원이 없을 정도였고, 이 기록으로 다음 세대의 병원 설립 기준과 의료 제도 정착에 막대한 영향을 끼쳤다. 같은 해에는 에일즈버리 왕립 버킹엄셔 병원 건축을 위한 기금 마련 운동도 했다. 당시 콜레라 유행에 대응하여 형부인 해리 베르니 경과 함께 저명인사들이 뜻을 모아 버킹엄 로드 마을 바로 외곽에 있는 시골 저택을 구입해 개조하여 병원을 만드는 데에도 참여했다. 그녀는 1863년에 제3판을 출판하여 이 책을 12월 14일 빅토리아 여왕에게 바쳤다.

## 나이팅게일 병동

19세기 중반까지만 해도 병원은 질병을 치료하는 공간이라기보다는 죽음을 앞둔 환자들을 수용하는 공간이었다. 나을 수 있는 병에 걸린 환자들은 집 안에서 가족 <sub>대개는 주부</sub> 의 간병을 받았고, 의사는 환자의 집으로 왕진을 가서 증세를 살피고 필요한 치료를 하며 약을 주었다. 병원에 입원하는 사람들은 가족이 없거나 가족의 간병을 받을 수 없는 사람들뿐이었다. 그래서 병원은 가난한 사람들, 치명적인 전염병에 걸린 사람들, 가족에게 버림받은 사람들을 수용하는 장소였다. 병원이라고 하여 특별한 구조를 필요로 하지도 않아서, 유럽에서는 수녀원이 환자 수용소를 겸했고, 병원으로 지어진 건물도 특별히 진단과 치료를 위한 공간을 따로 두지 않았다.

새 시대가 요구하는 새로운 병원에 대한 구상을 시기적절하게 제시한 이는 플로렌스였다. 『병원에 관한 노트』에서 그녀는 이상적인 병동 구조로 '파빌리온식'을 제안했다. 이의 원뜻은 나비라는 말로 관리동, 취사동, 세탁장 및 병동을 몇 개로 분리해서 길고 큰 건물마다 병동을 복도로 연결한 형식의 '개방형 병동' 건물을 말한다. 그녀는 '환자에게 피해를 주지 않는 병원'이 가장 중요하며 이를 위해서는 '햇빛과 통풍, 감염 방지와 최대한 자연 치유될 수 있는 환경'을 제공해야 한다고 믿었다. 이런 생각은 넓은 대지에 상당한 거리를 두고 수십 개의 병동이 늘어선 '병원 단지'로 실현되었다.

그러나 이번에는 의료진과 병원 직원들의 활동 공간과 동선이 문제였다. 병원이 효율적으로 작동하기 위해서 적은 수의 의료진으로 많은 환자를 돌볼 수 있는 공간을 배치해야 한다. 의료진과 병원 직원들이 쉽게 왕래하기 위해 여러 개의 병동을 연결하는 통로가 필요하므로 긴 통로 좌우로 병동이 늘어선 평면형 병원 건축 방식을 구상해낸 것이다. 이 방식은 건축비가 많이 들지 않으면서 병동은 서로 거리를 유지하도록 떨어뜨림으로써 당시 전염병 대책으로 효과적이었다.

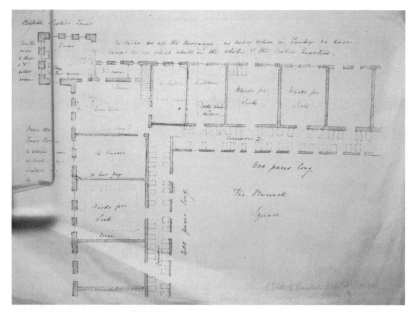

플로렌스의 병실 구조 스케치 성 토마스 병원

 

 기존 병원 디자인의 결함은 같은 지붕 아래 수많은 환자가 모여 있다는 것, 공간이 너무 좁다는 것, 채광과 환기가 제대로 안 된다는 것이었다. 병원에 입원해서 질병이 낫는 것이 아니고 열악한 병원 환경에서 감염으로 인해 발열과 확산, 병원 괴저, 출혈이나 빈혈 환자가 늘어나 결국에는 사망률이 증가하게 되었다. 이러한 병원 감염으로 인한 사망률을 낮추고 환자의 회복을 돕기 위해서 '파빌리온식 개방형 병동'을 제시하게 된 것이다.[23]

---

23 『영국 병원의 나이팅게일 병동에 관한 연구』, 김광문, 서희심, 대한건축학회지, 1983. 6, 22쪽

파빌리온식 개방형 병동에다 그녀는 추가로 커다란 창문을 많이 설치해 채광을 높이고, 깨끗한 공기의 흐름을 유지하여 통풍 장치 역할을 하면서도 더러운 먼지가 실내로 들어오는 것을 막는 구조를 만들어냈다. 또한 병실 크기에 맞는 적정 환자 수를 정해 수용함으로써 질병의 발생을 사전에 예방하고자 했다. 그녀가 제시한 이 병동 구조를 '나이팅게일 병동 Nightingale Hospital Wards'이라 부르게 되었고, 이 구조의 효시는 허버트 병원 Herbert Hospital 이다.

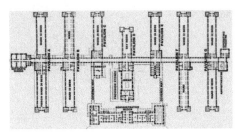

시드니 허버트 병원 설계도

허버트 병원은 플로렌스에 의해 1859년부터 1864년에 걸쳐 총괄 기획되고 골튼[24]에 의해 건설된 총 658병상의 병원이다. 허버트 병원은 그 이전의 비슷한 규모의 병원인 래리보이지에르 병원과 빈센트 군 병원의 경험을 발판으로 건설되었다. 즉 래리보이지에르 병원의 좁은 병상 간격과 간호 부장실 및 위생 설비의 위치, 인공적인 환기 방법 등을 개선하면서 1개 층당 2개의 간호 단위를 둔 빈센트 군 병원의 이중 파빌리온 평면형을 개선한 결과라 할 수 있다.

전체 구성으로 볼 때 중앙 복도로 연결된 7개 동과 정면 입구의 독립

---

24    골튼 Captain Douglas Galton, 1822~1899 : 왕립공병대 대위. 플로렌스의 사촌 조카

된 관리동으로 이루어지며, 각 병동은 28~32병상의 오픈 병동으로 병
상은 양 벽면에 직각으로 배치되어, 2병상당 하나씩 창문이 붙어있고,
전 병동에는 큰 창이 있어 환경을 즐길 수 있으며, 온종일 얼마간의 햇
빛도 받을 수 있도록 되었다.

나이팅게일 병동의 효시인 허버트 병원의 특징은 환자에게 직접적으
로 필요한 것과 아닌 것을 명확히 구분하였는데,
 첫째, 일조, 환기, 난방, 소음 등 환자의 물리적 환경에 대한 배려
 둘째, 휴게실, 옥외 테라스, 중앙 복도의 산책 통로, 외부 경치를 즐
         길 수 있는 병동 단위의 창 등 환자의 입원 생활에 대한 배려
 셋째, 병동 분리를 통한 원내 감염 방지
 넷째, 서비스 부분의 배치, 사람과 물건을 구분한 2층 중앙 동선과 각
         동의 세로 동선을 연결한 원내 동선 계획 등이다.

이것은 당시에 발생한 문제점을 해결할 수 있는 명확한 답을 제시하
고 있으며, 150년이 지난 오늘에도 통용될 수 있는 많은 기본 과제를
담고 있다. 성 토마스 병원도 플로렌스의 기획을 바탕으로 당시 건축
가인 헨리 커리 1820~1900년 에 의해서 설계되었다. 25

---

25  https://en.wikipedia.org/wiki/Henry_Currey_architect  G C Cook, 『Henry Currey
    FRIBA(1820 - 1900): leading Victorian hospital architect, and early exponent of the "pavilion
    principle"』, BMJ Journal 78호, Issue 920 성 토마스 병원은 1868~1871년에 건축되었다.

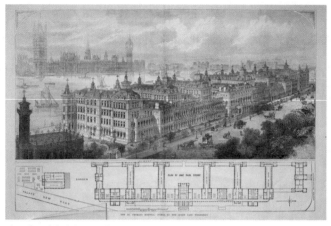

성 토마스 병원 전경, 1876년

　19세기 전형적인 개방형 병실의 모델이 된 나이팅게일 병동은 공기의 흐름이 매우 이상적이었으며, 창문을 열면 자연 환기가 되어 실내 공기의 오염을 방지하는 데 획기적이었다. 나이팅게일 병동은 사진과 같이 장방형 평면에 30개의 침대가 마주 보게 배치된 형태로서, 건강에 유익한 빛을 환자들에게 제공하기 위해 길고 커다란 창문을 두고 창문들 사이에 충분한 공간을 두어 공기의 자유로운 순환이 이루어지도록 했다.

　나이팅게일 병동은 이외에도 간호 업무의 효율성, 병동의 규칙 준수, 관리 비용 절감 등에서 큰 장점이 있었다. 플로렌스는 깨끗한 환자복과 시트 등 세탁물을 공급할 효율적인 방안, 침상 간 간격의 적정 유지 등 병원 시스템도 완전히 바꾸어야 한다고 주장했다.

　그녀가 제안한 병원 설계로 전 세계의 병원들이 그녀의 이론에 따라

나이팅게일 병동의 모습

서 새롭게 세워졌다. 그리고 20세기 중엽 개인의 사생활 보호가 강조되면서 개인 병실이 만들어지고, 병동이 소형화되기 전까지 100년 가까이 병원 건축의 기본이 되었다.

## 나이팅게일 간호 학교

"간호 학교를 열기 위해 나에게는 엄청난 용기가 필요했다.
그때마다 지금 고통을 겪는 사람들을 돕고 있다는 생각이 큰 도움이
되었다."

1860년 7월 9일 나이팅게일 기금 중 4만 5천 파운드를 기반으로 성

토마스 병원에 나이팅게일 간호 학교, 간호조산사 학교를 설립했다. 이는 세계 최초의 전문적인 간호사 양성 기관으로서 재정상 완전한 독립 기금으로 운영되었다. 이는 아무리 좋은 일이라 할지라도 경제적으로 독립된 운영을 하지 않고서는 뜻있는 일을 계속 이어나가기 힘들다는 의미이다. 보수적인 의사들의 끈질긴 반대도 있었지만 여왕의 주치의였던 제임스 클라크 경 등의 강력한 지원자들이 그녀를 지원하고 설립을 후원해주었다.

성 토마스 병원 나이팅게일 간호 학교

나이팅게일 간호 학교는 병원 관리를 제대로 할 수 있는 수준 높은 간호 지도자를 양성하기 위해 설립된 학교였다. 실습생들은 내과의, 외과의로부터 간호술기를 지도받고, 3명의 주임 의사가 의학과 간호학을 과학적 기초에 근거하여 교육했다. 그녀는 성 토마스 병원의 간호부장으로 위드로퍼 부인을 임명하고, 학생들에게는 학업에 전념할 수 있는 교육 환경을 만들어주었다. 실습생에게는 실습실이 제공되었고, 식사와 근무복, 연금 10파운드의 수당과 능력에 따른 보너스도 지급했다.

성 토마스 병원의 외과 주임 교수 겸 왕립 외과 학회장을 지낸 사워드 John Flint South, 1797~1882년 는 1857년 4월 15일 자『타임스』지에 '병원 간호사에 대하여'라는 글을 기고해 성 토마스 병원 간호사들에 대해 자세히 소개했다. 특히 수간호사 역할의 중요성을 강조했다. 1860년에는 성 토마스 병원 내에 세워진 나이팅게일 간호 학교의 학생 모집을 위한 광고가 다음과 같이『타임스』지에 게재되었다.

> 나이팅게일 기념 재단과 토마스 병원과의 협약에 의해 병원의 간호사가 되고자 하는 젊은 여성을 모집함.
> – 교육 기간: 1년
> – 연령: 23~35세
> – 숙식 일체 제공: 차 Tea 와 설탕 포함
> – 유니폼, 세탁 및 일부 외출복 제공
> – 봉급: 10파운드
> – 간호원장의 지휘하에 훈련을 받게 됨
> – 실제 강의와 지도를 수간호사, 레지던트 의사가 담당
> – 1년 후 성적이 우수하면 병원에 정식 간호사로 채용
> – 문의 사항은 간호원장에게 오전 10~11시에 한함[26]

최초로 시도된 이 프로젝트는 크게 성공하여 그 평판이 세계적으로 널리 알려지게 되었다. 이 학교 졸업생들이 처음 현장에 투입된 것은

---

26 『간호역사와 철학』 신미자 외, 현문사, 2015. 2. 25, 71~72쪽

1865년 5월 16일, 리버풀의 노동자를 위한 병원이었다. 이렇게 양성된 졸업생들은 세계 각국의 큰 병원에 진출하여 플로렌스의 간호 철학을 전파하는 우수한 지도자가 되었다.

나이팅게일 간호 학교의 또 다른 특징은 간호 교육을 완전히 비종교적인 배경에서 실시하였다는 것이다. 그녀는 독실한 기독교도로서 평생 영국 국교회 신자로 남아 있었으나 기독교도들의 독선과 아집을 항상 경계했고, 19세기 영국 국교회가 가난한 사람들을 억압하는 역할을 한 것에 대해서도 비판했다. 그녀가 생각하는 진정한 종교는 다른 이들을 적극 보살피고 이것이 결국 사랑으로 구현되어야 한다는 것이다. 그녀는 인간의 영혼을 지옥으로 몰고 가도록 방치하는 것에 의문을 품었고, 구원받지 못하고 죽는 자들도 결국 구원받을 수 있다는 '보편적 화해'의 신봉자였다.

보편적 화해 universal reconciliation 란 하나님의 사랑과 자비로 모든 죄인과 소외된 인간 영혼들도 궁극적으로는 하나님과 화해를 한다고 주장하는 교리이다. 그녀는 이러한 철학을 바탕으로 자신이 돌보는 사람들을 위로하곤 했다. 한번은 죽어가는 젊은 창녀가 지옥의 나락으로 떨어질 것이라고 슬퍼했는데, 그녀는 이 여인에게 "진정으로 하나님은 그 누구보다도 훨씬 더 자비롭다."고 위로해주었다고 한다.

또한 그녀는 다른 종파의 기독교인들과 비기독교인들에 대한 차별을 강하게 반대했다. 그녀는 종교가 힘든 삶 속에서도 착한 일을 할 용기

현재 킹스칼리지 간호학부 건물

를 준다고 확신했기 때문에 간호사들에게 종교적인 봉사 활동과 자선 활동에 적극 참여하도록 권했다. 하지만 실제로는 종교적인 병원들보다 일반 병원들이 더 나은 시스템과 간호 서비스를 제공했는데, 이와 같은 현상에 대해 그녀는 전문적인 목적뿐만 아니라 종교적인 의지로도 병원 사업을 해야 하지만 종교적인 의지가 최상의 치료와 간호를 제공하고자 하는 전문가의 욕구를 따라가지는 못한다고 평가했다.

그녀는 나이팅게일 간호 학교를 통해서 간호사 교육 시스템을 구축함으로써 현대 간호 직업을 확립하는 데 이바지했다. 학교는 현재 런던 대학교 킹스 칼리지 Kings College 플로렌스 나이팅게일 간호학부로 불리고 있다.

나이팅게일 간호 학교의 교육 목표

- 임상 간호사를 훈련한다.
- 간호사를 교육할 수 있는 간호 지도자를 육성한다.
- 병들고 가난한 사람들을 돌보는 지역 사회 간호사를 양성한다.[27]

---

27 『간호역사와 철학』 신미자 외, 현문사, 2015. 2. 25, 69쪽

# 런던 통계협회의 최초 여성 회원

1860년 런던에서 세계통계대회가 열렸을 때 병원 통계 양식을 통일하자는 플로렌스의 제안이 대회에 전달되어 참가자들은 그녀가 만들어낸 양식을 가지고 논의했다. 당시 영국 병원의 질병을 분류하고 기록하는 양식이 달라서 어떤 정책을 실행해도 실제 효과가 있는지를 파악하기 힘들었다. 그녀는 병원 기록 양식이 통일되면 쓸모 있는 통계 자료를 만들 수 있다고 생각하고 제안했다.

그녀가 병원 기록 양식에 포함해야 한다고 주장한 내용은 연초에 병원에 입원해있던 환자의 수, 1년간 새로 입원한 환자의 수, 퇴원 환자수, 사망한 환자 수, 평균 입원 기간 등이었다. 통계학자들은 그녀의 제안에 적극 찬성했고, 이를 계기로 그녀를 런던 통계협회 현재의 왕립통계협회 의 회원으로 받아들이자는 안건을 내어 통과시켰다. 이로써 플로렌스는 통계에 관한 정규 교육을 받지 않았음에도 불구하고 런던 통계협회에서 회원으로 인정되어 최초의 여성 회원이 되었다.

기독교 신비주의자였던 플로렌스는 통계를 활용함으로써 신의 섭리와 인간 세상을 위한 계획을 알아낼 수 있다고 확신했다. 1860년 그녀가 썼던 『사상을 위한 제안 suggestions for thought』이라는 글에서 신의 실체까지는 밝힐 수는 없다고 해도 객관적인 통계적 분석을 통해 사회 개혁의 필요성과 함께 변화하고 발전하는 현상을 파악함으로써 신의 덕성을 느낄 수는 있다고 했다. 그녀는 "신의 참다운 본질은 어디에나 존재하는 법칙이신 자"라고 확신했고, 인간은 경험이나 연구를 통해 물리적인 세계와 인간사에 감추어진 신의 법칙들을 발견할 수 있다고 했다.

> "통계 연구는 이를 발견할 수 있는 한 가지 수단이며, 이를 실천하는 것이 인류의 의무이다. 인간은 신의 섭리를 알고 그 계획을 따를 수 있어야만 점차 완전한 인류의 모습을 갖추어갈 수 있다. 그래서 인간은 사회 현상에 대한 통계 법칙을 알고 해석할 수 있어야 한다. 특히 행정을 맡아 하는 사람들이나 정책 결정자들에게 이러한 지식은 필수적인데, 이들이 교육받는 곳이 대학이니 대학이 통계를 가르쳐야 한다. 나라의 정책을 운영하게 될 이들은 통계 활용법을 배워야 한다."

플로렌스는 옥스퍼드 벨리올 칼리지의 학장인 벤자민 조웨트와 뜻을 같이하여 옥스퍼드 대학에 '응용통계학과'를 개설하려고 했다. 그녀는 이를 위한 기금을 모금했고, 자신도 사재 2천 파운드를 기부하려고까지 했다. 이를 가르칠 교수이자 학과장으로 우생학의 아버지 프랜시스 골턴에게 맡아줄 것을 제안했으나 골턴 자신이 이를 사양하고 협조적이지 않아서 그 계획은 무산되고 말았다.

1891년 플로렌스가 프랜시스 골턴에게 보낸 다음의 편지에서 행정가나 법제정가, 정책 결정자에게 통계가 얼마나 중요한지를 설득하고 있다. 그녀는 자신이 이제까지 추진해온 보건 위생 개혁 사업이나 교육 문제, 범죄자 처벌 문제, 구빈원 체제의 효율적 운영 문제, 인도의 보건과 경제적 복지문제 등을 사례로 들었다.

"당신은 케틀레이가 한 말을 기억하고 계실 것입니다.… 여러 가지 법률을 만들 때에는 기대하는 바를 모두 기록해두십시오. 그리고 몇 년이 지난 후에 기대했던 효과가 얼마나 충족되었는지, 또 얼마나 실패했는지 확인해 보십시오. 그러나 법률이나 그 집행 방식을 바꾸고, 과거와 현재의 결과를 비교하지 않으신다면 그 모든 것들은 그저 실험적이고 변덕스러우며 형식적인 겉치레에 불과할 것입니다. 두 배드민턴 채 사이를 의미 없이 오가는 셔틀콕처럼 말입니다." [28]

골턴의 전기에서 플로렌스의 이 편지를 인용한 칼 피어슨은 다음과 같이 말했다.

"나는 진실로 고백하건대, 이 편지는 플로렌스 나이팅게일이 쓴 모든 편지 가운데에 가장 뛰어난 것 같다. …그녀가 편지에 쓴 내용들은 삼십 년 전이나 지금이나 매우 유용한 것이다. 우리가 적합한 통계적 방법들을 동원하여 의료, 교육이나 사회의 여러 문제를 연구하기 시작한 것은 불과 얼마 되지 않은 일이다. 그나마 현재의 연구들은 법을 만드는 데 거의 영향을 끼치지 못한다. 게다가 진정한 지식 기반으로 꼭 배워야 할 통계를 필수 과목으로 가르치는 대학은 많지 않다. 유수의 큰 대학들이 통계 이

---

28 『세계를 삼킨 숫자 이야기』, I. B. 코언 저, 김명남 옮김, 2005. 10. 7, 219~220쪽

론과 응용을 가르치는 교수가 없다는 것은 수학 교수가 없다는 사실과 같다. 통계학자의 논리는 분명 수학자의 상징적 분석법만큼이나 과학 탐구의 전 분야에 필수적인 도구이다."

플로렌스는 통계적으로 데이터를 분석하고 이를 시각화하여 사회에 적용하는 것에 대해 독보적인 존재였다. 통계학자로서의 자질을 갖추기 위해서는 데이터가 의미하는 것을 이해하는 능력과 함께 예술적 능력도 필요한데, 그녀는 이 모든 역량을 갖추고 있었다. 19세기 공공 보건 의료 개혁과 사회 개혁을 위해 통계적 분석 결과를 활용하여 여론을 형성해갔던 것을 보면 통계학자로서의 그 가치가 날이 갈수록 빛나고 있음을 알 수 있다.

통계를 통한 그녀의 통찰력은 정말 놀랍다. 그녀의 주장 이후 20세기에 들어서야 비로소 인간과 사회 활동의 모든 분야에서 다양하고 풍성한 수치 정보들을 가지고 통계적 분석을 통해 사회 현상을 설명하기 시작했다. 그리고 이제 21세기 빅데이터의 시대가 열리고, 날이 갈수록 빠르게 변화하는 사회의 모습들이 그녀를 더욱 생각나게 하고 있다.

# 국제 적십자사의 창설에 영감을 주다

1863년 스위스인 앙리 뒤낭의 노력으로 국제 적십자사가 창설되었다. 앙리 뒤낭은 1859년 프랑스와 오스트리아가 전쟁할 당시에 최고의 격전지인 솔페리노를 지나게 되었다. 그곳에서 그는 싸움터에 쓰러져있는 병사들을 보고, 적군과 아군의 구별 없이 인류애로 그들의 생명을 구해야 한다는 생각을 하게 되었다. 이후 그는 세계 각국의 사람들에게 전쟁의 참상을 알리고 자신의 뜻을 구현하기 위해『솔페리노의 회상』이라는 책을 출간했다. 이 책을 본 많은 사람들이 그의 뜻을 따르고 기리기 위해서 국제 적십자사의 출범에 적극 참여했다. 앙리 뒤낭은 이를 계기로 훗날 제1회 노벨평화상을 수상했다.

국제 적십자사의 설립 목표는 어떠한 차별 없이 인간의 고통을 예방하고 경감하고자 노력하며 인간의 존엄성을 보호한다는 것이다. 국제 적십자위원회는 국제적·비국제적 무력 충돌, 내란 혹은 긴장 상황에서 자발적으로, 혹은 제네바 협약을 근간으로 피해자들을 보호하고 지원하는 국제 인도주의 기구이다. 1863년 제네바에서 개최된 5인 위원회는 부상병 구호를 위해 적십자사와 소속 간호 요원에게 중립적 지위를 부여하고 국제적으로 보호할 것을 결의했다. 1864년에는 적십자의 표장을 채택하는 제네바 협약이 이루어졌고 이후 각국에 적십자사가 설립되어 활동하게 되었다.

플로렌스는 누구보다도 국제 적십자사의 창설을 지지하고 반겼다. 1872년 런던에서 국제 적십자 회의가 열렸을 때 앙리 뒤낭은 다음과 같이 말했다.

"오늘날 국제 적십자사가 있게 된 것은 모두 플로렌스 나이팅게일의 덕분입니다. 크림 전쟁에서 등불을 들고 부상병들을 간호하던 그 천사의 모습이 나로 하여금 솔페리노의 전쟁터에서 적십자사를 만들어야겠다는 생각을 하게 해주었습니다. 나는 적십자사를 만들었지만 나에게 이 일을 할 용기를 북돋워 준 사람은 플로렌스 나이팅게일입니다. 나는 다만 그녀가 몸소 실천한 사업을 그대로 적용한 것뿐입니다. 적십자사를 만든 건 내가 아니라 나이팅게일입니다." [29]

이러한 플로렌스 나이팅게일의 정신을 기리기 위해 국제 적십자사에서는 2년마다 전 세계의 간호사를 대상으로 간호 활동에 기여가 큰 인물을 선정하여 나이팅게일 기장을 수여하고 있다. 피비린내 나는 참혹한 전쟁 속에서도 플로렌스 나이팅게일 한 사람의 고귀한 정신이 이세상을 얼마나 아름답게 만들 수 있는지를 잘 보여주고 있다.

---

29 『건강보건관련 국제기구 지식정보원 - 국제 적십자사』, 노영희, 홍현진 저, 한국학술정보, 2009. 7. 31.『나이팅게일 평전』, 이바라기 타모츠, 군자출판사, 2016. 6. 10, 102쪽, 『간호역사와 철학』, 신미자 외, 현문사, 2015. 2. 25, 111쪽

# Chapter 7

# 나이팅게일의
# 간호 철학이 반영된
# 간호론

# 간호 노트
(notes on nursing)

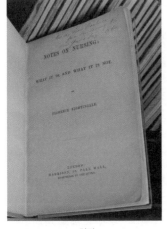

Notes on Nursing 친필

1859년 132쪽 분량의 『간호 노트 notes on nursing』 책이 출간되었다. 이 책은 이 시대를 사는 여성들이 누구나 가정에서 부모, 형제자매, 자녀 등 가족의 건강을 책임지는 '간호사'의 역할을 해야 한다는 목적으로 쓰였다. 간호에 대한 기본이 되는 내용을 정리하여 일반 여성들도 간호하는 방법을 배울 수 있게 한 것이다.[1]

그녀의 간호 이론의 핵심은 환경을 통제하는 것이다. 환자를 둘러싸고 있는 물리적 환경이 환자의 건강에 영향을 끼친다는 주장이다. 당시 영국 사회는 불량한 주변 환경이 끼치는 영향에 대해 그리 심각하게 생각하지는 않았다. 그러나 그녀는 깨끗한 위생 환경, 청정한 공기가 건강을 회복하고 유지하기 위해 우선되어야 함을 강조했다.

모든 질병은 회복의 과정이고 반드시 통증이 수반되는 것은 아니지만

---

1  『Notes on Nursing』, Florence Nightingale, Readaclassic, 2011. 2. 15. 4쪽

여러 위험 인자에 영향을 받아 장애를 일으키고, 쇠약해져서 정상적인 기능을 할 수 없게 되는 상태에서 회복하려는 '자연의 노력' 과정인 것으로 그녀는 규정했다. 사실 질병과 관련된 증상이나 통증은 그 자체보다는 전혀 다른 요인 때문에 생기는 경우가 많은데, 예를 들어 신선한 공기와 햇빛, 따뜻함, 조용함, 청결함, 영양가 있는 음식 등 자연적, 사회적, 환경적 여건이 갖추어지지 않기 때문이기도 하다.

영국에서는 7명의 유아 중 1명이 한 살이 되기 전에 사망하는 유아 사망률이 높은데 그 원인이 주로 '가정의 환경 위생 불량' 때문이었다. 가족의 건강을 돌보는 부모들이 과연 이 문제를 알고 있었을까? 인문학, 철학 등 품위를 높일 수 있는 교육은 형식적으로나마 여성들에게 교육하고 있지만 건강을 지키는 방법에 관해서는 전혀 가르치지 않고 있다.

## 환경적 요인을 통제해야 한다

간호란 건강에 적합한 환경에서 신체적 소모를 가장 적게 하도록 환자를 돌보는 것으로 환자의 신체적이고 정서적인 안정 속에서 궁극적으로 환자 고유의 생명력을 유지하도록 돕는 것이다. '신선한 공기, 햇빛, 따뜻함, 청결함, 조용한 환경을 유지하고, 영양가 있는 식사, 환자가 힘들어 하는 것, 부담을 줄여주는 것'으로 단순하게 약을 주거나 습포제를 붙이는 일이 아니다. 또한 진정한 간호를 위해 온화한 태도와 세심한 관찰 능력을 갖추어야 한다고 하였고, 건강한 주거 환경을 만들기 위해 청정한 공기, 깨끗한 물, 하수 처리와 배수, 청결한 환경, 햇빛 등의 다섯 가지를 중요한 사항으로 제시했다.

환자의 물리적인 환경이 강조되었던 이유는 전염병 발생이 높은 시대적 배경으로 볼 때 타당성이 있고, 우선순위가 높다고 할 수 있다. 위 요인들은 가정이나 병원의 병실 등에 영향을 끼치므로 간호를 하는 사람은 건강과 관련된 모든 요인을 파악해야 한다.

### 1. 환기

적절한 환기는 어떠한 약보다도 훌륭한 치료제가 될 수 있다. 환자의 방 안 공기를 신선하게 유지하기 위해 환기도 중요하지만, 방 안에서 발생하는 탁한 공기의 온상이 되는 근본 원인을 제거해야 한다. 또한 건축 설계 때부터 맑은 공기가 방 구석구석에 도달할 수 있고 깨끗한 공기가 유지될 수 있도록 건물을 지어야 한다.

### 2. 채광

햇빛에 대한 환자의 욕구는 신선한 공기 다음으로 중요하다. 질병을 치료할 때 햇빛을 적절히 활용하는 것이 좋은데, 병실의 경우 침대의 방향, 전망, 태양광을 고려하여 배치해야 한다.

### 3. 온기

환자는 따뜻한 환경 속에서 일정한 체온을 유지하는 것이 매우 중요하다. 사람의 정상 체온은 36.5℃로 체온이 정상보다 낮아지면 혈액순환과 호흡, 신경계의 기능이 점차 떨어지게 되고 면역력도 약해져서 각종 질병에 노출되기 쉽다. 몸의 체온이 1℃ 떨어지면 문제의 이상 신호가 오기 시작하므로 체온 손실을 막기 위해 매시간 세심하게 관찰해야 한다.

### 4. 신선하고 위생적인 식사

영양가 있는 음식 섭취에 대한 관심과 지식이 부족해 음식물이 풍족할 때에도 제대로 먹지 못하게 되는 경우가 생기게 된다. 식사를 제시간에 환자 앞에 놓이도록 하고, 섭취해야 할 양보다 더 많은 음식을 보이지 말고 권하지도 않는 것이 좋다. 병원에 있는 환자라면 의사의 식이 처방에 따라 식사를 제공하고, 일정한 규칙을 정해서 하루 권장 섭취량과 실제 섭취량을 관찰해야 한다.

### 5. 소음

환자는 건강한 사람에 비해 신체적으로나 정신적으로 예민해져 있기 때문에 충분한 수면이 중요한데, 소음은 환자에게 긴장을 일으킬 수 있으므로 어떤 이유로도 환자를 무리하게 잠에서 깨우지 않는 것이 좋다. 환자 옆에서 속삭이면서 대화하는 것은 아주 안 좋은 일이다.

### 6. 청결

청결은 간호의 핵심이라고 말할 수 있으므로 참 간호를 위해서는 감염 예방에 최선을 다해야 한다. 생활 주변을 깨끗하게 정리하지 않고, 몸을 자주 씻지 않으면 많은 병균이 생길 수 있는데, 병균이 사람의 몸에 들어가면 여러 가지 질병을 일으킬 수 있기 때문이다. 병균들은 손과 입을 통해 사람의 몸에 들어가기 때문에 손을 깨끗이 씻고 이를 잘 닦으면 질병에 걸리는 것을 예방할 수 있다. 가정집이나 병원 건물과 같은 물리적 환경의 청결에서부터 환자의 신체적 청결, 그리고 환자와 직접 접촉하는 의료진과 모든 직원도 청결해야 한다.

## 치료와 간호의 명확한 구분

플로렌스는 의학이 자연적인 생명의 과정에 발생한 장애 요인을 제거하고 치료하는 것이라면, 간호는 이 장애 요소를 극복할 수 있도록 적합한 치유 환경을 만들어 관리하는 것이라고 하면서 의학과 간호학의 역할을 명확하게 구분했다. 그녀의 간호 철학은 개인적 자원과 함께 사회적, 전문적 자원을 통합한 가치 철학들이 복합적으로 연관되어 있다. 그녀는 "불량한 위생 시설, 불량한 건축 구조나 행정 제도가 진정한 간호를 불가능하게 하므로 바람직한 간호를 제공하기 위해서는 필요한 시설과 제도가 갖추어져야 한다."고 주장했다. 앞서 여성 병원을 경영할 당시에 의료진의 업무 효율을 높이기 위해 여러 가지 시설 개선과 업무 개선을 한 사례로 볼 때 그녀는 자신의 생각과 주장을 현장에 적극적으로 적용하였다는 것을 알 수 있다.

이러한 그녀의 간호 철학을 기반으로 나이팅게일 이후의 시대로 넘어가면서 간호의 개념화가 시작되고 구체화되면서 간호 교육의 중요성이 대두되었고, 체계적인 간호 이론을 만들어내게 되었다. 그래서 1934년 테일러 Taylor 는 그녀의 이론을 계승 발전시키면서 "간호는 개인의 신체적 · 정신적 생활의 요구에 대하여 의사의 처방에 따른 치료와 예방적 조치를 함과 동시에 이상 가장 완전한 상태: ideal , 인간에 대한 사랑 love 과 연민 sympathy , 지식 knowledge , 교양 refinement 등이 일체가 되어 표현될 때 비로소 간호의 본질이 나타난다."고 했다. 이는 간호의 목적을 단순히 신체적 건강에만 국한하지 않고 심신의 질병으로부터 회복하고, 한 단계 더 나아가 질병을 예방하는 데까지 간호에 대한 인식이 확대되어야 한다는 것이다.

## 환자 관찰의 중요성 강조

그녀는 또한 사람들이 자주 하는 두 가지 잘못된 사고 습관이 있다고 지적했다. 하나는 환자의 상태를 잘 관찰하지 않는 것, 또 하나는 평균치를 선택하는 것이다. 통계학적인 평균 사망률은 100명 중 몇 명이 죽는지밖에 알 수 없지만, 관찰을 통해 분석하면 100명 중 어떤 사람이 죽는지를 알 수 있다며 관찰의 중요성을 강조했다.

간호하는 사람들에게 가장 중요한 실질적인 교육은 무엇을 관찰할 것인가, 어떻게 관찰할 것인가, 어떤 증세가 호전 증세인가, 어떤 것이 악화된 증세인가, 어느 증상이 중요한가, 어느 것이 중요하지 않은가, 어떠한 것이 태만의 증거인가 등을 가르치는 것이다. 신속하고 정확한 관찰력을 기르는 것이 훌륭한 간호사가 되는 데 매우 중요하다. 이것 없이는 모든 헌신적 노력도 쓸모없을 것이라고 말해도 틀린 말이 아니다.

관찰을 하는 이유는 잡다한 정보나 진기한 사실들을 모아두기 위해서가 아니라 생명을 구하고 건강과 편안함을 높이는 실질적인 목적을 위한 것이다. 모든 간호하는 사람은 의지하고 신뢰할 수 있는 자신의 직업에 대한 사명감을 가지고 있어야 한다. 왜냐하면 생명이라는 신의 귀한 선물이 간호하는 사람의 손에 달려있기 때문이다.

## 간호사의 지식과 역량이 환자의 건강 상태를 반영한다

그녀는 환자를 책임지고 있는 간호사에게 관리management를 한다는 것이 무엇인지 터득하게 하고자 했다. 임상 현장은 경우에 따라 상황이 다를 수밖에 없으므로 이에 대처하기 위해서는 항상 스스로 생각해야 한다. 그리고 모든 것을 보살핀다는 것이 자신이 직접 그 일을 한다는 것을 의미하는 것이 아님을 강조했다. 간호사는 자신이 없는 동안에도 정해진 일이 차질 없이 진행되도록 하는 것이 중요하다. 갑자기 일어나는 사고의 근본 원인은 책임자가 없었다는 데 있는 것이 아니라 책임자의 부재를 보완해줄 아무런 대책도 없이 환자 관리 체계가 조직화되어 있지 않다는 것이다.

책임을 수행하는 방법을 제대로 이해하고 있는 사람들이 많지 않다. 책임을 진다는 것은 분명히 스스로 적절한 조치를 수행할 뿐만 아니라 구성원 모두가 또한 그렇게 하는가를 확인하는 것을 뜻한다. 그런데 책임자들이 자신이 '반드시 필요한' 존재라는 것에 과도한 자부심을 가진 나머지, 자기 외에는 아무도 설비, 체계, 지침, 회계 등을 이해하거나 수행할 수 없다는 잘못된 생각을 가지는 경우를 흔히 보게 된다. 책임은 누구라도 그것들을 이해하고 각자가 맡은 임무를 확실히 수행함으로써 담당자가 부재중이거나 병에 걸렸을 경우에도 모든 것이 평소와 다름없이 이루어지도록 해야 하며, 그 자리에 꼭 있어야만 하는 사람이 되지 않도록 하는 것이다.

플로렌스는 환자가 의지할 수 있는 간호사가 갖추어야 할 자세를 다음과 같이 제시했다.

- 주변 소문 등에 대해 쓸데없는 잡담을 하지 않는다.
- 환자에 관한 정보에 대해 비밀을 지킨다.
- 성실, 정직, 깊은 마음, 헌신적인 태도와 자신의 사명을 중시한다.
- 환자를 정확하고 주의 깊게 신속히 관찰하며, 섬세하고 자애로운 마음으로 대한다.[2]

---

2 『나이팅게일의 간호론』, 플로렌스 나이팅게일 저, 김조자·이명옥 옮김, 현문사, 2012. 2. 28, 149쪽

『간호 노트』에서 플로렌스가 말하고자 했던 간호사는 타인의 건강을 돌보는 모든 사람을 의미한다. 환자를 돌보는 친구나 친척, 가정에서 어머니, 교사, 그리고 장래 어머니가 될 사람들, 간호사가 될 어린이들에게 '건강의 원칙'을 가르치는 것이 사람을 죽음에서 구하고 세상의 온갖 위험을 막는 것으로 생각했다. 개인과 가정의 위생을 관리하고 가정을 쇠락에서 예방하는 모든 것이 여성들의 사명이라고 했다.

이와 같이 『간호 노트』가 모든 여성을 대상으로 쓰인 책이기는 하지만 나이팅게일 간호 학교를 비롯한 전 세계의 간호 학교들이 교재로 채택하여 간호 학생들을 교육했다. 그녀의 저서는 병원 환경이 열악하고 간호사라는 직업이 제대로 정립되지 못한 시대적 상황과 건강에 대한 단편적인 지식들만이 구전으로 알려지던 때에 자신의 실무 경험을 담아 직접 기록한 최초의 책이었다. 환자 간호에 대한 공식적인 출판물이 세상에 나옴으로써 간호 직종이 의학의 보조적인 존재가 아니라 치유의 한 독립 분야로 높이 인정받고 그 지위를 격상하는 데 크게 기여했다. 또한 그녀를 근대 간호학의 창시자로 칭송하게 된 계기가 되었다.

—

# Chapter 8

# 인도 국민과 영국군의
# 건강 개선을 위한 노력

# 인도 '세포이(Sepoy) 항쟁'

　16세기 초에 건설된 무굴 제국은 인도 전역에 걸쳐 성숙한 문화를 꽃피웠으나 1707년 무굴 제국의 황제 아우랑제브가 죽자, 인도 각지에서 지방 세력들이 우후죽순처럼 일어나면서 분열되기 시작했다. 당시 영국과 프랑스는 조각난 인도에서 주도권 쟁탈전을 벌이던 중에 1757년 영국이 인도에서 프랑스를 완전히 몰아내고 동인도 회사를 설립하여 인도의 지방 정권을 하나둘 지배해 나갔다. 19세기 중엽 마침내 인도의 거의 모든 지역을 점령하면서 영국은 인도에서 막대한 부를 챙기기 시작했다.[1]

　식민지 인도는 '영국의 젖소'가 되었고, 동인도 회사를 중심으로 영국은 독점적인 영향력을 구축했다. 영국은 인도에 쪽이나 면화 재배를 강요하고, 숲의 나무들을 베어 갔다. 이 때문에 인도의 숲은 파괴되고, 가뜩이나 무거운 세금에 허덕이던 농촌은 기근으로 수백만 명이 희생되었다. 또한 산업혁명 이후 높아진 생산성을 바탕으로 한 영국산 상품들이 인도로 수입되어 전통적인 산업 기반이 붕괴되기 시작했다. 그들의 폭정과 수탈은 날이 갈수록 가혹해져 갔고, 인도 민중들의 삶은 점점 피폐해져 갔다. 또한 식민지 인도에서 영국인들의 인종 차별과 공격적인 선교 사업은 인도 민중들을 분노하게 하였고, 저항적 민족의

---

1　『살아있는 세계사 교과서 2』, 전국역사교사모임, 휴머니스트, 2005. 11. 14, 118~119쪽

식을 갖게 했다.

1857년 인도에서 '세포이 항쟁'이 일어났다. 본래 세포이 <sup>sepoy</sup> 는 동인도 회사에 고용된 인도인으로 구성된 용병 집단으로, 영국의 인도 식민지 사업에 부역해 온 사람들이다. 처음에는 동인도 회사로부터 현지인들보다 더 나은 급료와 대우를 받고 충실히 임무를 수행해왔지만, 19세기 중엽 영국이 인도를 지배하는 데 성공한 무렵부터 세포이들은 여러 원인들로 인해 영국에 저항하기 시작했다.[2]

첫째, 세포이의 수가 늘어나면서 동인도 회사는 운영비를 줄이기 위해 퇴직금과 급료를 삭감했다. 그리고 아와드 지역이 영국에 병합되자, 세포이들은 그 지역의 토지를 기반으로 한 자신들의 기득권이 사라질지도 모른다는 두려움을 가지게 되었다. 둘째, 영국에 인도 외에도 아메리카와 아시아, 특히 중국 쪽에서도 군사력을 요청하면서 세포이들을 해외로 파병 보낼 것을 검토하게 되고, 인도를 떠나게 되면 자신의 카스트 지위를 상실하게 된다는 생각을 하는 세포이들을 자극했다. 셋째, 세포이들에게 지급된 개인 화기인 머스킷 소총은 탄약통 방수를 위해 주로 돼지나 소기름을 칠해 사용했다. 총을 사용하기 위해서는 어쩔 수 없이 탄약통 포장을 입으로 뜯어야 했는데, 이슬람교나 힌두교도인 세포이는 이것이 자신들을 모욕하기 위한 조치로 생각되어 불만이 폭발하기에 이르렀다.

---

2 『제국의 품격』, 박지향, 21세기북스, 2018. 10. 15, 224쪽

1857년 벵갈에서 시작된 인도의 저항은 영국군에 의해 즉시 무력으로 진압되었고, 세포이 항쟁의 불씨가 거의 꺼져가는 1858년 영국 정부는 인도 통치법을 발효하여 그간의 지배 주체인 동인도 회사를 청산하고 인도를 직접 지배하기 위해 1878년 빅토리아 여왕이 인도 황제로 즉위하면서 영국령 인도 제국이 선포되었다.

## 인도 주재 영국 군대의 보건 환경 조사

1861년 허버트 장관이 브라이트병 Bright's Disease, 신장염 으로 사망했다. 크림 전쟁 당시의 상황을 모르거나 이해하지 못했던 사람들은 플로렌스가 허버트 장관에게 자신이 생각한 바를 관철하기 위하여 끊임없이 압박하고 스트레스를 주어 그의 수명을 앞당겼다고 비난하기도 했다. 그러나 평생 동지였던 허버트를 잃은 슬픔에 그녀는 정신적으로 충격을 받고 한동안 일어나지도 못했다.

허버트가 사망한 후 그녀는 그의 일을 인수받아서 인도 주재 영국 육군의 보건에 관한 왕립보건위생위원회의 실질적인 책임자가 되었다. 처음에는 인도에 파견된 영국군의 보건 위생에 중점을 두었다. 그녀는 인도의 모든 영국 군대에 설문지를 보낸 뒤, 마차 두 대 분의 서류를 정리 분석하여 2,000여 쪽의 인도 위생 상황에 관한 보고서를 만들었다. 이 보고서에서 인도 주둔 군대의 사망률이 1,000명당 69명에 달한다는 사실을 밝혀냈다. 사망률이 높은 이유는 높은 인구 밀도, 하수 처리가 안 되는 점, 오염된 물, 환기가 안 되는 점 등이 주요 원인임을 보여주었다. 1862년 자신의 개인 의견을 담은 이 보고서를 사비로 출판하여 발표하고, 이 보고서에 근거해 인도의 보건 위생을 개선할 것을 요청했다.

플로렌스는 초기에는 이와 같이 영국 군대의 건강 상태에 초점을 맞추어 조사했으나 점차 인도 국민들이 처한 여러 가지 문제들로 관심이 확장되어갔다. 영국 식민지하에 있던 인도는 수많은 보건위생 문제를 지니고 있었다. 그녀는 점차 인도의 인구 과잉 문제와 더불어 식량 부족, 영양 문제, 모자 보건, 전염병, 미신, 가난한 농민들에 대한 불평등 문제들이 심각한 수준이라는 것을 알게 되었다.

## 식민지 인도 국민의 삶에 대한 인식

그녀는 식민지 국민인 인도 민중들을 저버리지 않았다. 그녀는 인도 주둔 영국 군대와 인도 국민의 건강을 함께 해결해야 한다는 결론을 내리고 인도 전역의 위생과 인도인의 삶을 개선하기 위해 캠페인을 벌여나갔다. 또한 신문 기사와 편지를 통하여 영국 국민들에게 인도 문제에 대한 대처가 시급하다는 점을 다음과 같이 호소했다.

굶주림에 대한 제국의 무관심에 관해 "인도에서 굶어 죽는 사람은 프랑스-프러시아 전쟁에서 죽은 사람보다 다섯 배나 많습니다. 하지만 누구도 이런 상황을 이해하지 않습니다. 오리사 주민 3분의 1이 자신들의 뼈로 들판을 하얗게 덮었을 때, 정부 당국의 묵인하에 그들의 굶주림에 관해 아무 언급도 하지 않았습니다.", 농촌의 재산권에 관해서는, "가난한 농부들은 자기의 모든 것에 세금을 내고 있습니다. 그러나 지주는 일도 하지 않으면서 자기 대신 일하는 가난한 농부에게 세금을 떠넘기고 있습니다.", 인도에서 시행되는 영국의 재판에 관해서 "가난한 농부는 자신을 보호하기 위해 영국의 정의에 의한다고 말하지만 사실은 그렇지 않습니다. 그 누구든 자기가 사용할 수 없는 것은 결국 갖지 못한 것입니다.", 가난한 사람들의 인내심에 관해서는 "농부들의 저항은 인도 전역에서 일어날 수밖에 없습니다. 인도의 순박한 수백만 농부가 모두 영원히 조용히 인내하며 살아가는 것이 최선인지 확신할 수 없습니다. 벙어리들도 말할 것이고 귀머거리들도 들을 것입니다." [3]

## 영국 군대와 인도 국민의 건강 개선 캠페인

1867년 인도의 민간인 및 군인을 위한 공중위생국이 설치되고, 영국 정부는 인도의 보건 위생 개선 사업을 정식으로 진행하여 10년이 지난

---

3 『거울 너머의 역사』, 에두아르노 갈레아노 저, 조구호 옮김, 책으로 보는 세상, 2010. 4. 1, 347~348쪽

뒤 사망률은 1,000명당 69명에서 18명으로 줄어들었다. 그 이후로도 그녀는 20년 이상 인도의 중요한 보건 문제 해결을 위한 구체적 계획안에 열중했는데, 인도의 공중위생 문제와 간호법, 병원의 설립과 관리에 관한 연구, 구빈원의 개혁 등을 분석했으며, 이렇게 인도인들의 생활 조건 개선에 영국 정부 관계자들이 보다 많은 관심을 갖도록 영국 내의 여론을 이끌어냈다.

인도 국민의 보건 의료 혁신을 위한 계획은 영국을 방문한 주요 인도 관리와 영향력 있는 영국 저명인사들과 함께 논의하며 만들어나갔다. 옥스퍼드 대학에는 인도 공무원을 위한 농업과학 학부생 대상 강좌를 개설하기도 했다. 그것은 경제학자인 아놀드 토인비와 마드라스 농업 대학 교장인 로버트슨의 지원을 받았다.

옥스포드 대학의 오랜 친구인 벤자민 조웨트가 플로렌스에게 보낸 편지를 보면 그녀가 인도 민중을 위해 인도주의적인 지원을 아끼지 않았음을 알 수 있다.

"당신에 대한 사랑의 마음을 항상 간직하고 있습니다. 당신이 크림반도에서 돌아온 후 그리고 이제 묵묵히 일하면서, 얼마나 많은 사람이 병원에서 간호사들에 의해 목숨을 구하고 있는지 사람들은 잘 모릅니다. 수많은 군인이 당신의 깊은 배려와 열정 덕분에 지금 살아 있습니다. 인도의 원주민들은 또 어떻습니까? 지금까지 기근으로부터 보호받아 왔어요. 침대에서 거의 일어날 수 없는 병든 여성의 힘에 의해."

# 이론적 접근의 오류

그러나 한 번도 직접 가보고 경험해보지 못한 인도의 보건 의료 상황에 대한 그녀의 개선 제안은 찌는 듯이 더운 인도의 환경을 제대로 이해하지 못한 면도 있었다.

전기 작가 리튼 스트레이치[4]는 플로렌스를 "과학적 근거가 부족한 경험주의자일 뿐이다."라고 평가했다. 그녀는 자신이 본 것을 믿었고, 그에 따라 행동했을 뿐 그 이상은 아니었다. 스쿠타리에서 신선한 공기와 햇살이 자신이 담당해야 할 병을 예방하는 데 아주 효과가 있음을 알게 되었고, 그 사실에 대한 원리가 무엇인지에 대해 생각하지 않았다.

파스퇴르[5]의 세균 발견과 리스터[6]의 무균 수술법의 개발이 있은 후 그녀는 이를 세균 숭배라 부르며 비웃었다고 한다. 그녀는 공중위생의 중요성을 강조하기 위해 '전염병의 세균 원인론'을 비판했다. 그러한

---

4   **리튼 스트레이치**(Lytton Strachey, 1880~1932년): 영국의 전기 작가이자 비평가. 케임브리지 대학교에서 공부한 뒤 예술가, 지식인, 문학인이 모인 블룸즈버리 그룹의 지도자가 되었다. 프랑스 문학을 다룬 비평서도 펴냈으나 최대 업적은 전기였다. 1918년『빅토리아 시대의 명사들』을 썼는데, 그는 매우 특이한 관점으로 대상을 다루면서 위인들의 성격과 행동 동기, 또는 그들의 허세를 들추어내거나 깎아내는 일을 서슴지 않았다. 그의 목표는 한 인물을 사실 그대로 묘사하는 것이었다.

5   **파스퇴르**(Louis Pasteur, 1822~1875년): 프랑스의 화학자이자 생물학자이다. 발효와 부패를 일으키는 균과 병원체를 발견하고 저온 살균, 백신 접종 등을 개발했다.

6   **리스터**(Joseph Lister, 1827~1912년): 외과 의사로서 파스퇴르의 세균 감염설을 토대로 화농에 대해 연구하여 무균 수술법을 고안했다.

원인론은 관찰을 통해 자연법칙을 알도록 해준 신의 섭리에 어긋난다는 것이다. 그녀와 교류했던 밀 J.s. Mill [7]도 경험론에 근거해 '눈에 보이지 않는 세균'을 가정하는 것은 '형이상학적 가설'에 불과하다고 주장했다. 그녀는 세균의 존재를 본 적이 없었으므로 존재하지 않는다고 믿었고, 신선한 공기의 효력은 경험한 바 있어서 믿은 것이다. 지식과 경험의 한계, 그것은 누구에게나 있을 수밖에 없는 한계이지만 안타까운 것은 사실이다. 그녀의 시행착오를 통해서 세상의 변화와 과학과 지식의 발전을 받아들이고 따라잡는 것이 중요하다는 교훈을 우리에게 주고 있다.

환자들의 방은 통풍이 잘되도록 조치해야만 한다. 병원이나 군대의 환기가 중요하기는 하지만 인도와 같은 환경에서 한낮의 찌는 듯한 더위에 문을 열어 환기를 시키면 뜨거운 열기가 실내로 유입되고, 저녁에는 모기가 많아 모기를 통해 전염되는 황열이나 말라리아에 걸릴 수 있다는 것을 미처 생각지 못했다. 인도에서 그녀의 영향력이 막강했을 때 모든 병원의 창들은 반드시 열어놓아야 한다는 명령을 내린 적이 있었다. 더운 날씨에 창문을 열어놓으면 어떻게 되는지 뻔히 아는 현지 실무자들은 이에 강력히 반대했지만 받아들여지지 않았다. 그녀는 쉽게 납득할 수가 없었다. 그녀는 더운 날씨에 대해서는 전혀 알지 못했고, 신선한 공기의 효과에 대해서는 잘 알고 있었기 때문이다. 자

---

7    밀(Jhon, Stuart, Mill, 1806~1873년): 19세기 영국의 철학자이자 경제학자. 벤담의 양적 공리주의와 구분되는 질적 공리주의 사상을 발전시켰으며, 자유주의와 사회 민주주의 정치사상의 발전에도 크게 기여했다.

신의 개인적인 경험에서 실무자들은 구태의연한 태도를 보인다고 생각했고, 창문은 일 년 내내 활짝 열려 있어야 했다. 인도의 모든 의사가 강력히 항의했지만 그녀는 끄떡도 하지 않았다. 그러나 당시 로렌스 경 Lord Lawrence 이 인도 부왕이었고, 충분한 권위를 가지고 있었다. 그가 플로렌스의 명령을 철회할 것을 지시했고, 그녀는 어쩔 수 없이 받아들였다.

그녀가 시도했던 인도의 보건 환경 개선은 안타깝게도 실패로 끝났다. 1879년 6월 그녀의 든든한 후원자였던 인도 총독이 사망하면서 이미 제안되었던 사업들이 연기되거나 묵살되었다. 그리고 그녀가 계획했던 어떤 위원회도 열리지 않았다. 그녀의 전기를 쓴 세실 우드햄 스미스는 당시 상황을 다음과 같이 기록했다.

"그녀는 절망에 빠졌다. 인도에서의 사업이 중단되었고, 20년 동안의 희생과 노력은 아무런 성과를 거두지 못했다."[8]

---

8  『빅토리아 시대 명사들』, 리튼 스트레이치, 경희대학교 출판문화원, 2003. 6. 25, 183쪽

–

# Chapter 9

# 리버풀의 노동자를 위한
# 병원 – 산업 보건의 기초

# 빈민 구제법 제정

1864년 12월에 빈민 한 사람이 런던 홀본 구빈원의 불결하고 처참한 환경 속에서 사망한 사건이 발생했다. 이 사건을 계기로 국민들 사이에는 빈민 수용시설인 구빈원work house *1*으로 보내진다는 것이 악몽 같은 현실로 받아들여졌다. 그러나 질병을 앓거나 집안이 망했거나 가족이 없는 노인들은 아무리 그곳이 싫다고 해도 가지 않을 수 없었다.

플로렌스는 독일 카이져스베르트의 보건 의료 시스템을 도입하여 영국의 빈민 수용 시설인 구빈원에 적용하고자 했다. 이에 따라 그녀는 먼저 런던의 구빈원들을 대상으로 한 조사를 통해 간호 서비스의 부족이 구빈원의 사망률을 높이는 주요 원인임을 찾아냈다. 그녀는 전문 간호사를 구빈원에 배치하고, 일반 실업자들을 아동, 노인, 불치병, 정신병자들과 분리해서 수용할 것을 요청했다. 그녀가 판단하기에 구빈원은 경기 침체기나 기타 이유로 실직하거나 취업을 못 한 '노동 활동이 가능한 실업자'들의 취업 활동을 격려하기 위해 일시적으로 수용하는 곳이지, 도시의 갈 곳 없고 돌보는 이 없는 이들을 수용하는 곳이

---

*1* **구빈원**(Work house): 노인, 병자, 고아 등 근로 능력이 없는 사람들에게 제공되는 시설. 여성 빈민들 중에 임시 간병인을 선발해 구빈원의 병자들을 돌보게 하였는데, 이들이 환자들에게 배급하는 음식과 술을 갈취하는 경우가 허다하였고, 상주하는 의사도 없어서 여러 가지 병에 걸린 환자들이 더러운 침대에 누운 채 왕진 오는 의사들을 기다려야만 했다. 1840년대 초 이런 구빈원 환자들의 침상을 목격한 플로렌스는 "가슴이 찢어지는 듯한 아픔을 느꼈다."고 한다.

아니었다. 이런 이들까지 너무 많이 구빈원에 수용하여 빈약한 의료 서비스를 받도록 하는 것이 근본적인 문제라고 보았고, 이들을 위해서는 별도의 수용 시설이 필요하며, 그것을 제공하는 것이 국가의 책임이라고 보았다.

이런 그녀의 주장은, 두 명의 당대 지성인, 에드윈 체드윅과 존 스튜어트 밀의 공감을 이끌어 냈다. 두 사람은 플로렌스의 사회 복지 개혁 목표가 보다 현실적이고 합리적이 되도록 다듬는 데 도움을 주었다. 그녀를 도운 이들은 이 두 명뿐만이 아니다. 빅토리아 시대 최고의 위생학자로 불리는 존 서덜랜드, 영국 중앙 등기소의 통계학자 윌리엄 파르, 수도 전문 기술자인 로버트 롤린슨 같은 이들이 그녀가 데이터를 모으고 대안을 만들어가는 데 조언을 아끼지 않았고, 언론사 『타임스』는 그녀가 기고한 글을 보도해 여론을 형성하는 데 도움을 주었다.

플로렌스가 정부에 요구한 대도시 빈민법 Metropolitan Poor Bill 의 중심 내용은 다음과 같다.

첫째, 병자, 정신병자, 어린이, 노인 등을 일반 대도시의 빈민들로부터 분리하는 법령을 제정한다. 둘째, 이것을 실현하기 위한 목적으로 대도시 거주민들을 대상으로 한 세금을 부과하며, 이를 통제하기 위한 기관을 설립한다. 셋째, 이러한 세금 징세와 정책을 실현하는 것을 관리, 감독하기 위한 위원회가 즉시 수립되어야 한다. 넷째, 이 새로운 시스템에 따라 병자, 노약자, 정신병자, 직업학교에 재학 중인 학생들을 위한 각각의 개별적인 병원들이 제공되어야 한다. 이러한 병자들이 치료받지 못한 채 사회에 방치된다면, 다른 평범한 수많은 이들에게도 악영향을 끼치게 될 것이기에, 국가와 사회가 책임지고 이들을 분류하고 치료해야 한다.

각 분야 전문가들의 조언과 치밀한 통계, 그리고 크림 전쟁의 영웅이라는 명성과 정치권 고위 인사들과의 인맥에 힘입은 입법 로비 활동은 마침내 1866년, 의회의 빈민법 제정위원회의 위원장인 빌러스를 설득함으로써 결실을 보는 듯했으나, 당시 집권당의 선거 패배로 인해 그리 순조롭게 상황이 돌아가진 못했다. 플로렌스와 그 동료들은 포기하지 않고, 1866년 7월 25일, 새로 빈민법위원회의 위원장에 취임한 하디에게 자신과 동료들의 활동을 소개하는 편지를 보내 법안 제정의 중요성을 설명했다. 결국, 1867년 그들의 처음 제안보다 훨씬 후퇴한 내용이기는 했지만, 빈민들의 의료 복지에 대한 국가의 책임을 명시한 대도시 빈민법이 통과되었다. 비록 기대한 만큼은 아니었지만, 이것은 분명한 전진이었다. 그녀는 당시의 상황을 다음과 같이 기록했다.

"우리는 2천여 명의 정신 이상자와 80명의 열병 환자, 천연두 등을 앓고 있는 형제들에게 사람이 살만한 곳을 만들어주어 정착시켰다. 이것은 우리 사업의 시작일 뿐이다."[2]

그녀는 오래전부터 이미 자신의 저택에서 병들고 가난한 사람들에 대

---

2  『Florence Nightingale as a Social Reformer』, Lynn McDonald, Historytoday, 2006. 01. 01.

한 대책 시스템을 구상하고 있었다. 가장을 건강하게 회복시켜 직장으로 복귀시키는 것만으로도 개인 의료비의 대부분을 절약할 수 있다는 확신을 가지고 있었기 때문이다.

## 산업 보건의 기초

이 특별한 개혁안은 리버풀에서 시작되었다. 그녀는 구빈원 작업장 work-house 에 식사와 안정된 의료진 등 건강을 회복하는 데 도움이 되는 모든 것을 제공하도록 했다. "간호 업무에 대해 확신할 수 없는 일반인 대신 효율적이고 믿을 수 있는 간호사가 보건 의료 시스템을 관리하고 목적을 달성하기를 바란다."라고 그녀는 말했다.[3]

나이팅게일 간호 학교 졸업생들이 처음으로 현장에 투입된 것은 1865년 5월 16일이었으며, 리버풀 구빈원 작업장의 노동자를 위한 병원이었다. 첫 졸업생들은 이곳에서 일하는 조산사와 간호사들을 교육하는 데도 크게 기여했으며 빈민들의 구호소인 구빈원의 개혁에도 큰 역할을 담당했다. 1867년에는 아그네스 존스 Agnes Joans 를 비롯한 12명의 훈련된 간호사를 구빈원 작업장 의무실 병동에 배치하고, 기타 여러 부문으로 시스템이 확장될 수 있도록 하여 성공적인 결과를 만들어

---

3  『간호역사와 철학』 신미자 외, 현문사, 2015. 2. 25, 72쪽

냈다. 이로써 구빈원 작업장 관계자들에게 간호의 필요성과 구빈원의 변화하는 모습을 경험하게 해주는 계기가 되었다.

리버풀 구빈원을 관할하는 교구위원회는 구빈원의 작업장을 개선하기 위해 많은 노력을 기울였다. 런던과 리버풀의 간호사 교육과 채용에 대해서는 플로렌스와 존 엠닐 경이 함께 의논하여 결정했다. 유급 여성 수간호사는 약과 치료 물품 공급을 감독하기 위해 임명되어 150~200병상마다 1명씩 배치되었다. 이렇게 해서 수간호사들과 리버풀 교구가 산업 보건 간호 개혁의 임무를 주도했다. 또한 의료진은 병원의 환자 치료에 필요한 모든 의료 기구와 장비에 대해 세금으로 충당할 것을 건의했다.

리버풀 교구위원회는 구빈원 작업장 개선에 대한 플로렌스의 모범적인 사례가 성공적임을 확신하고 추진할 수 있었다. 그녀는 전에도 이러한 개혁적 활동에 주도적인 역할을 했기 때문이다. 새로운 빈민구제법이 리버풀에서 시작되었으나 크게 새로울 것은 없었다. 왜냐하면 그중 일부 사업이 과거 20~30년 동안 플로렌스에 의해 운영되어왔기 때문이다.

이곳은 오늘날 산업 간호의 기초가 되었다. 나이팅게일의 이념을 전수받은 존스는 이곳에서 간호 학교를 세워 무자격자는 병원의 환경관리팀으로 배치하고, 간호 학교 출신들인 전문적인 간호사가 환자 간호를 맡게 하는 혁신을 일으켜 많은 호응을 받았다.

# 공공 보건 의료 법률 제정 – 지역 사회 보건의 초석

크림 전쟁에서 병원을 운영했던 경험과 장미 도표 <sup>rose diagram, coxcomb</sup> 의 발표는 영국 보건 위생 개선 사업의 추진을 결정하는 계기가 되었고, 플로렌스는 유럽 최고의 보건 위생 분야 전문가가 되었다. 또 영국 정부 각 부처의 업무에도 능통하여 일을 하다 막힌 장관이나 차관들이 그녀에게 정보를 요청하면, 즉시 적용할 수 있는 형태로 자료를 만들어 보내주었다. 그녀는 군대의 병영이나 병원을 직접 설계하고 몇백 통의 의견서를 작성하며, 많은 훈령이나 통지, 공식 보고서, 장관의 지령서까지 써서 활용할 수 있도록 도움을 주었다. 장관은 보건 위생 분야의 전문가 의견이 필요할 때에는 가장 먼저 그녀에게 연락했고, 각 부처 관리들도 법률을 만들어야 할 때에는 그 근거를 그녀에게 의뢰하여 구했다. 이렇게 그녀는 병상에서 아픈 몸을 이끌고도 자연스럽게 정부의 정책을 계속 만들어나갈 수 있었는데, 관련 자료를 모으고 측정하고 통계 분석하는 무기가 있었기 때문에 가능한 것이었다.

1868년 왕립위생위원회에서 플로렌스는 주택 건축에 의무적으로 위생 시설을 설치하도록 하여, 주택 소유자들이 배수와 하수 시설 설치 비용을 부담하도록 하는 강화된 공공 보건 의료 법률이 제정되도록 했다. 이와 함께 보건 위생 개혁가인 에드윈 체드윅과 함께 보건 의료 기관을 중앙 통제하던 방식에서 지방 기관에 권한을 이양하도록 하고 방문 간호사 양성을 주장했다. 이 시스템은 지방 행정구역별로 배치된 오늘날의 보건소나 보건 진료소의 기능을 하는 곳이 되었다. 역사가들은 훗날 이러한 정책 변화를 유도한 결과 1871년에서 1930년대 중반까지 국민의 평균 수명을 20년까지 늘리는데 결정적인 역할을 했다고 평가하고 있다. [4]

  그녀는 또한 1861년 4월, 미국 남북 전쟁 당시의 간호사들에게도 영향을 끼쳤다. 남부 연합 정부는 그녀에게 야전 의료 조직화에 대한 자문을 구했는데, 플로렌스는 워싱턴에 영국 육군성의 관련 자료와 의료와 관련된 모든 서식 등 자신의 증언 자료를 보내 조언해주었다. 남북 전쟁이 끝날 때까지 그녀의 조언은 미국 보건위생위원회에 큰 영향을 끼쳤고, 여러 주의 북군 군대 관리에 관한 지침으로 의학 잡지에 계속해서 크게 다루어지고 인용되었다. [5]

---

4  『플로렌스 나이팅게일-농촌위생』 현대사 Soucebook, Fordham University, 1997. 8., 『간호역사와 철학』 신미자 외, 현문사, 2015. 2. 25, 73쪽, 『Florence Nightingale』, Cecil Woodham-Smith, MacGraw-Hill, 1951. 350~351쪽
5  『간호역사와 철학』, 신미자 외, 현문사, 2015. 2. 25, 66쪽

–

# Chapter 10

# 나이팅게일 간호 철학의
# 전파

# 나이팅게일의 후예들

1870년대 플로렌스는 미국 최초의 훈련된 간호사 린다 리차즈를 지도하여, 그녀가 미국에서 수준 높은 간호사 양성 학교를 설립하도록 지원했다. 린다 리차즈는 미국과 일본에서 간호 분야의 선구자가 되었다.

나이팅게일 간호 학교 간호 수련생

1882년에는 나일팅게일 간호 학교 출신들이 세계 각지에 진출해 간호 지도자로서 그 존재감과 영향력을 발휘했다. 이들 중에 루크 오스번 Luck Osburn 은 1867년 나이팅게일 간호 학교에서 선발한 5명의 간호사를 인솔하여 오스트레일리아로 가서 시드니 병원에 나이팅게일식 간호 학교를 설립했다. 이외에 런던 세인트메리 병원, 웨스트민스터 병원, 세인트 메릴본 구빈 병원, 퍼트니에 있는 난치환자 병원 등 여러 선진 병원에서 간호 지도자가 되었으며 점차 영국 전역으로 퍼져나가 네틀리의 왕립빅토리아 병원, 에딘버러 왕립 병원, 컴버랜드 병원, 리버풀 왕립 병원 등에서도 간호 발전에 크게 기여했다.

# 환자에 대한 돌봄과 건강을 지키는 간호

「환자에 대한 돌봄과 건강을 지키는 간호」는 1893년 시카고 만국박람회에 영국 간호협회가 제공한 플로렌스 나이팅게일의 마지막 논문이다.

"간호는 환자를 간호하는 예술이다. 병 자체를 간호하는 것이 아니라 환자를 간호하는 것이라는 점에 유의해야 한다."

그녀는 간호의 본질과 간호 교육의 이상적인 형태, 간호사가 기본적으로 갖추어야 할 간호 철학에 관해 언급하면서 자신이 개척한 간호가 새로운 예술, 새로운 과학으로 창조되어 왔음을 밝혔다. 질병은 건강을 방해하는 조건을 제거하려는 자연의 활동 과정이므로 간호는 자연이 질병이나 상처를 치유할 수 있도록 가장 적합한 상태로 환자를 돌보아주는 것이다. 그리고 간호가 필요한 기본 단위는 가정으로 인간이 삶을 영위하는 한 국민의 건강은 여성의 두 어깨에 달려있고, 건강을 다루는 예술은 모든 여성이 실제로 터득해야 하는 것이다.

바람직한 간호사 교육 기관의 필수 요소는 우수한 행정 직원을 갖춘 관리 체계와 강력한 의료진과 의과대학, 사명감을 가지고 간호사를 육성하는 병원 관리 시스템이다. 병원의 간호사는 수간호사의 관리하에 있고, 간호 학교의 교수진은 어머니의 마음으로 학생들을 교육해야 한다. 간호 교육이란 간호사에게 환자를 간호하고 지지할 방법을 가르치는 것으로 의사는 사람의 생명을 유지하기 위한 지시를 내리지만, 실제로 환자의 생명을 유지하기 위해 돌보는 것은 간호사의 몫이기 때문이다.

간호 교육은 신이 건강을 창조한 방법과 질병이 생겨난 과정을 가르치는 것이다. 생과 사, 건강과 질병이라는 사실에 직면하여 정확히 관찰하고 이해하며, 자세히 알고 시행하고 기록하는 것을 가르치는 것이다. 간호 교육을 통해서 간호사는 의사의 지시나 권위에 수동적으로 따르는 것이 아니라 주치의의 능력이나 지식에 이성적으로 따르는 것을 배우는 것이다.

간호사에게 요구되는 자질은 체계적으로 익힌 간호 방법과 자기 희생, 신중한 행동, 자신의 직업에 대한 애착, 간호사로서의 역할에 대한 신념, 용기, 냉철함, 어머니로서의 자상함, 자만하지 않는 태도이다. 간호사는 환자가 간호사를 위해 존재한다고 생각해서는 안 되고, 간호사가 환자를 위해서 존재하는 것임을 명심해야 한다.

∿

## 육성 녹음

1890년 일간지 『세인트 제임스 가제트 St. James's Gazette』지에 실린 기사 한 토막이 영국에서 큰 반향을 일으켰다. 1853년의 크림 전쟁 참전 용사들 대부분이 극빈자로 비참하고 힘겹게 살고 있다는 기사였다. 이 기사로 참전 용사들에 대한 연금법을 제정하자는 여론이 빗발쳤지만, 당시 영국 정부의 국방부 장관은 의회에서 그럴만한 예산이 없다고 단칼에 거절했다.

이에 처음 의견을 제시한 『세인트 제임스 가제트』지와 몇몇 인사들이 힘을 모아 '경기병여단 구호기금 The Light Brigade Relief Fund'을 조성했지만 정작 모금 실적이 저조해 제대로 모으지도 못했다. 이 기금에 참여했던 인물 가운데 유명한 탐험가 헨리 모턴 스탠리 Henry Morton Stanley 가 엄청나게 획기적인 아이디어를 생각해 냈다. 당시 최첨단 발명품으로 칭송되던 에디슨의 축음기를 이용하자는 것이다.

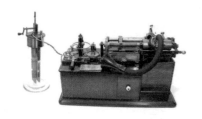

헨리 모턴 스탠리가 구로 대령을 통해 구입한 에디슨 '완성형 축음기', 1888년. 대영도서관 소장

다행히도 스탠리는 에디슨의 영국 측 대변인이었던 조지 에드워드 구로 대령 Colonel George Edward Gouraud 과 친한 사이였고, 영국 최초로 에디슨의 '완성형 축음기 perfected phonograph'를 구입한 사람도 스탠리였다. 이 축음기는 원시적인 형태의 습전지를 사용해 모터를 돌려 왁스 실린더에 소리를 기록하는 구조였다.

스탠리와 구로는 이 축음기로 세 개의 왁스 실린더 레코드를 만들었다. 첫 번째는 계관 시인 알프레드 테니슨이 자작시 '경기병여단의 돌격 the charge of the light brigade'을 낭독한 녹음이었고, 두 번째는 크림 전쟁의 참전 용사인 나팔수 마틴 랜프리드 Martin Landfried 가 당시 불었던 '돌격 나 팔'을 재현한 녹음이었으며, 마지막 세 번째가 바로 1890년 7월 30일에 녹음한 '백의의 천사, 플로렌스 나이팅게일'의 육성 녹음이었다.

플로렌스 나이팅게일은 이 녹음에서 이렇게 말하고 있다.

"When I am no longer, even a memory, just a name, I hope my voice may perpetuate the great work of my life. God bless my dear old comrades of Balaclava and bring them safe to shore. Florence Nightingale."

"내 기억이 모두 사라지고 이름만 남을지라도 나의 목소리가 내 삶의 크나큰 사건을 영원히 보존시켜주길 바랍니다. 하나님께서 친애하는 발라 클라바의 옛 동지들을 축복하시고, 그들을 물가로 고이 인도하시길…. 플로렌스 나이팅게일." [1]

이미 세간의 전설적인 인물이었던 나이팅게일의 육성이 녹음되어 공개 되자 당시 영국 국민들의 폭발적인 관심을 이끌어냈다. 유료 시연회 10 여 차례를 통해 기금 운동의 목표가 다 채워지고, 구호 기금을 위해 녹 음된 사상 최초의 녹음이 되었다. 나이팅게일의 육성 녹음은 그 후 헨

---

[1] 『플로렌스 나이팅게일의 육성녹음(1890)』, 금주의 축음기-2, http://egloos.zum.com/veritasest/ v/1872710, 2011. 3. 20.

녹음을 남길 무렵의 나이팅게일의 모습, 1890년

리 모턴 스탠리의 소장품이 되었다가, 1904년 그가 사망한 뒤에 그의 유산과 더불어 실린더 레코드들이 뿔뿔이 흩어지는 과정에서 스탠리의 친구인 찰스 존스턴의 손으로 넘어갔다가 다시 1909년에 구로의 손으로 들어왔다.

당시 구로는 에디슨의 영국 자회사이자 당시 최대의 축음기 제조업체였던 에디슨-벨 레코드 축음기 유한회사 Edison-Bell Phonograph Limited 의 사장이 되어 있었다. 그는 스탠리가 만든 다른 실린더 레코드들도 함께 모아놓고, 마호가니로 만든 커다란 특제 캐비닛에 넣은 뒤, 흡습지를 끼워 납으로 봉인해 보관했다. 이 덕분에 녹음기록들이 지금까지 살아남아 2백 년이 흐른 오늘날 들을 수 있게 된 것이다.

1939년에 파산한 옛 에디슨-벨 주식회사의 시설과 지분을 사들인 기업가 하워드 플린은 모든 실린더 음반들을 대영 도서관 British Library 에 기증했고, 이 실린더들은 2005년까지 누구도 함부로 손대는 일 없이 온전하게 간직되어오다 발달한 디지털 기술을 통해 깨끗한 음질로 복원되었다.

# Chapter 11

# 영원한 백의의 천사
# 나이팅게일

# 반려동물 고양이

플로렌스에게 고양이는 인생 후반기에 많은 위로를 주었던 반려동물이었다. 그녀는 "반려동물은 병을 앓고 있는 이들에게 최고의 친구가 된다."고 말했다. 반려동물 고양이는 그녀가 혼자 외로이 식사할 때, 잠자리에 들 때 항상 주위에서 그녀와 함께 있었다. 그녀가 일할 때에는 고양이가 그의 목을 감싸고 있기도 했고, 또 친척이 사망하는 소식을 듣거나 슬픈 일이 생겼을 때에는 고양이가 플로렌스의 목에 팔을 두르며 위로했다고도 한다.[1]

플로렌스와 고양이와의 인연은 크림 전쟁부터였다고 한다. 스쿠타리 병원은 더럽고 열악한 환경에서 쥐들이 들끓었는데, 쥐들이 식당, 병실 등 병원 곳곳을 누비고 다니며 오염시키고 있었다. 심지어 환자의 머리 위에까지 올라가기도 해서 직접 쥐를 잡으러 다녀야 했다고 한다. 그때 쥐를 퇴치하는 데 가장 도움이 되었던 건 바로 한 병사에게서 받은 작은 노란색 고양이였다. 이 고양이는 병원 안의 쥐를 쫓아버리는 데 크게 도움이 되었고, 병사들의 귀염둥이가 되었다. 그러나 플로렌스와 영국으로 돌아갈 때 배 안에서 죽고 말았다고 한다.

그녀에게는 비스마르크라는 고양이가 있었다. 비스마르크는 페르시안

---

1  『등불을 든 천사 '나이팅게일'과 60마리의 고양이들』, 강규정, Fam Times, 2019. 5. 24.

수컷 고양이로 그 특유의 고고하고도 섬세한 태도로 그녀를 사로잡았다. 비스마르크라는 이름은 음식을 마치 신사처럼 먹는다고 해서 붙여진 이름으로 "비스마르크는 절대 실수하지 않는다."며 치켜세우기도 했다. 또 "고양이는 인간보다 더 많은 연민과 감정을 가지고 있다."고 말하여 사람에게 반려동물로서 큰 역할을 한다고 했다. 고양이들은 플로렌스와 벨링턴 호텔에서 함께 지내면서 호텔 곳곳을 자유로이 돌아다녔다고 한다. 그녀는 평생 약 60마리의 고양이들과 함께했는데, 한번에 17마리의 고양이와 지낸 적도 있었다. 알려진 고양이 이름만도 바츠 <sup>Barts, 영국</sup> <sup>바톨로뮤 병원에서 따온 이름</sup> 부터 머프, 팁, 톰, 디즈레일리 <sup>벤자민 디즈레일리 영국 전 총리</sup>, 글래드 스톤 <sup>윌리엄 글래드 스톤 영국 전 총리</sup> 등 매우 다양하다. '퀴즈 <sup>Quiz</sup>'라는 이름의 고양이는 그녀와 기차 여행 중에 창문 밖으로 뛰어내렸던 작은 페르시안 새끼 고양이였다. 퀴즈는 부상을 입었지만 다행히 살아났다.

<br>

## 90세의 나이로 인생 여정 마감

노년의 플로렌스는 꽃을 좋아하여 그녀의 방에는 언제나 꽃이 있었고 고양이들이 함께 있었다. 70세에는 점점 시력이 약해져서 꽃도 사랑스러운 고양이도 볼 수 없었고, 책과 신문도 다른 사람이 읽어주어야만 했다. 79세가 되었을 때에는 완전히 시력을 잃었고, 5년 후에는 기억력도 없어지고 사람조차 구별할 수 없게 되면서 그녀의 육체는 점점 쇠락해져 가고 있었지만 그 공로는 잊히지 않았다. 1883년 플로렌스는 빅토리아 여왕이 수여한 로열 레드 크로스 Royal Red Cross 훈장을 받았고, 1907년에는 메리트 훈장 Order of Merit 을 받은 첫 여성이 되었다. 1908년 그녀는 명예 런던 시민 Freedom of the City of London 이 되었다.

"나는 행복하다. 내가 하고자 했던 일을 거의 다 했기 때문이다. 나에게 남은 일은 이제 하나님 곁으로 가는 것뿐이다." [2]

87세의 플로렌스

1910년 8월 13일 플로렌스는 파크레인 10번가 사우스 스트리트의 자택 침상에서 잠자던 중에 편안히 숨을 거두었다. 당시 그녀의 나이 90세였다. 영국에서는 나라에 공헌한 인물의 뜻을 영원히 기리기 위하여

---

2  『Florence Nightingale』, Laura E. Richards, D. Appleton and Company, 1909. 9, 50쪽

플로렌스 나이팅게일의 묘비

웨스트민스터 사원에 모실 수 있었
다. 영국 정부에서는 이를 제안했지
만, 가족들은 그녀의 유언에 따라
정중히 사양하고 햄프셔 이스트 웰
로우성 마가렛 교회 묘지에 그녀를
안치했다.

　묘비에는 "F.N. 1820년에서 1910
년까지 생존"이라고만 간략히 적혀
있다. 이는 화려한 장례식을 치르지
말라는 그녀의 유언에 따른 것이라
고 한다.

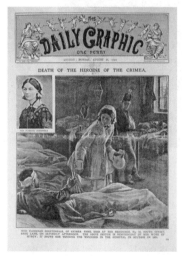

플로렌스의 부고 기사

"장례식은 수수한 옷을 입은 두 사
람의 시중을 받고 싶다. 내 시신이 눕
혀진 장소에 나의 이름을 기록하는
어떠한 기념비도 세우지 말고, 내 몸
은 의학 발전을 위해서 해부할 수 있
도록 기증하라." [3]

　그녀의 유해는 해부하도록 기증되

---

3　『Florence Nightingale』, Cecil Woodham-Smith, MacGraw-Hill, 1951. 366쪽

지는 않았지만 매우 검소하게 앤브리 나이팅게일가의 묘소에 매장되었으며, 장례식날 그 묘지에는 전 세계에서 모인 간호사들과 소박한 옷을 입은 군중들로 가득 찼다고 한다.

## 영원히 기억에 남다

그녀는 비록 이 세상을 떠났지만 사람들은 그녀의 뜻을 잊지 않고 기억하고자 했다. 1893년 미국의 한 간호 학교에서 그녀의 정신을 기리기 위해 간호사로서의 윤리와 간호 원칙을 담은 나이팅게일 선서 Nightingale Pledge 를 만들어 간호 학도들이 맹세하는 의식을 가졌고, 이후 전 세계 간호 학교로 확산되었다. 선서식 때 간호학도들은 손에 촛불을 들고 하얀 가운을 입는다. 촛불은 주변을 비추는 봉사와 희생정신을, 흰색 가운은 이웃을 따뜻이 돌보는 간호 정신을 상징한다.

"나는 일생을 의롭게 살며 전문 간호직에 최선을 다할 것을 하느님과 여러분 앞에 선서합니다.

나는 인간의 생명에 해로운 일은 어떤 상황에서도 하지 않겠습니다.

나는 간호의 수준을 높이기 위해 전력을 다하겠으며 간호하면서 알게 된 개인이나 가족의 사정은 비밀로 하겠습니다.

나는 성심으로 보건 의료인과 협조하겠으며 나의 간호를 받는 사람들

의 안녕을 위하여 헌신하겠습니다." *4*

1907년 영국 런던의 제8차 적십자 국제회의에서는 헝가리 적십자사가 간호 활동에 현저한 업적을 이룬 사람들에게 국제적인 기념 메달을 수여할 수 있도록 플로렌스 나이팅게일 기금을 설치할 것을 제안했다. 아픈 사람들에 대한 간호 시스템을 개선하기 위해 애쓴 업적을 기념하고자 한 이 제안은 각국 대표들의 지지를 받게 되어 1912년 제9차 적십자 국제회의에서 정식으로 채택되었으며, 각국 적십자사의 기부로 기금이 설립되었는데, 그것이 나이팅게일 기장이다.

그러나 제1차 세계대전으로 수상이 지연되어 오다가 종전과 더불어 세계정세가 안정되면서 1920년 나이팅게일 탄생일인 5월 12일 스위스 제네바에서 처음으로 나이팅게일 기장 수여식이 거행되었다. 이 해는 나이팅게일 탄생 100주년이 되어 큰 의미가 있었다. 기장은 은도금된 메달로서, 그 표면에는 나이팅게일 초상과 '플로렌스 나이팅게일 기념'이라는 문구가, 그리고 뒷면 주변에는 '박애의 공덕을 찬양하고 이를 영원히 전한다.'는 글과, 그 중앙에는 수상자의 성명과 수여 일자가 새겨진다.

1971년 아일랜드 더블린에서 개최된 국제간호사협의회의 각국 대표자 회의에서 간호사의 사회 공헌을 기리는 목적으로 그녀의 생일인 5

---

*4* 대한간호협회, 나이팅게일 선서: http://www.koreanurse.or.kr/about_KNA/nightingale.php

월 12일을 국제 간호사의 날 International Nurses Day 로 정했다. 또한 플로렌스 나이팅게일은 1975년부터 1994년까지 영국의 10파운드 지폐 뒷면에 등장하기도 했다.

영국의 10파운드 지폐의 뒷면

영국 성공회는 플로렌스 나이팅게일을 성인으로 추대하여 그녀가 사망한 8월 13일을 나이팅게일 축일로 정했다. 종교 개혁 이후에 성공회는 기독교 신앙의 모범이 되는 인물을 성인으로 정하여 기념하고 있다.

## 플로렌스 나이팅게일 박물관

나이팅게일 박물관은 영국 런던 웨스트민스터 궁전 맞은편 성 토마스 병원 안에 있다. 성 토마스 병원은 플로렌스가 크림 전쟁에서 얻은 경험을 바탕으로 1860년에 간호 학교를 설립한 곳이다. 이곳에는 그녀와 생애를 같이한 유품과 사진들을 전시하고 있다. 전시물로는 그녀가 입었던 옷과 간호사복, 친필 문서, 직접 집필한 간호 관련 서적, 플로렌스의 사진을 모은 앨범, 환자 치료에 사용한 약품 상자 등이 있다. 그녀와 직접 관련된 내용 외에 간호학이 근대화되기까지의 과정도 자세히 알려주고 있다.

나이팅게일 박물관 내부 전경

Chapter 12

–

# 나이팅게일의
# 재해석

# 성공 방정식

플로렌스는 어려서부터 인문학, 철학, 수학, 통계학 등 기초 학문을 다지고, 일기와 메모를 꾸준히 하면서 글쓰기의 역량도 차근차근 키워 나갔다. 그리고 영국 국교회의 독실한 신자로서 하나님의 계시를 받고 아프고 헐벗고 고통받는 이들을 위해 봉사하기로 결심하며 간호사로서 의 삶을 살기로 마음먹었다. 그녀의 시선은 당시 영국 사회의 보건 의 료 현실이 어떠했는지부터 시작되어 영국 내 병원의 현황을 일일이 찾 아보고, 인근 프랑스, 독일의 병원과 간호 교육을 멀리는 아랍의 병원 과 간호 현실까지도 비교 분석해보았다.

이 시점에서 '1만 시간의 법칙'을 생각해볼 수 있다. 1만 시간의 법칙 은 어떤 분야의 전문가가 되기 위해서는 최소한 1만 시간 정도의 훈련 이 필요하다는 법칙이다. 1993년 미국 콜로라도 대학교의 심리학자 앤 더슨 에릭슨 K. Anders Ericsson 이 발표한 논문에서 처음 등장한 이 개념은 말콤 글래드웰 Malcolm Gladwell 이 저서 『아웃라이어 Outliers』에서 앤더슨의 연구를 인용하며 '1만 시간의 법칙'이라는 용어를 사용함으로써 대중에 게 널리 알려졌는데, 플로렌스가 살아온 삶에서도 이 '1만 시간의 법칙' 이 그대로 적용되었다. 세상을 살아가면서 모든 인간에게는 성공 욕구 가 있지만 어린 시절부터 탄탄한 기본 교육과 꾸준한 훈련이 선행되어 야 하고, 올바른 태도를 가져야 성공할 수 있다는 것을 그녀가 보여주 고 있다.

플로렌스는 독일에서 간호 교육을 받은 후에 영국으로 돌아와서 그동안 자신이 찾아보고 고민했던 보건 의료 체계와 병원의 바람직한 시스템을 만들고, 또 간호사의 역할을 정립하는 것이 자신의 임무라고 생각했다. 여성 병원의 경영자로 취임한 이후에는 그 병원이 가진 문제점을 빠르게 파악하고 이를 해결하기 위해 강한 추진력을 가지고 개선하여 그 존재감을 드러내기 시작했다. 영국에 콜레라가 유행할 때에는 그 원인이 무엇인지 찾아보고 자신이 감염되어 죽을 수도 있는 그 현장에 직접 뛰어들어 유행을 차단하는 데 기여했다.

플로렌스 나이팅게일 동상

크림 전쟁이 시작되어 전쟁터에서 많은 부상병이 발생하고 군 병원의 열악한 상황이 알려지자 직접 간호단을 모집해 전쟁터로 향했고, 수많은 어려움과 저항을 이겨내면서 부상병들을 돌봤다. 이 과정에서 크림열에 걸려 죽을 고비를 넘기기도 했고, 이 후유증으로 평생 고통을 겪기도 했다. 전쟁이 끝난 후에도 자신이 겪었던 군 병원의 문제점을 포기하지 않고 파헤쳐 나가 결국에는 개선되도록 만들었으며, 식민지 인도의 영국군 병원의 개선, 더 나아가 식민지 인도 국민의 보건 의료 환경까지 개선될 수 있도록 자신의 역할을 충실히 해냈다.

그녀의 역량은 간호사 역할에 국한하지 않고, 병원 전체의 시스템 운영, 바람직한 병동의 구조를 제안하여 '나이팅게일 병동'을 만들어내기도 했다. 플로렌스는 하나님이 계시한 자신의 사명을 다하기 위해 일하면서도 종교에 구애받지 않고 사업을 펼쳐나갔다. 아픈 이들에게는 귀천을 가리지 않았으며 종교와 국가를 따지지 않았다.

그녀는 평생 돈을 위해 일하지 않았고, 또 모든 일이 돈으로 보상되지도 않았다. 그녀에게 있어 돈은 일을 잘하기 위한 수단이었지 목표가 되지 않았다. 처음 시작한 여성 병원의 경영자도 무보수 자선으로 시작한 것이었다. 자신의 위치에서 모든 역량을 발휘해 사업을 해나가자 기금이 모이고, 뜻을 같이한 사람들이 생겨났다. 하나님의 계시에 따라 인간의 삶을 위해 봉사하며 살고자 스스로 사명감을 가슴에 품고 살았고, 전쟁의 상황에서도 최후까지 마지막 환자를 돌봤으며, 죽기 직전까지 간호직의 발전에 대해 끊임없는 열정을 불태웠다.

## 지식의 융합과 연합

플로렌스는 운이 좋게도 귀족 출신으로 행복한 가정환경에서 아버지의 주도면밀한 교육과 가정 교사의 지도를 받으며 성장했다. 또 르네상스 문명을 자양분으로 삼아 유럽의 철학과 문학, 과학 등 다방면의 지식을 섭렵할 수 있었다. 이렇게 쌓아온 지식도 활용하지 않으면 교양에 그치고 말았을 것인데, 그녀는 평생 여러 분야의 전문가들과 교류하며 지식을 학습하고 그들과 연합하여 사회에서 필요로 하는 새로운 가치를 만들어냈다. 그녀는 우리에게 "사람들과 단결하며, 목표를 세우고 행동을 공유하면서 공감의 연대를 기르는 일이 중요하다."고 가르쳐주고 있다.

## 현대 간호의 창시자 – 간호 이론 확립

플로렌스는 당시 보건 의료 시스템이 거의 없었던 사회 분위기 속에서 간호사의 역할이 얼마나 중요한지 깨닫고 간호사가 되는 것이 자신의 사명이라 생각했다. 독일에서 처음으로 제대로 된 간호 교육을 받게 된 플로렌스는 간호에 관하여 다음과 같이 말했다.

"예술 간호: 간호는 예술이다. 간호사만이 할 수 있는 독창적이고 헌신적인 노력으로 화가나 조각가의 작품과 같은 결과물이 나와야 한다."

그녀는 인간을 돌보는 간호를 아름다운 예술 행위로 생각하면서 자신의 일에 전념해야 한다고 했다.

"내 머릿속에 처음, 그리고 마지막으로 떠오른 것은 모두 간호하는 일이었다."

"간호는 직업이 아니라 사명이다. 간호란 질병을 간호하는 것이 아니고 병든 사람을 간호하는 것이다."

그녀는 아픈 사람의 신체뿐만 아니라 정서까지 세심한 주의와 배려로 모두 돌봐야 한다는 전인 간호를 말했다.

"간호란 더 좋은 상태를 만드는 것 want of a better, well being 이다. 간호는 자신을 희생하는 것이 아니다. 어려움을 겪는 사람들에 대해 성의를 다하는 태도와 과정으로, 자신의 긍지와 가치관이며 누구를 위한 희생이 아니다."[1]

『병원에 관한 노트 notes of hospitals 』, 『간호 노트 notes on nursing 』를 통해 병원의 시스템과 간호에 혁명적 반향을 일으키고 병원 경영과 간호 이념을 정립했다.

간호사들 간의 연결과 단결 공감의 연대 도 중시했다. 그러나 그녀는 간호사의 면허 제도를 반대했다. 그 이유는 간호사에게는 사명감과 인간에 대한 사랑이 가장 중요한 것인데, 면허 제도가 생기면 사명감이 약해질 수 있기 때문이다. 그러나 그녀가 사망한 뒤 9년 후 1919년 영국에서 간호사 면허 시험이 시작되었고, 시험에 합격한 사람들에게만 자격이 주어졌다. 이것은 시대적 요구였고, 그녀도 막을 수 없는 것이었다.

플로렌스는 자신의 철학에 따라 간호 분야에 헌신했고, 다른 사람들

---

1 『간호역사와 철학』, 신미자 외, 현문사, 2015. 2. 25, 68쪽

을 도울 수 있는 만큼 열심히 도왔다. 보건 의료 시스템에 대한 그녀의 고민과 실행력이 없었다면 오늘날의 간호, 보건 의료 시스템, 병원 경영의 발전도 현재의 모습에 미치지 못했을 것이다.

## 간호 교육 체계화

나이팅게일 간호 학교 졸업장

그녀는 여생을 간호사를 양성하고 간호 조직을 만드는 데 바쳤다. 나이팅게일 간호 학교는 1860년 1회 15명이 입학하여 나이팅게일 이념에 입각한 간호사를 양성하기 시작했다. 이렇게 교육받고 배출된 간호사들이 세계 각지에 흩어져서 보건 의료 문제를 해결해나갔고, 여러 방면에서 간호 지도자로 활약했다. 점차 학교의 명성이 높아지고 그녀의 간호 교육 시스템이 전 세계로 뻗어 나가면서 근대 간호의 시대가 열리게 되었다.

# 병원 경영의 개념을 도입한 진정한 경영자

플로렌스에 대하여 '백의의 천사'라는 찬사는 아름다운 표현이기는 하나 너무 과소평가된 것이다. 영국의 전기 작가이며 블룸스버리 서클의 일원이었던 리튼 스트레이치는 자신의 저서인 『빅토리아 시대 명사들』에서 세상 사람들이 전하는 말들이 오해였음을 지적하면서 탁월한 병원 경영자로서 그녀의 재능과 역경을 헤쳐나가는 모습에 주목하자고 평가했다. 역사학자 자크 바전도 다음과 같이 그녀를 높이 인정했다.

> "나이팅게일의 천재성은 간호 분야에서만 발휘된 것이 아니다. 기나긴 한 평생을 살아가면서 그녀는 죽기 직전까지도 경영자로서 독보적인 능력을 과시했다. 경영자로서 인정을 받으려면 선한 정치력도 가지고 있어야 하는데, 플로렌스에게는 바로 그런 능력이 있었다." [2]

경영자로서 그녀는 현장을 바라보는 비판적 사고를 가지고 있었다. 비판적 사고란 교육학 용어 사전에 의하면 어떤 사태에 처했을 때 감정 또는 편견에 사로잡히거나 권위에 맹종하지 않고 합리적이고 논리적으로 분석·평가·분류하는 사고 과정을 말한다. 즉 객관적 증거에 비추어 사태를 비교 검토하고 인과관계를 명백히 하여 얻어진 판단에

---

2   **자크 바전**(Jacques Barzun, 1907~): 미국 지성계에서 중용과 건전한 비판의 목소리를 대변해 온 역사학자 『새벽에서 황혼까지-서양문화사 500년』, 자크 바전 저, 이희재 옮김, 민음사, 2006. 4. 17, 220쪽

따라 결론을 맺거나 행동하는 과정을 말하는데, 그녀는 자신에게 주어진 업무 환경을 비판적 시각에서 바라보고 어느 부분이 문제인지 이를 해결하기 위해서 무엇이 필요한지를 냉철히 분석해 실행에 옮겼다.

## 통계학자

플로렌스의 관심은 간호 분야에서 시작해서 당시 영국 사회가 안고 있는 여러 가지 문제점에 광범위하게 확장되어 있었다. 그녀는 자신을 둘러싼 사회 여러 분야에 나타난 현상들과 관련된 자료들을 모아 수치화하고 이를 통계라는 도구를 활용하고 분석하여 더 나은 사회를 만들기 위한 개선 방안을 제시한 통계학자이자 사회 개혁가였다.

통계학자로서 자질을 갖추기 위해서는 데이터를 분석하고 시각화하는 능력이 있어야 하는데, 데이터가 의미하는 것을 이해하고 이를 시각화하기 위한 예술적 능력을 필요로 한다. 그녀가 메모하고 정리하는 방법과 이를 체계화하는 과정을 한 번 짚어보자.

1. 노트에 매일의 상황을 정리하고 일기로 생각을 정리했다. 그리고 자신과 관련된 사람들에게 편지를 써서 알리고 설득했다.
2. 자신의 기록을 분류하고 정리했다. 유럽 여행 때에는 그 지역의 지명과 출발부터 도착지까지의 거리, 특성, 사회 시스템, 그 지역 병

원의 형태와 구조, 운영 시스템 등을 기록했다. 여성 병원에서는 입원, 퇴원, 상병명, 진료 기록 등 의무 기록을 체계화했다. 크림 전쟁 당시에는 입원과 퇴원 상황, 사망자 수, 사망 원인 등 모든 의료 상황을 빠짐없이 기록했다.

3. 기록 내용을 통계 분석하여 문제의 원인을 과학적인 방법으로 찾아냈다.

4. 통계적 데이터를 이해하기 쉽게 표로 나타내기도 하고 그래프화도 했다.

5. 이를 보고서로 정리하여 이해관계자와 대중에게 알렸다.

그녀는 현장에서 직접 문제를 발견하고, 문제를 해결할 수 있는 정책 대안을 마련한 뒤에 그 대안을 실현하기 위한 정치적인 노력을 기울였다. 플로렌스는 "법과 사회에 만연해있는 부조리와 정부 정책의 부당함, 정치 구조적 문제와 사회 지도자들의 답답한 무능함은 오직 통계적 근거를 제시함으로써 올바르게 이끌 수 있고, 이를 위해 모든 사람이 통계 결과를 이해할 수 있어야 한다."고 했다. 그녀는 통계를 잘 이용하면, 모든 사람의 생활이 한층 더 나아질 것으로 생각했고, 이를 사회 시스템 속에서 구현하고자 애썼다. 단순히 숫자로만 나열되어있는 자료들을 한눈에 알아볼 수 있도록 원뿔 도표로 표현한 그녀의 로즈 다이어그램은 통계학 역사상 가장 중요한 도표로 평가받았다.

그녀는 도표화한 병원 현황 보고와 질병, 사망의 합리적 분류를 최초로 시도한 인물이었다. '통계학은 하나님의 법칙을 밝히는 일'이라는 신념을 가지고 있었고, "정보는 통계 자료에 근거해 쓰일 때에 국민의 복지를 향상할 수 있다."고 생각했다.

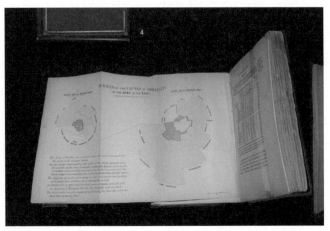

로즈 다이어그램

플로렌스와 동명이인인 통계학 교수도 있다. 영국에서 1909년 태어나 1995년 사망한 플로렌스 나이팅게일 데이비드 Florence Nightingale David 이다. [3] 통계학자인 데이비드는 당시 89세인 플로렌스의 축복을 받으며 태어났다. 크림 전쟁부터 병치레가 잦았던 플로렌스는 노년을 데이비드 부부 집에 머물며 요양했다. 데이비드 부부는 늦둥이 딸에게 나이팅게일의 이름을 붙여주었고, 그 딸이 세계적인 여류 통계학자로 성장했다.

데이비드는 논문 하나를 쓰기 위해 계산기를 200만 번 켰다는 일화

---

3　『망치를 든 백의의 천사』, 권홍우, 서울경제, 2017. 5. 12, https://www.sedaily.com/News-View/1OFW72CBYO

가 전해지는 통계학자다. 2차 대전에서는 독일군의 공습과 피해 정도
를 예측하는 통계적 모델을 만들어 수많은 생명을 구해냈다. 여성에게
는 학과장 자리를 줄 수 없다는 런던 유니버시티 칼리지를 떠나 캘리
포니아 주립대학, 버클리 대학 등에서 통계학과를 세우고 학과장을 지
냈다.

## 변혁의 시대를 이끌고 간 사회 개혁가이자 여성 운동가

플로렌스는 19세기 영국 빅토리아 시대를 온전히 살아온 인물이었다.
이 시대는 영국에 있어서 정치적, 경제적, 사회적, 과학적, 종교적 변
혁이 한창 진행 중인 시대였다. 귀족 출신 여성으로 안락한 삶을 즐기
며 편안하게 살 수 있었고, 전쟁의 공포를 피할 수도 있었고, 노동자,
빈민의 삶을 모른 척하며 살 수도 있었다. 하지만 그녀는 변혁의 시기
에 나타난 여러 가지 사회 모순의 문제점들을 깊이 인식하고 이를 앞
장서서 주도적으로 해결해나가고자 했다.

변화와 혁신의 아이콘으로서 플로렌스의 강점은 첫째, 현업 실무자였
다는 것이다. 현장을 모르는 권위 있는 과학자나 통계학자보다는 중고
등학교 수준의 '확률과 통계' 정도밖에 안 되는 지식일지라도 이를 현장
에 적용할 줄 아는 현업 실무자가 혁신적인 역량은 더 높다고 할 수 있
다. 둘째, 문제를 제기하는 사람이 혁신의 시작이다. 구태의연한 관습

은 혁신의 최대 장애물이다. 모두가 무심코 지나치는 곳에 혁신의 고리가 숨어있다. 그리고 용기와 신념을 가지고 혁신을 추진할 수 있어야 한다. 셋째, 분석 능력이 있어야 한다. 현장의 다양한 경험과 문제를 찾아내는 직관 이외에 관련된 자료를 모으고 이것을 분석하는 역량이 필요하다. 그래야만 문제를 평가하고 개선하고 설득할 수 있다.

넷째, 실행과 측정은 기본이다. 병실의 구조, 침상 위치, 환기와 채광, 위생 상태 등 환자의 건강과 생명을 둘러싸고 있는 모든 것이 실행의 대상이며 측정의 대상이다. 다섯째, 그녀는 혼자 이루어낸 것이 아니다. 다방면의 전문가들과 교류하며 그들의 역량을 한데 모을 수 있는 조직적 역량도 갖추고 있었다. 총리, 전쟁장관, 육군성 장관, 통계학자, 여성 운동가, 종교계 지도자, 철학자 등 이들이 가지고 있는 사회적 영향력을 적극 활용하여 여론을 형성하고 개혁을 추진할 수 있었다.


그녀는 빅토리아 시대의 인간에 대한 애정과 사명감이 충만한 헌신적인 여성으로서, 또 여성의 사회적 지위 향상에 기여한 여성 혁명가이기도 했다. 영국 시민 사회에서 여성의 참정권을 주장했으며 공창 제도를 반대했다. 어려서부터 정치권력의 움직임과 영향력을 배우며 자랐기 때문에 대중의 후생 복지 사업이 정치와 많은 연관성이 있음을 인식하고 있었다. 플로렌스는 "정치는 행복한 인간 생활을 하는데 매우 커다란 힘을 가졌다. 여성이 정계에서 활동하지 않으면 사회의 중심이 되지 못하고 소외될 수밖에 없고 여성에게 씌워진 편견과 굴레 때문에 불행을 원만히 해결하지 못할 것이다."라고 했다. 자신의 저서 『카산드라』를 통해서 자신에게 덮어 씌워진 여성으로서의 굴레를 과감히 던져버리고 간호사로서의 사명을 다했으며, 단순히 간호사의 위치를 뛰어넘어 자신을 필요로 하는 모든 일에 적극 나섰다.


✌

## 선도적인 사회적 기업가의 원조

사회적 기업의 아버지 '빌 드레이튼'[4]은 선도적인 사회적 기업가로서 플로렌스 나이팅게일을 손꼽았다. 그가 플로렌스를 사회적 기업가의 원조라고 인정한 이유를 보면, "꿈을 꾸는 사람 중에 자기 자신만을 향해 꿈을 꾸는 사람과 자신의 꿈이 자신만을 향하는 것이 아니라 세상을 향하는 사람이 있다. 기왕에 꿈을 꾼다면 세상을 향하고 변화시키는 꿈을 꾸길 바란다."고 말했다. 여기서 말한 세상을 향해 꿈을 꾸는 사람이 플로렌스 나이팅게일이었다.

그녀가 1859년 출간한 『병원에 관한 노트』는 병원의 건설과 운영 방

---

4　빌 드레이튼은 환경 분야에서 탄소 배출권이라는 것을 만든 사람이다. 그는 자신처럼 독특한 아이디어로 세상을 바꿀 수 있는 힘이 있는 사람에 주목했다. 보통은 조직이나 프로젝트를 보고 투자를 하는데, 그는 아이디어를 가진 사람에게 투자함으로써 더 좋은 세상을 만들고자 했다. 더 나은 세상을 위해, 사람이 살아갈 세상의 혁신적인 아이디어를 가진 사람에게 투자하고자 한 것이다. 그런 사람들을 '아쇼카 펠로우'라고 하는데, 그 투자에 멈추지 않고 펠로우들을 연결시켜 새로운 아이디어를 만들 수 있는 커뮤니티까지 발전한 것이 아쇼카 재단이다. 아쇼카는 기원전 3세기, 인도 최초로 통일 제국을 건설하고 경제와 문화를 번영시킨 왕의 이름이다. 국제적 NPO 비영리 민간단체 인 아쇼카는 아쇼카왕이 인도를 번영시킨 것처럼 세상을 변혁시킬 혁신가들을 육성하자는 취지에서 설립되었다.

식을 혁명적으로 바꾸어 놓았다. 그리고 크림 전쟁의 성과로 모인 국민들의 성금으로 '나이팅게일 기금'을 만들고, 1860년 '나이팅게일 간호 학교'를 설립했다. 이를 통해 이전에는 가정의 구성원이 단순하게 하는 '집안일'로 분류되던 간호 일이 19세기 말 '의료 직업군'에 포함되기 시작한 것이다. 더 나아가 간호사들에게 밝은 미래를 열어준 것과 더불어 보건 환경 및 위생 관리, 병원 경영에 관한 기준을 처음으로 정비했고, 이것이 세계적 표준으로 정착되었다.

그녀가 평생에 걸쳐 활동했던 사업들을 중요도에 따라 보면 보건의료분야 자원의 생산성과 수익성을 증대시킨 점에서 '사회적 기업가'기준에 부합符合 하는 인물이라고 평가하고 있다. 체제를 바꾸는 것은 그 안에 있는 사람들의 행동양식과 태도, 목표를 모두 변화시킨다는 것을 의미한다. 낡은 관습은 절대 새로운 생각과 제안을 순순히 받아들이지 않는다. 플로렌스가 크림전쟁 당시 영국정부 관리들, 군지휘관들과 겪은 여러 사건들과 고초苦焦들이 보여주듯이 기존 체계를 지키려는 자들은 보편타당한 시대적 요구에 저항하기 마련이다. 구시대적인 관습과 부조리를 타파하고 건강한 사회를 만들기 위하여 새로운 질서를 창조해 낸 그녀야말로 진정 고귀한 윤리의식을 지닌 사회적 기업가였다.

플로렌스 나이팅게일이라는 인물이 이 세상에 출연한 지 200년이 지났지만 오늘날 보건 의료 분야뿐만 아니라 사회 여러 분야에서 그녀가 끼친 영향과 정신적 유산은 우리 가슴 속에 영원히 살아남아 있다. 플로렌스 나이팅게일이 눈앞의 사회 현상만을 본 것이 아니라 먼 미래를 예견<sup>豫見</sup>하면서 새로운 의료 제도와 병원 제도를 구상하고 실현했듯이 우리도 더욱 인간의 삶에 깊은 관심을 가지면서 그녀가 가졌던 혁신적인 실천 정신을 되새기고 발전시켜 나가자.

# 플로렌스 나이팅게일 연보

**1788년** – 프랜시스 스미스. 플로렌스의 어머니 출생
 – 프랜시스는 자유주의 정치가 집안에서 태어났고 형제자매가 9명이었다. 그녀의 부모님은 유니테리언 교도이고 대부호이자 노예해방론자로 진보적 성향의 가정 환경에서 자라났지만 귀족 여성으로서의 본성도 함께 지니고 있었다.

**1794년** – 윌리엄 에드워드 쇼어, 플로렌스의 아버지 출생. 삼촌인 피터 나이팅게일이 사망한 후 그의 유산을 물려받으면서 나이팅게일 성도 부여받았다.

**1798년** – 메리 쇼어 출생. 위리엄 에드워드 쇼어의 동생으로 플로렌스의 고모이다. 그녀는 평생 조카인 플로렌스를 어머니의 마음으로 돌보아주었다.

**1817년** – 윌리엄과 프랜시스 약혼

**1818년** – 윌리엄과 프랜시스가 결혼하여 유럽으로 신혼여행을 떠났다.

**1819년** – 언니 파세노프 이탈리아 나폴리에서 출생

**1820년** – 5월 12일 플로렌스 피렌체에서 출생

**1821년** – 영국 더비셔주 리허스트 저택으로 귀국하여 정착. 더비셔 지역은 아버지 윌리엄 소유의 납 제련소(1760~1935년)가 있었다.

**1825년** – 여름 햄프셔의 앰블리 저택에서 생활. 봄, 가을에는 런던에서 지냈다.

**1828년** – 윌리엄 나이팅게일, 햄프셔의 치안 판사로 임명

**1830년** – 영국 왕 조지 4세 서거. 윌리엄 4세가 왕위에 등극

**1832년** – 12세경부터 아버지 윌리엄의 가정교육을 받았다.

**1834년** – 윌리엄 나이팅게일, 국회(하원)의원 선거 입후보

**1835년** – 윌리엄 나이팅게일, 영국 총선거에서 낙선

**1837년** – 2월 7일(17세) 처음 '신의 계시'를 받음. '신의 종'으로서 불쌍한 사람들을 위해 봉사하기로 결심하고 부모님께 장래희망이 간호사임을 고백했다. 9월 어머니 프랜시스가 엔브리 저택 개조 기간 중에 유럽 여행을 제안

– 가족들과 프랑스 파리에 여행하던 중 살롱에서 여류 작가이자 페미니스트인 메리 클라크를 만남. 그녀에게서 의미 있는 삶에 대한 영감을 처음 받았다.

– 시스몽디(프랑스 유명한 경제학자이자 역사학자) 만남. 그는 인간과 살아있는 모든 생물을 사랑하는 마음을 몸소 실천하는 인물로 이 만남이 플로렌스의 인생을 바꾸는 중요한 계기가 되었다. 자신의 일기에 "시스몽디의 모든 생각은 끝없이 넘치는 사랑으로부터 생겨난다. 인간에 대한 사랑이야말로 인생의 전부이다. 나는 오늘 있었던 일을 잊지 못할 것이다."라고 당시의 감동을 기록했다.

1839년 – 4월 영국 엠블리 저택으로 돌아옴. 여름에는 리허스트에서 생활. 리허스트 마을에 자주 찾아가 봉사 활동을 했다. 미국의 자선 사업가 하우 박사의 방문으로 만남. 간호사로서의 삶에 대해 격려받았다.

1840년 – 20세까지 수학, 그리스어와 라틴어, 역사와 종교, 철학 등 기초 학문을 배우고 익혔다. 그러나 우울증 등 건강이 악화되어 메이 고모의 보살핌을 받으며 런던에서 요양, 수학과 통계학을 깊이 있게 공부했다. 헨리 니콜슨이 수학 가정 교사 역할을 했으며 이후에 플로렌스를 사랑하게 되었다.

1842년 – 리처드 몽크톤 밀네스 만남. 플로렌스가 "내가 숭배했던 사람"이라고 표현할 정도로 진심으로 사랑한 사람이었다. 리허스트에서 빈민의 고단한 현실을 파악하게 되었다.

1843년 – 빈민, 환자 구제 활동에 열심히 참여했으나 어머니의 반대로 좌절, 심신 상태 악화로 신경증에 시달렸다. 여름 미국인 의사 새무얼 하우 박사를 만남. 하우 박사는 간호사가 되려는 플로렌스에게 희망과 용기를 주며 격려해주었고, 그녀는 간호사가 될 결심을 굳히게 되었다.

1845년 – 런던 솔즈베리 병원에서 간호 훈련을 받고 싶다고 가족에게 알렸으나, 가족이 간호사 되는 것을 반대하여 실패했다. 사촌오빠인 헨리 니콜슨이 청혼하였으나 거절했다. 병원에 관한 공부를 하는 한편 외국의 의료 시설에 대한 자료를 수집하여 정리했다.

1846년 – 셀리나 브레이스 브릿지 부부와 깊은 친교와 우정을 쌓았다. 독일 카이져스베르트 루터교 종교 공동체 보고서를 플로렌스에게 보내주었다.

1849년 – 신경 쇠약에 걸림. 셀리나 브레이스 브릿지 부부와 함께 이집트, 그리스, 이탈리아 여행에 나섰다. 이집트 여행 도중 아기 부엉이를 구해줌. '아테나'로 이름 짓고 이후 그녀의 사랑스러운 반려새가 되었다.

1849년 – 이집트 여행 도중 알렉산드리아 병원을 둘러보았다. 그곳 또한 수용소 역할밖에
         못 하고 있는 것을 보고 정규 간호 교육의 중요성을 절실히 느끼게 되었다. 로마
         여행 중 시드니 하버트 부부와 만나게 되고, 평생 동지가 되었다.
       – 밀네스의 구혼을 거절

1851년 – 독일 카이져스베르트 프로테스탄트 봉사원회에서 간호사 교육 과정 이수. 독일
         자선 돌봄 기관을 통한 의료 제공 시스템과 여집사 중심의 간호 교육 시스템을
         학습하였다.

1852년 – 프랑스 가톨릭 수녀원 산하 자선 간호단이 운영하는 병원 견학. 병원, 보건진료
         소, 자선 사업 단체 등을 방문해, 병으로 고통받는 환자들이 치료받는 과정을 견
         학하고, 유럽 각국의 병원을 조사, 분석했다. 런던 빈민 지역 자원봉사 활동에
         참여하면서 가톨릭 사제 매닝 추기경 만남. 가난한 사람들에게 도움을 주는 그
         에게 깊은 감명을 받았다.
       – 하나님을 섬기라는 신의 계시를 두 번째로 받았다.
       – 수필 『카산드라』 집필

1853년 – 33세, 8월 허버트 부인 주선으로 런던 여성 병원 원장으로 부임. 병원 조직을 새
         로이 개편하기 위해 고용된 것이었다. 가족으로부터 독립하면서 아버지가 연
         500파운드(현재 약 4만 파운드의 가치)를 지원해주었다.

1854년 – 여름 콜레라 대유행. 반려새 '아테나'의 죽음. 박제하여 평생 간직함.
       – 11월 5일(34세) 크림 전쟁에 참전. 당시 38명의 간호사(성공회 수녀들)과 스쿠타리의
         영국군 야전 병원에서 근무를 시작했다. 나이팅게일 기금이 마련되었다.
       – 11월 30일 영국군 야전 병원 책임자로 임명

1855년 – 2월 크림반도로 위생위원회 파견. 위생위원회는 크림 전쟁의 실상을 확인하고
         즉각적인 조치를 취하기 위해 파견되었으며, 이후 군 병원의 환경이 개선되었
         다. 크림열(crimean fever)에 걸려 사경을 헤매었다.
       – 9월 16일 메이 고모가 경험 많은 비품관리인 한 명을 데리고 스쿠타리에 도착했
         다. 빅토리아 여왕이 금과 다이아몬드 장식이 된 브로치를 하사했다.
       – 10월 존 리프로이 대령이 비밀리에 군 병원의 상황을 평가하기 위해 도착했다.
         부상당한 병사의 사망률이 40%에서 2%로 현저히 감소한 것을 알 수 있었고, 현
         지 상황을 파악한 후 플로렌스의 입지가 더욱 강화되었다.

1856년 – 3월 30일 평화조약체결 종전
– 7월 28일 성대한 환영 인파를 피해 플로렌스와 메이 고모는 프랑스에 도착했다. 그녀는 외상 후 스트레스 장애(PTSD)로 고통받고 있었다. 그래서 이후 홀로 영국으로 돌아와 레르몬드세이 수녀원에서 기도와 침묵 속에서 마음의 평화를 되찾은 후 가족이 있는 집으로 돌아왔다.
– 10월 영국 왕실 요청에 따라 빅토리아 여왕과 면담하여 전쟁 당시의 경험에 대해 설명했다. 윌리엄 파르 만남

1857년 – 군대 보건에 관한 왕립위원회 결성. 시드니 허버트가 위원장직을 맡았다. 당시 군대의 문제를 조사하고 개선을 권고하기 위한 목적으로 결성된 것이다.
– 인도 '세포이 항쟁'일어남.
– 여름, 해리 베르니 경이 청혼하였으나 거절했다.

1858년 – 언니 파세노프와 해리 베르니 경 결혼
– 「영국군의 보건과 능률 및 병원 관리에 영향을 미치는 문제점에 관한 보고(Notes on Matters Affecting the Health, Efficiency and Hospital Administration of the British Army)」라는 보고서를 영국 왕실 보건국에 제출했다. 당시 여성이 위원회에 참석하거나 증언할 수 없었기 때문에 전쟁에 관한 모든 사실을 기록, 편집하여 위원회에 제출했다.
– 『Notes on Hospitals』 (병원에 관한 노트) 출간. '파빌리온식'병동 구조 창안. 후에 나이팅게일 병동으로 부르게 되었다.
– 영국 왕립통계학회 최초의 여성 회원으로 선출

1859년 – 허버트 병원 총괄 기획

1860년 – 『Notes on Nursing(간호노트)』 저술해 간호학의 기초를 세움

1861년 – 간호 노트에 아기를 보살피는 특별 세션이 추가되어 출판. 이 책은 전 세계에 수백만 달러어치를 팔았다. 그녀 인생에서 유일한 '임금'은 이 책의 저작권이었다.
– 6월 24일 나이팅게일 간호 학교, 조산사 학교 설립. 교장은 위드 로퍼 부인.
– 통계학자 아돌프 케틀레이 만남
– 남북 전쟁. 영국 육군 및 국내 각 부서, 외국 정부의 자문에 협조
– 시드니 허버트 사망.
– 하나님으로부터 세 번째 신의 계시를 받음
– 인도의 위생 개혁이 시작되었다.

| 1862년 | – 벤자민 조웨트를 만남 |
|---|---|
| 1863년 | – 벤자민 조웨트와 함께 인도 위생 관련 보고서를 제출.<br>– 스위스 앙리 뒤낭이 플로렌스의 활동에 영향을 받아 국제 적십자사 창립 |
| 1864년 | – 12월 런던 홀본 수용 시설의 소홀한 위생 상태와 불결한 환경 속에서 빈민 사망.<br>이를 계기로 사회 복지 시스템이 재정립되었다. |
| 1865년 | – 나이팅게일 간호 학교가 배출한 간호사들을 리버풀 노동자를 위한 빈민 수용 시설에 파견. 산업 간호의 기초가 되었다.<br>– 하나님으로부터 네 번째 계시를 받았다. |
| 1867년 | – 빈민구제법이 의회에서 통과되어 빈민 수용 시설 개혁 |
| 1869~<br>1870년 | – 49~50세, '인도 위생 개선을 위해 채택한 결과 비교에 관한 보고서' |
| 1871년 | – 『Notes on hospitals(병원에 관한 노트)』 출간 |
| 1872년 | – 간호 학교 개혁. 시간이 지날수록 나이팅게일 간호 학교의 수준이 떨어지는 문제를 개선하였다. |
| 1874년 | – 미국 통계협회의 명예 회원이 됨 |
| 1887년 | – 영국 간호사협회 창립 |
| 1892년 | – 영국 간호사 면허 제도를 위한 영국 간호사협회 계획에 반대함 |
| 1896년 | – 사촌 헨리 본햄카터가 재산을 정리하여 집행 |
| 1901년 | – 시력을 완전히 잃음 |
| 1907년 | – 87세, 에드워드 7세로부터 여성 최초 공로 훈장인 메리트 훈장 수여 |
| 1910년 | – 8월 13일(90세) 사망, 햄프셔 이스트 웰로우 세인트 마가렛 묘지에 묻혔다. 5월 12일(생일)은 세계 간호사의 날로 기념하고 있다. 8월 13일을 성공회에서는 나이팅게일의 축일로 기념하고 있다. |
| 1912년 | – 나이팅게일의 업적을 기리기 위해 국제 적십자사에서 환자 간호를 위해 특별히 공헌한 업적이 있는 간호사를 선정하여 '나이팅게일 기장'을 수여하기 시작했다.<br>평생 1만 2천여 통의 편지와 2백 여권의 책과 보고서를 썼다. |

# 참고 문헌

저자는 아래의 자료와 도서들에서 인용구와 일화를 수집하였다. 그러나 이 책의 주제와 관련된 모든 도서를 소개하지는 못했다.

1. 『간호관리학 - 세계 간호의 역사』, 정면숙 외, 현문사, 2018. 3. 2.

2. 『간호역사와 철학』, 신미자 외, 현문사, 2015. 2. 25.

3. 『거울 너머의 역사』, 에두아르노 갈레아노 저, 조구호 옮김, 책으로 보는 세상, 2010. 4. 1.

4. 『건강보건 관련 국제기구 지식정보원 - 국제 적십자사』, 노영희, 홍현진 저, 한국학술정보, 2009. 7. 31.

5. 『그 순간 역사가 움직였다』, 에드윈 무어, 차미례 역, 미래인, 2009. 3. 15.

6. 『나이팅게일의 간호론』, 플로렌스 나이팅게일 저, 김조자 이명옥 옮김, 현문사, 2012. 2. 28.

7. 『나이팅게일 평전』, 이바라기 타모츠, 군자출판사, 2016. 6. 10.

8. 대한간호협회, 나이팅게일 선서: http://www.koreanurse.or.kr/about_KNA/nightingale.php

9. 『등불을 든 천사 '나이팅게일'과 60마리의 고양이들』, 강규정, Fam Times, 2019. 5. 24.

10. 『망치를 든 백의의 천사』, 권홍우, 서울경제, 2017. 5. 12.

11. 『바이러스 도시』, 스티븐 존슨, 김영사, 2008. 4. 20.

12. 『빅토리아 시대 명사들』, 리튼 스트레이치, 경희대학교 출판문화원, 2003. 6. 25.

13. 『플로렌스 나이팅게일-농촌위생』, 현대사 Soucebook, Fordham University, 1997. 8.

14. 『플로렌스 나이팅게일의 육성녹음(1890)』, 금주의 축음기-2, http://egloos.zum.com/veritasest/v/1872710, 2011. 3. 20.

15. 『사회복지개론』, 윤철수, 학지사, 2018. 3. 20.

16. 『살아있는 세계사 교과서 2』, 전국역사교사모임, 휴머니스트, 2005. 11. 14.

17. 『살롱문화』, 서정복, 살림출판사, 2003. 7. 30.

18. 『새벽에서 황혼까지-서양문화사 500년』, 자크 바전 저, 이희재 옮김, 민음사, 2006.

19. 『신비주의』, 금인숙, 살림출판사, 2006. 2. 28.

20. 『세계를 삼킨 숫자 이야기』, I.B. 코언 저, 김명남 옮김, 2005. 10. 7.

21. 『어둠 속에 밝게 빛나는 빛처럼: Florence Nightingale and William

22. 『영국의 역사 하』, 나종일 송규범, 한울아카데미, 2005. 7. 20.

23. 『의학개론』, 이부영, 서울대학교출판부, 2006. 4. 10.

24. 『전쟁사』, 함규진, 네이버 지식백과, 2014. 3. 20. 110쪽

25. 『전쟁의 판도를 바꾼 전염병』, 예병일, 살림출판사, 2007. 1. 25.

26. 『제국의 품격』, 박지향, 21세기북스, 2018. 10. 15.

27. 『청소년을 위한 서양철학사』, 강성률, 평단문화사, 2008. 7. 15.

28. 『펜의 힘』, 팀 코티즈 저, 전호환 정숙진 옮김, 부산대학교출판부, 2018. 6. 25.

29. 『통계와 정책』, 이석훈, 통계청, 통계교육원, 2016. 8. 31.

30. 『통계학사 인물읽기2 - 윌리엄 파르』, 조재근 저, 통계학회 소식지, 2007년 4월

31. 『카산드라』, 플로렌스 나이팅게일, The Feminist Press, 1979. 11. 15.

32. 『19세기 영국 빈민구호정책의 제도변화와 아이디어의 역할』, 김종일, 건국대학교, 2016. 4. 8.

33. 『19세기 영국여성들의 참정권운동』, 연민경, 한성대학교, 2014. 11. 30.

34. Country Joe McDonald's Tribute to FLORENCE NIGHTINGALE, Claydon House, https://en.wikipedia.org/wiki/Benjamin_Jowett

35. 『Florence Nightingale as a Social Reformer』, Lynn McDonald, History today, 2006. 1. 1.

36. Florence Nightingale, BBC History, Mark Bostridge, Last updated 2011, Country Joe McDonald's Tribute to FLORENCE NIGHTINGALE, Lea Hurst

37. 『Florence Nightingale』, Cecil Woodham Smith, McGraw-Hill, 1951.

38. 『Florence Nightingale in Egypt and Greece』, 미카엘 칼라브리아, 뉴욕주립대학교 출판부, 1997.

39. 『Florence Nightingale Curriculum Vitae』, Anna Sticker, Dusseldorf-Kaiserswerth, 1965

40. Florence Nightingale Museum, Enquiries and research

41. 『Florence Nightingale』, Laura E. Richards, D. Appleton and Company, 1909. 9.

42. 『Henry Currey FRIBA (1820 - 1900): leading Victorian hospital architect, and early exponent of the "pavilion principle"』, G C Cook, BMJ Journal 78호, Issue 920

43. https://www.encyclopediaofmath.org/index.php/Playfair,_William Farr』, British Library Science blog, 2016. 8. 12.

44. https://www.heritage-history.com/index.php?c=resources&s=char- dir&f=nightingale Copyright 2019 Heritage History. All Rights Reserved.

45. https://en.wikipedia.org/wiki/Adolphe_Quetelet

46. https://en.wikipedia.org/wiki/Arthur_Hugh_Clough

47. https://en.wikipedia.org/wiki/Charles_Joseph_Minard

48. https://en.wikipedia.org/wiki/Henry_Currey_ architect

49. https://en.wikipedia.org/wiki/Henry_Edward_Manning

50. https://en.wikipedia.org/wiki/Mary_Elizabeth_Mohl,

51. https://en.wikipedia.org/wiki/Richard_Monckton_Milnes,_1st_Baron_Houghton

52. https://en.wikipedia.org/wiki/Selina_Bracebridge 53. https://en.wikipedia.org/wiki/Sidney_Herbert,_1st_Baron_Herbert_of _Lea

54. https://ko.wikipedia.org > wiki > 플로렌스_나이팅게일, 2019. 6. 16

55. https://www.mein-kaiserswerth.de/unsere-partner/institutionen /museum-kaiserswerth/

56. https://www.mein-kaiserswerth.de/unsere-partner/institutionen/florence-nightingale-krankenhaus/

57. https://www.sedaily.com/NewsView/1OFW72CBYO

58. https://www.sueyounghistories.com/2009-04-21-mary-elizabeth-clarke-mohl-1793-1883/ 메리 엘리자베스 몰, 위키백과

59. 『Modern Nursing』 수잔 페쳐, Mosby/Elsevier, 2006, Unit 2

60. 『Notes on Hospitals』 Florence Nightingale, Longman, 1863.

61. 『Notes on Nursing』 Florence Nightingale, Readaclassic, 2011. 2. 15.

# 사진 출처

- 플로렌스의 아버지, 어머니 | 사진 출처: Florence Nightingale Museum
- 플로렌스의 리허스트 저택 | 사진 출처: https://www.dailymail.co.uk/travel/travel_news/article-5757135/Idyllic-17th-century-manor-available-holiday-home-costs-just-65-night.html
- 플로렌스가 사용하던 책과 문구 | 사진 출처: 김도현
- 메리 엘리자베스 클라크 몰(국립 초상화 미술관, 런던) | 사진 출처: https://www.sueyounghistories.com/2009-04-21-mary-elizabeth-clarke-mohl-1793-188 3/
- 나이팅게일 자매 | 사진 출처: Florence Nightingale Museum
- 젊은 시절 나이팅게일 | 사진 출처: Getty Images, https://sv.wikipedia.org/wiki/Florence_Nightingale
- 청혼자 밀네스 | 사진 출처: https://en.wikipedia.org/wiki/Richard_Monckton_Milnes,_1st_Baron_Houghton
- 청혼자 버니 | 사진 출처: Florence Nightingale Museum
- 사무엘 G. 하우(Samuel G. Howe) | 사진 출처: https://en.wikipedia.org/wiki/Samuel_Gridley_Howe
- 시드니 허버트 부부 초상화 | 사진 출처: https://en.wikipedia.org/wiki/Elizabeth_Herbert,_Baroness_Herbert_of_Lea
- 아테나 초상화 | 사진 출처: Life and Death of ATHENA an Owlet from the Parthenon
- 벽난로 옆 의자 끝에 앉아있는 부엉이 아테나 | 사진 출처: Life and Death of ATHENA an Owlet from the Parthenon
- 박제된 아테나 | 사진 출처: Florence Nightingale Museum
- 젊은 시절 애완용 새인 아테나와 함께 있는 플로렌스의 초상화 | 사진 출처: Cecil Woodham-Smith, 『Florence Nightingale』, MacGraw-Hill, 1951.
- 테오도르 플리드너 | 사진 출처: https://www.heiligenlexikon.de/BiographienT/Theodor_Fliedner.html
- 디아코니 | 사진 출처: 플리드너 문화재단(Fliedner-Kulturstiftung Kaiserswerth)
- 독일 여집사 복장 | 사진 출처: 플리드너 문화재단(Fliedner-Kulturstiftung Kaiserswerth)
- 독일 카이져스베르트 나이팅게일 병원 | 사진 출처: 김도현

- 플로렌스의 자기소개서 자필 기록 | 사진 출처: 플리드너 문화재단(Fliedner-Kulturstiftung Kaiserswerth)

- 1851년 카이져스베르트 교육원 등록부 | 사진 출처: 플리드너 문화재단(Fliedner-Kulturstiftung Kaiserswerth)

- 카이져스베르트 여집사 공동체 전경 | 사진 출처: 플리드너 문화재단(Fliedner-Kulturstiftung Kaiserswerth)

- 카이져스베르트 교육원의 여집사제 교육에 대한 해설서(1851년) | 사진 출처: 플리드너 문화재단 (Fliedner-Kulturstiftung Kaiserswerth)

- 플리드너 목사의 집무 책상 | 사진 출처: 플리드너 문화재단(Fliedner-Kulturstiftung Kaiserswerth)

- 여성 병원의 환자 기록 | 사진 출처: Nightingale Museum

- 콜레라 유행의 원인이 오염된 물이었음을 풍자한 삽화 '죽음의 무료 배급소' | 사진 출처: https://blog. naver.com/sungjin972/221279701858

- 존 스노우 박사의 콜레라 지도 | 사진 출처: 위키피디아(Original map made by John Snow in 1854)

- 런던 브로드가의 손잡이 없는 펌프 시설과 역학(疫學)의 아버지 존 스노우 박사의 초상화 | 사진 출처: 위키피디아, https://en.wikipedia.org/wiki/John_Snow

- 크림 전쟁에 출전한 병사들 | 사진 출처: 김도현

- 크림 전쟁 지형도 | 사진 출처: https://fr.wikipedia.org/wiki/Guerre_de_Crim%C3%A9e

- 윌리엄 심슨의 컬러 석판화 발라클라바에서 환자와 부상자의 상태를 보여 줌 | 사진 출처: https:// commons.wikimedia.org/wiki/File:Embarkation_of_the_sick_at_Balaklava.jpg

- 메리 시콜의 수채화 1850년 | 사진 출처: https://ko.wikipedia.org/wiki/%EB%A9%94%EB%A6%AC_ %EC%8B%9C%EC%BD%9C

- 런던 W1, 14 소호 스퀘어에 있는 메리 시콜을 기념하는 명판 | 사진 출처: http://www.flickr.com/ photos/harriyott/3985379922/sizes/o/

- 터키, 영국, 프랑스 3국의 훈장을 달고 있는 메리 시콜의 초상화 1869년 알버트 찰스 챌런에 의해 그려 짐 | 사진 출처: http://www.dailymail.co.uk

- 간호사 계약서 | 사진 출처: Nightingale Museum

- 간호 원정단 명단 | 사진 출처: Nightingale Museum

- 간호 원정단 복장 | 사진 출처: Nightingale Museum

- 참전 출발지 Harley Street | 사진 출처: 김도현

- 크림 전쟁 당시 의약품 | 사진 출처: Nightingale Museum

- 플로렌스가 전쟁 중에 쓴 편지와 메모 | 사진 출처: Nightingale Museum
- 스쿠타리 병원의 병실 전경 플로렌스와 38명 간호사들의 헌신적인 노력으로 환경이 개선됨 | 사진 출처: https://ko.wikipedia.org/wiki/플로렌스_나이팅게일
- 크림 전쟁의 부상병들 | 사진 출처: 김도현
- 플로렌스가 병동 순회 시 사용했던 램프 | 사진 출처: Nightingale Museum
- 등불을 들고 병동을 순회하는 플로렌스 | 사진 출처: https://mholloway63.files.wordpress.com/2014/05/War_florencenightingale.jpg
- 플로렌스가 크림열(브루셀라증) 치료를 마치고 스쿠타리 병원에 돌아온 모습을 그린 그림. 제리 바렛 | 사진 출처: https://ko.wikipedia.org/wiki/플로렌스_나이팅게일
- 나이팅게일 기금 모금에 관한 홍보 전단지 | 사진 출처: Nightingale Museum
- 빅토리아 여왕 하사품인 브로치 | 사진 출처: Nightingale Museum
- 전쟁 직후의 플로렌스 | 사진 출처: Nightingale Museum
- 영국 정부에 제출한 보고서 | 사진 출처: Nightingale Museum
- 장미 도표: Rose diagram, 왼쪽 (2번), 오른쪽 (1번) | 사진 출처: https://commons.wikimedia.org/wiki/File:Nightingale-mortality.jpg
- 플레이 페어의 저서 『경제와 정치의 지도』에 실린 무역 수지 시계열 차트, 1786년 | 사진 출처: https://en.wikipedia.org/wiki/William_Playfair
- 스코틀랜드와 무역한 17개 국가의 수출입 현황 공간 위에 데이터를 나열하지 않은 최초의 정량적 그래픽 형태 | 사진 출처: https://en.wikipedia.org/wiki/William_Playfair
- 1801년 『통계적 일상서』에 나오는 원형 차트 | 사진 출처: https://www.researchgate.net/figure/Pie-charts-William-Playfair-1801
- 원형 파이 차트 중 하나 | 사진 출처: https://en.wikipedia.org/wiki/William_Playfair
- 윌리엄 파르(William Farr: 1807~1883년) | 사진 출처: https://en.wikipedia.org/wiki/William_Farr
- 파르의 도표 | 사진 출처: 『통계와 정책』 이석훈, 통계청
- 파르의 도표와 플로렌스의 장미 도표 비교 | 사진 출처: 과학이야기 『통계의 승리, 나이팅게일』
- 1858년 샤를 조셉-미나르의 원형 차트 | 사진 출처: https://www.wikiwand.com/en/Charles_Joseph_Minard
- 1869년 찰스 조셉-미나르의 '나폴레옹의 행군' 그래프 | 사진 출처: https://www.wikiwand.com/en/

Charles_Joseph_Minard

- 1986년 영국 병원의 사망률 | 사진 출처: 『Notes on Hospitals』, Florence Nightingale, Longman

- Notes on Hospitals 표지 | 사진 출처: Nightingale Museum

- 플로렌스의 병실 구조 스케치 성 토마스 병원 | 사진 출처: Nightingale Museum

- 시드니 허버트 병원 설계도 | 사진 출처: http://www.royalherbert.co.uk/history.php Royal Herbert Pavilions

- 성 토마스 병원 전경, 1876년 | 사진 출처: Nightingale Museum

- 나이팅게일 병동의 모습 | 사진 출처: Health Architecture, Nightingale Ward Concept

- 성 토마스 병원 나이팅게일 간호 학교 | 사진 출처: https://theqoo.net/square/1139296752

- 현재 킹스칼리지 간호학부 건물 | 사진 출처: 김도현

- Notes on Nursing 친필 | 사진 출처: Nightingale Museum

- 나이팅게일 간호 학교 간호 수련생 | 사진 출처: https://www.britishempire.co.uk/biography/schoolfornurses.htm

- 헨리 모턴 스탠리가 구로 대령을 통해 구입한 에디슨 '완성형 축음기', 1888년. 대영도서관 소장 | 사진 출처: 금주의 축음기-2, http://egloos.zum.com/veritasest/v/1872710, 2011. 3. 20.

- 녹음을 남길 무렵의 나이팅게일의 모습, 1890년 | 사진 출처: http://egloos.zum.com/veritasest/v/1872710

- 87세의 플로렌스 | 사진 출처: Nightingale Museum

- 플로렌스 나이팅게일의 묘비 | 사진 출처: https://mholloway63.files.wordpress.com/2014/05/War_florencenightingale.jpg

- 플로렌스의 부고 기사 | 사진 출처: Nightingale Museum

- 영국의 10파운드 지폐의 뒷면 | 사진 출처: https://seven00.tistory.com/m/813

- 나이팅게일 박물관 내부 전경 | 사진 출처: 김도현

- 플로렌스 나이팅게일 동상 | 사진 출처: 김도현

- 나이팅게일 간호 학교 졸업장 | 사진 출처: Nightingale Museum

- 로즈 다이어그램 | 사진 출처: Nightingale Museum

# 플로렌스 나이팅게일 평전

**초판 1쇄 발행** 2019년 12월 09일
**초판 3쇄 발행** 2022년 10월 31일
**지은이** 김창희

**펴낸이** 김양수
**책임편집** 이정은
**편집·디자인** 김하늘
**교정교열** 박순옥

**펴낸곳** 도서출판 맑은샘
**출판등록** 제2012-000035
**주소** 경기도 고양시 일산서구 중앙로 1456 서현프라자 604호
**전화** 031) 906-5006
**팩스** 031) 906-5079
**홈페이지** www.booksam.kr
**블로그** http://blog.naver.com/okbook1234
**이메일** okbook1234@naver.com

ISBN 979-11-5778-411-0 (03990)